L'économie de la République démocratique du Congo

Les Impliqués Éditeur

Structure éditoriale récente fondée par L'Harmattan, Les Impliqués Éditeur a pour ambition de proposer au public des ouvrages de tous horizons, essentiellement dans les domaines des sciences humaines et de la création littéraire.

Déjà parus

Lallement (Anne-Marie), *Au Café sans nom. Un cahier rose pour Patti Smith*, 2019.

Sastre (Danièle), *Entre nous – 1996-1997. Les batailles du désir*, 2019.

Lagot (Daniel), *Un combat pour la paix, Récit, Nouvelle édition revue et augmentée*, 2019.

Dhoquois-Cohen (Régine), *Allons bon ! Le siècle de mon père. 1894 (Oran) – 1992 (Paris)*, 2018.

Viellevoye (Josée), *Sur les sentiers…*, 2018.

Boulaire (Danielle), *Impressions d'Ouzbékistan. Kaléidoscope*, 2018.

Mirallès (Pierre), *Villes en morceaux. Carnets de voyage illustrés*, 2018.

Dorgandie (Nathalie), *Via Podiensis. La guerre ou le chemin des étoiles*, 2018.

Sehi Bi (Hermann), *Déhizéa, Témoignage de vie*, 2018.

Joumaa (Hussein), *L'héritier successeur, L'imam Zein Al-Abidine (ps)*, 2018.

Les impliqués
Éditeur

Ces dix derniers titres de ce secteur sont classés par ordre chronologique en commençant par le plus récent.
La liste complète des parutions, avec une courte présentation du contenu des ouvrages, peut être consultée sur le site :

Fabien MAOMBI MUSHI

L'économie de la République démocratique du Congo

Croissance ou recul ?

L'Harmattan

Du même auteur

Le budget d'investissement et la trésorerie financière d'une entreprise privée, publié chez Edilivre le 22 juillet 2017, ISBN : 9782332979841.

Comptabilité et gestion budgétaire, un outil aux mains des gestionnaires, publié chez Harmattan, le 8 septembre 2017, ISBN : 978-2-343-11391-3.

Gestion optimale des budgets, gage de développement des communes de la Mairie de Bukavu, publié chez Edilivre, le 01/06/2018, ISBN : 978-2-414-00603-8.

Gestion rationnelle des stocks : pilier de pérennité de l'exploitation d'entreprises commerciale et industrielle, publié chez Edilivre le 14/03/2018, ISBN : 978-2-414-19605-0.

Identification des problèmes de développement des ONG du Sud face à la gestion axée sur le résultat, publié chez Edilivre le 09/10/2018, ISBN : 978-2-414-28127-5.

5-7, rue de l'Ecole-Polytechnique, 75005 Paris

http://www.editions-harmattan.fr

ISBN : 978-2-343-13771-1
EAN : 9782343137711

RÉSUMÉ

La République démocratique du Congo fait partie des pays les moins avancés. Sa structure économique est comparable à celle des autres pays de l'Afrique centrale, mais son économie est handicapée par une guerre civile larvée et par un des niveaux de corruption les plus élevés de la planète.

La RDC, un des pays les plus vastes et les plus peuplés du continent africain, n'a pas le niveau de vie qui devrait correspondre à ses immenses ressources naturelles (minerais, bois précieux, produits agricoles…).

L'économie congolaise est une des économies les moins compétitives d'Afrique. Elle occupait en 2008, selon la Banque mondiale, la 178e place, c'est-à-dire la dernière sur la liste des pays du monde évalués selon leurs capacités à faire des affaires.

La République démocratique du Congo (RDC), après une période de relatif dynamisme économique, a subi une sévère dépression entre le milieu des années 1980 et le milieu des années 2000, liée aux guerres civiles qui ont ravagé le pays. Avec une croissance économique de 8,2 % en 2008 et de 2,7 % en 2009, la RDC a ensuite été l'un des pays d'Afrique les plus touchés par la crise de 2008-2009.

L'agriculture reste le principal secteur de l'économie : il représentait 57,9 % du PIB en 1997, et occupait 66 % de la population active.

Les principaux indicateurs macroéconomiques sous-tendant les prévisions budgétaires de l'exercice 2017 du pouvoir central se déclinent comme suit :

– Taux de croissance du PIB : **4,4 %** ;
– Déflateur du PIB : **6,7** ;
– Taux d'inflation moyen : **30,4 %** ;
– Taux d'inflation fin période : **28,5 %** ;
– Taux de change moyen : **1 813,4 FC** pour le dollar américain ;
– Taux de change fin période : **1 934,0 FC** pour le dollar américain ;
– PIB nominal : **79 735,10 milliards de FC.**

En ce qui concerne l'inflation, il y a lieu de noter ce qui suit :

- L'inflation courte et cumulative avec un taux d'inflation allant jusqu'à 2 % l'an ;

- L'inflation rampante ou déclarée avec un taux de 3 % à 5 % pour les économies développées et 3 % à 20 % pour les pays sous-développés ;
- L'inflation déclarée ou ouverte avec un taux d'inflation de 20 % à 100 % ;
- L'inflation galopante ou hyperinflation qui est caractérisée par un taux d'inflation au-delà de 100 %.

De l'analyse des données statistiques des budgets de la RDC, nous avons constaté que les ressources ne sont pas rationnellement réparties. D'autres ont été créées sans référence à une sensibilisation régalienne, d'où l'absence de la mission pédagogique ; ce qui justifie que plusieurs taxes prévues ne sont jamais perçues.

Les concepteurs des budgets, qui sont à la fois des exécutants et des bénéficiaires, gonflent l'enveloppe des recettes tout en sachant dès le départ qu'ils ne les percevront pas. Ils les prévoient quand même pour établir seulement un équilibre entre recettes et dépenses.

Certaines recettes et dépenses, bien que figurant au budget, ne sont jamais engagées. Elles sont d'office fictives, mais constituent un bienfait pour les responsables budgétaires qui en profitent pour créer des dépassements au détriment de ces postes.

En vue d'un avenir meilleur, il est nécessaire de fixer des taxes et des dépenses rationnellement réparties pour ne pas créer de discriminations entre contribuables.

Mots-clés : produit intérieur brut, productions, inflation, finances publiques et budget.

SUMMARY

The Democratic Republic of Congo belongs to the least advanced countries. Its economic structure is comparable with other countries of central Africa, but its economy is handicapped by a larval civil war and one of the highest levels of corruption of planet.

The DRC, one of the most populated and vastest countries of the African continent, does not have the standard of living which should correspond to its immense natural resources (ores, invaluable wood, agricultural products…).

The Congolese economy is one of the least competitive savings in Africa. It occupies, in 2008 according to the World Bank, the 178^{e} position, i.e. the last place on the list of the countries of the world considered to get bargains according to their capacities.

The Democratic Republic of Congo (DRC), after one period of relative economic dynamism, underwent a severe depression between the mid 1980 and the mid 2000, because of the civil wars that devastated the country. With an economic growth of 8.2% in 2008 and of 2.7% in 2009, the DRC were then one of the countries of Africa most affected by the 2008-2009 crisis.

Agriculture remains the principal sector of the economy, accounting for 57.9% of the GDP in 1997, and occupies 66% of the working population.

The principal macroeconomic indicators underlying the budget estimates of 2017 of the central power are declined as follows:

- Growth rate of the GDP: 4.4%;

- Deflator of the GDP: 6.7%;

- Average rate of inflation: 30.4%;

- Rate of inflation end period: 28.5%;

- Average exchange rate: 1,813.4 FC (American dollar) ;

- Exchange rate end period: 1,934.0 FC (American dollar) ;

- Nominal GDP: 79,735.10 billion FC.

With regard to inflation, it is necessary to note what follows:

- short and cumulative inflation with a rate of inflation going up to 2% per annum;
- the inflation crawling or declared with a rate from 3% to 5% for the economies developed and 3% to 20% for the under developed countries;
- the inflation declared or opened with a rate of inflation from 20% to 100%;
- the growing inflation or "hyperinflation" which is characterized by a rate of inflation beyond 100%.

The data analysis statistics of the budgets of the DRC, we noted that the taxes are not rationally distributed. Others were created without reference to a kingly sensitizing, from where the absence of the teaching mission; what justifies that several taxes envisaged are never perceived.

The originators of the budgets which are at the same time executants and recipients inflate the envelope of the receipts while knowing upon the departure they will not perceive them. They envisage them nevertheless to establish only one balance between receipts and expenditure.

Certain receipts and expenditure, although appearing in the budget, are never committed. They are of office fictitious, but a benefit for the persons in charge of the Commune who benefit from it to create goings beyond to the detriment of these stations.

For a better future, it is necessary to fix taxes and expenditure rationally distributed not to create discrimination between taxpayers.

Keywords: gross domestic product, productions, inflation, public finances and budget.

SOMMAIRE

Cette rédaction s'articule autour de dix chapitres précédés d'une introduction et suivis d'une conclusion.

INTRODUCTION

1. Aperçu général

Dans le cadre de cette rédaction, nous nous sommes fixé trois objectifs majeurs :

- Décrire les structures principales de l'économie congolaise en se forçant ou en essayant de faire le tableau de sa situation présente ;
- Retracer les évolutions économiques majeures suivies jusqu'à présent et leurs résultats, mais aussi et surtout en analysant les mécanismes qui les sous-tendent ;
- Dessiner les perspectives qui s'ouvrent et les politiques économiques alternatives qui s'offrent au pays en vue d'amorcer un développement économique durable.

Compte tenu de ces objectifs, la tâche (bilan de 40 ans) nous paraît difficile tant il faut concilier clarté, simplicité et objectivité, de façon à ce que l'ouvrage reste accessible à toute personne intéressée, même non encore spécialisée.

Mais sans pour autant renoncer, et c'est notre objectif spécifique, à éveiller l'intérêt et l'attention des lecteurs sur les défis économiques qui les attendent. L'importance de cet ouvrage sera donc d'avoir tenté de faire une synthèse de l'économie congolaise pour les 40 dernières années.

Pour y arriver, nous nous proposons de jeter de fréquents regards sur la situation économique de la RDC quelques années avant l'indépendance. Non pas pour faire des comparaisons, mais simplement en guise de référence pour comprendre la suite.

Les principaux indicateurs macroéconomiques sous-tendant les prévisions budgétaires de l'exercice 2015 du pouvoir central se dessinent comme suit :

- Taux de croissance de PIB : 10,4 %
- Déflateur du PIB : 3,3 %
- Taux d'inflation moyen : 3,6 %
- Taux d'inflation fin période : 3,5 %
- Taux de change moyen : 936,5 CDF/USD
- Taux de change fin période : 943,9 CDF/USD

Tableau de la situation actuelle de l'économie congolaise

Monnaie	Franc congolais (CDF)
Statistiques	
Produit intérieur brut (parité nominale)	41 027 milliards de CDF en 2015
Produit intérieur brut en PPA	68,69 milliards de dollars
Rang pour le PIB en PPA	89e
Croissance du PIB	6,4 %
PIB par habitant en PPA	700 dollars
PIB par secteur	Agriculture : 37,4 % Industrie : 26 % Services : 34 %
Inflation (IPC)	36,6 % (2008)
Indice de développement humain (IDH)	0,411 (168e) en 2007
Population active	27 300 000 personnes, soit plus o moins 48 % de la population totale
Population active par secteur	Agriculture : 74,4 % Industrie : 7 % Services : 18 %
Principales industries	Minières, biens de consommation (brassicoles, textiles, manufacturés…), ciment, machines..
Commerce extérieur	
Exportations	10,66 milliards de dollars en 2011
Biens exportés	Cuivre, cobalt, coltan, diamant, électricité…
Principaux clients	Belgique 42,5 %, Finlande 17,8 %, Zimbabwe 12,2 %, Chine 6,5 % (2004)
Importations	1 417 millions de dollars (2002)
Biens importés	Biens de consommation, biens d'équipements…
Principaux fournisseurs	Afrique du Sud 18,5 %, Belgiqu

	15,6 %, France 10,9 %, États-Unis 6,2 %, Allemagne 5,9 %, Kenya 4,9 %
Finances publiques	
Dette publique	Inconnue
Dette extérieure	12 milliards de dollars en 2005
Recettes publiques	776 932 millions en CDF en 2007
Dépenses publiques	784 183 millions en CDF en 2007
Aide au développement	2,2 milliards de dollars en 2006

Selon une étude réalisée par une équipe d'experts de la Banque mondiale à la demande du gouvernement congolais, le constat suivant a été fait sur la situation actuelle de l'économie de notre pays :

- La taille globale de l'économie est inférieure à son niveau de 1958 alors que la population est passée de 15 000 000 d'habitants en 1958 à plus de50 000 000 d'habitants actuellement ;
- Le PIB (produit intérieur brut) par habitant en dollars a été de l'ordre de 117 $ en1995 contre 377 $ en 1956 ;
- Les exportations des biens et services sont tombées de 2,2 millions de $ à 1,2 million de $ en 1993 et à 0,8 million en 1996 ;
- Les recettes d'exportation/habitant ne représentaient qu'un quart de leur niveau en 1958 ;
- Le PIB a connu un recul de 49,1 % en 1990-1994 avec un taux de croissance de -6,6 % en 1990, -8,4 % en 1991, -10,56 % en 1992, -16,2 % en 1993 et ± -20 % en 1996 ;
- La société Gécamines, qui était l'épine dorsale de l'économie congolaise, est pratiquement en faillite, sa production en 1998 de cuivre n'a pas atteint 10 % de celle de 1988, en 1994 la Gécamines a produit 33,725 tonnes de cuivre contre 468,399 tonnes en 1988 ;
- Les capacités manufacturières ont été fortement réduites, à la fois du fait d'une politique d'incitation insuffisante et des pillages commis en 1991-1993, de guerres qui ont duré depuis 1996 à mai 2003, et de plusieurs poches de résistance à travers le pays couplées de violence sur tous les plans ;

- Le pays connaît une dégradation continue des infrastructures essentielles :
    - Seulement 20 % du réseau routier national est dans un état acceptable (assez bon) : le chemin de fer est partiellement en activité, la circulation fluviale représente environ 10 % de son niveau de 1950 ;
    - Les télécommunications publiques sont dans un état de délabrement avancé ;
    - L'urbanisation croissante (plus de 20 millions de citadins aujourd'hui contre 3, 4 millions tout juste à l'Indépendance), la mauvaise qualité de l'infrastructure de transport, l'insuffisance des investissements et le caractère inapproprié des incitations ont aggravé les déficits alimentaires ;
    - Les finances publiques sont totalement désordonnées, la mobilisation des ressources budgétaires et le financement des services publics sont impossibles, la plupart des entreprises d'État et des institutions financières sont de fait en faillite ;
    - La balance de paiement (BP) est structurellement déficitaire. Le Congo est surendetté et a de lourds arriérés de paiement envers l'extérieur. Sa capacité de service de la dette est réduite et il n'a plus de solvabilité extérieure (la dette que doit la RDC à l'extérieur est estimée à 14 milliards $ US) ;
    - Une dégradation de l'investissement en capital humain (formation des hommes) ;
    - Des écoles et des universités privées se sont substituées à un système d'enseignement public en perdition. Comme peu de Congolais ont les moyens de payer les coûts, l'éducation est allée en diminuant et les inégalités se sont creusées ;
    - Les dépenses publiques par tête d'habitant pour les soins de santé sont environ 6 fois inférieures à la moyenne en Afrique au Sud du Sahara. Seulement 26 % de la population congolaise ont accès au service de santé ;
    - L'accès de la population à l'eau potable et à l'électricité est parmi les plus faibles en Afrique malgré les diverses potentialités ;

- La paupérisation accélérée de la population est consécutive à des décisions économiques et monétaires inadéquates prises par les autorités publiques ayant provoqué l'inconvertibilité des avoirs en comptes bancaires et la pénurie des billets de banque ; ce qui a occasionné l'accumulation des arriérés de salaires dans la fonction publique et même dans le secteur des entreprises. Il en a résulté une baisse considérable de la consommation et un renforcement de l'activité économique et du chômage. Comment en est-on arrivé là ?

2. État des lieux des groupes sectoriels et thématiques

La RDC, un des pays les plus vastes et les plus peuplés du continent africain, n'a pas le niveau de vie qui devrait correspondre à ses immenses ressources naturelles (minerais, bois précieux, produits agricoles…).

En 2016, la République démocratique du Congo est l'un des dix pays les plus pauvres du monde, et les inégalités y sont très marquées. Environ 80 % de la population vivait en dessous du seuil de pauvreté fixé à 2 dollars par jour. Près de 44 % des femmes et environ 22 % des hommes n'ont aucun revenu. Les disparités régionales sont très fortes, avec un taux de chômage très élevé avoisinant les 40 %, des salaires et des prestations sociales dérisoires dans tout le pays.

L'économie congolaise est une des économies les moins compétitives d'Afrique. Elle occupe en 2008, selon la Banque mondiale, la 178e position, c'est-à-dire la dernière place sur la liste des pays du monde considérés d'après leurs capacités à offrir de réelles facilités pour faire des affaires.

La RDC a été le quatrième producteur mondial de diamants (un quart des réserves mondiales) durant les années 1980 et cette activité constitue encore le gros de ses exportations (717 millions d'USD, soit 52 % des exportations en 1997). Les principales exploitations de cuivre et de cobalt (un tiers des réserves mondiales) sont régies par une entreprise publique, la Gécamines (ancienne Union minière du Haut Katanga). La production de la Gécamines a continué de baisser au cours des années 2000, en raison de la morosité du marché du cuivre.

Si la RDC dispose aussi d'or en quantité importante, elle possède surtout les trois quarts des réserves mondiales de coltan, un composant essentiel pour les circuits des téléphones et des ordinateurs portables. La province minière du Katanga reste une des régions du pays les plus dynamiques, notamment grâce aux activités de l'industriel George Forrest. Quant aux exploitants chinois des fonderies de cuivre du Katanga, ils auraient pris la poudre d'escampette dès que les prix du cuivre ont plongé en raison de la crise économique. Les espoirs de croissance économique reposent sur l'industrie extractrice, en particulier l'exploitation minière, mais cette dernière ne tire que partiellement profit de la grande richesse du sous-sol du pays. En 1997, le secteur secondaire ne comptait que pour 16,9 % du PIB.

La RDC est également un producteur de pétrole (24 000 barils par jour en 2003), les lieux d'extraction se localisant principalement sur la côte (terminal du port de Banana). La région du Lac Albert abrite également un important gisement que l'Ouganda envisage d'exploiter.

Tableau général de l'économie de la République démocratique du Congo

STATISTIQUES

Produit intérieur brut (parité nominale)	7,98 milliards de dollars
Produit intérieur brut en PPA	44,44 milliards de dollars
Rang pour le PIB en PPA	2
Croissance du PIB	6,4 %
PIB par habitant en PPA	700 dollars
PIB par secteur	
– Agriculture	55 %
– Industrie	11 %
– Services	34 %
Inflation (IPC)	9,9 % (2007)
Population sous le seuil de pauvreté	
Indice de développement humain (IDH)	0,411 (168e) en 2007
Population active	27 300 000 personnes, soit plus ou moins 48 % de la population totale
Population active par secteur	
– Agriculture	74,4 %
– Industrie	7 %
– Services	19 %

PRINCIPAUX CLIENTS

Belgique	42,5 %
Finlande	17,8 %
Zimbabwe	12,2 %
Chine	6,5 % (2004)
Importations	1,417 millions de dollars (2002)

Biens importés, biens de consommation, biens d'équipements…

PRINCIPAUX FOURNISSEURS

Afrique du Sud	18,5 %
Belgique	15,6 %
France	10,9 %
États-Unis	6,2 % (2004)
Allemagne	5,9 %
Kenya	4,9 %

FINANCES PUBLIQUES

Dette publique	Inconnue
Dette extérieure	12 milliards de dollars en 2005
Recettes publiques	776 932 millions en CDF en 2007
Dépenses publiques	784 183 millions en CDF en 2007
Aide au développement	2,2 millions de dollars en 2006

CHAPITRE PREMIER

HISTOIRE ÉCONOMIQUE DE LA RÉPUBLIQUE DÉMOCRATIQUE DU CONGO

1.1. Avant la colonisation

Avant 1885, l'économie de la République démocratique du Congo n'existait pas étant donné que le territoire actuel de Congo-Kinshasa n'était pas encore défini. Cependant, il reste un espace occupé par les autochtones qui s'étaient organisés çà et là en royaumes et empires. L'activité économique de ceux-ci diffère considérablement de celle du monde moderne. La base matérielle est fortement dépendante de la nature. Le système socioéconomique congolais revêt alors plusieurs formes selon que l'on est dans tel ou tel autre coin. Cueillette, pêche, chasse, ramassage et tant d'autres activités constituant autant d'actes « économiques » que les hommes occupant la superficie actuelle de la RDC pratiquaient.

L'histoire de la RDC raconte, par ailleurs, que les économies de ses différents royaumes et empires étaient florissantes. Elles se sont effritées, comme il fallait s'y attendre, avec le déclin de leurs organisations politiques. Et vite, elles ont été remplacées par celles de l'État indépendant du Congo avec l'arrivée de la colonisation.

1.1.1. Congo belge (1908-1960)

C'est la période pendant laquelle les limites actuelles de la RDC venaient d'être tracées à la Conférence de Berlin, en 1885, portant sur le partage de l'Afrique. On parle nettement alors de la naissance de l'économie de la République démocratique du Congo, bien que le pays ne porte pas encore ce nom au cours de la période. Ainsi, l'histoire économique de la RDC commence-t-elle.

Le Congo est sous l'égide de Léopold II de Belgique. Certains historiens s'accordent pour parler de lui comme le propriétaire privé de ce jeune État. D'autres, par contre, disent qu'il s'agit d'un bien de la communauté internationale. Peu importe le point de vue adopté, le Congo est à l'époque libérale.

De 1885-1891, le libéralisme économique bat son plein. Le commerce privé est encouragé et entièrement libre, car l'État n'y voit aucun inconvénient. Vu la nécessité dans laquelle se trouve la jeune colonie en termes financiers, une rupture s'observe en 1892. Adam Smith et ses idées libérales laissent de plus en plus place à l'interventionnisme étatique. Ce dernier trouve sa raison d'être dans l'énorme besoin de ressources qu'éprouve l'État pour mettre le territoire en valeur.

Mais le Congo reste un terrain de jeu où les idéologies économiques changent fréquemment. De 1908 à 1914, le libéralisme fait son *come-back.* Avec lui, se mettent en place l'exploitation en régie des terres domaniales et le remplacement des prestations en nature pour l'impôt de capitation, des réactions à enregistrer à l'actif des critiques fulgurantes de l'abus des modes d'exploitation directe et au recours au travail forcé par l'État indépendant.

Un autre fait saillant de cette époque est la révélation, au Haut-Katanga, de toutes les richesses minières. Cette révélation se doit à Tanganyika Concession, à qui l'on avait confié la prospection par le Comité spécial du Katanga sous l'initiative du roi souverain. Néanmoins, celle-ci n'est que la confirmation de la « découverte » de Cornet, géologue de la mission Bia-Franqui en 1896.

Par ailleurs, la RDC se révèle déjà comme une machine consommatrice d'investissements. 6,5 % de total des sommes investies en Afrique noire, de 1870 à 1913, s'élevant à 610 millions de livres arrivées au Congo.

Le taux annuel de croissance exponentielle de 1920-1959 à prix constant est élevé : 4,8 % au total et 5,9 % pour l'économie moderne, à l'exclusion du secteur de subsistance. Un rythme rapide, soutenu par une période aussi longue, apparaît réellement comme exceptionnel pour les économistes. Pourtant, il ne faut pas négliger les fluctuations importantes de nature conjoncturelle qu'a connue le Congo pendant l'entre-deux-guerres. Néanmoins, cela n'empêche pas l'économie d'être lancée.

Cette croissance est tributaire d'une impulsion venant à la fois des publics, privés et missionnaires étrangers. Ces derniers se sont focalisés sur les ressources naturelles, minières et agricoles congolaises.

La première vague de prospérité de l'économie congolaise ne dure qu'une dizaine d'années. Elle est forte et intense. L'économie connaît un progrès régulier et rapide. De 1920 à 1929, les économistes ont parlé d'une expansion. La courbe est ascendante, bénéficiant également des investissements directs étrangers qui affluent massivement : 35 milliards de francs de 1921 à 1931, soit 1/3 de capitaux totaux enregistrés en 74 ans, de 1887 à 1959. Les dépenses publiques allouées à l'investissement public passent incognito jusqu'à maintenant, particulièrement dans le cadre de la vision des grands travaux du ministère Franck. Il connaît aussi une forte augmentation des exportations. Ces dernières sont soutenues par une remarquable diversité. Van Der Straeteur a parlé de 6 produits principaux : or, diamants, cuivre, ivoire, copal, produits de l'Élaeis.

Au demeurant, les années 1920 et 1924 sont à mettre au compte de l'économie de casino (salles de jeux). Le boom économique se ralentit, pour se transformer à la première dépression. Le progrès du cuivre compense partiellement le tassement des autres produits miniers et agricoles. En revanche, c'est une bonne chose pour le pays, le fléchissement est peu conséquent. L'impact n'est pas aussi grand, car cinq ans après ce premier choc de l'économie, la grande dépression frappe. Le Congo belge n'est pas à l'abri de la grande crise. L'économie se retrouve fortement endommagée avec un PIB qui recule au niveau de l'année. La montée en puissance de capitaux n'est plus active, et chute jusqu'à se réduire au niveau zéro. Quant aux finances publiques, les dépenses restent relativement élevées grâce notamment à une forte trésorerie (excédent budgétaire antérieur) et au crédit exceptionnel du budget extraordinaire, facteurs qui permettent d'achever le plan de grands travaux.

Le déficit budgétaire trouve son explication en partie dans le secteur du transport. En effet, selon André H., la chute des recettes s'est réalisée pendant que les garanties d'intérêt octroyées par l'État aux sociétés dudit secteur ont commencé à jouer. On recourt à l'émission de bons du Trésor pour résorber l'écart budgétaire négatif. Loin d'endiguer le problème, les intérêts ont aggravé dans un avenir proche la situation financière déjà précaire. En 1932, les charges permanentes de la dette publique égalent 47 % du budget ordinaire. Une année plus tard, elle va absorber 88 % des avoirs et les dépenses administratives n'ont plus qu'à être couvertes par les emprunts. L'effet boule de neige s'annonce. La Belgique se voit contrainte de consentir plus d'un milliard de francs d'aide à sa colonie.

Durant les années 1940 jusqu'à la veille de l'indépendance, le pays connaît une poussée considérable de développement des industries. Ce développement doit beaucoup à la guerre, car le pays se voit obligé de se prendre en charge pour la simple raison que l'Europe ne sait plus l'approvisionner. Il s'affirme depuis l'indépendance sous l'influence, partiellement artificielle, des quotas à l'importation, de l'impossibilité des transferts, des injections considérables des moyens de paiement et du déplacement des flux monétaires vers des groupes privilégiés de population autochtone, davantage orientés vers la production locale que les Européens.

Elle ne reprend son cours normal qu'après l'orage de 1929. La deuxième vague de prospérité commence en 1945. Une période de prospérité plus nette que la première, malgré les différents aléas conjoncturels. Les exportations ont doublé et les importations ont quintuplé. L'industrie fait de remarquables progrès ; sa production se trouve plus que quintuplée en 10 ans. Les investissements publics, essentiellement dans le cadre du plan décennal, atteignent 64,6 milliards de francs en 1956. Malheureusement pour le pays, la richesse en création va s'estomper vers l'année 1957.

Dès les années 1940, dans ce qui était alors le Congo belge, deux tendances indépendantistes importantes se manifestaient dans la capitale Léopoldville : celle des « gens d'en bas » (Bas-Congo et Bandundu) parlant le kikongo et celle des « gens d'en haut » parlant le lingala, venant de l'Équateur d'abord et finalement de tout l'intérieur du pays. Dans la première catégorie se forma en 1949 une association d'abord culturelle et finalement politique, l'Alliance des Bakongo (ABAKO), dont Joseph Kasa vubu devint président en 1954, avec le rêve de rétablir l'ancien royaume Kongo de l'époque portugaise, en fait celui des Bakongo. Cette tendance se durcit très vite et réclama bientôt l'indépendance immédiate tout en demeurant fédéraliste lorsqu'il s'agit plus tard de discuter du problème du reste du Congo. Les évolués « d'en haut », venant de régions plus diversifiées et séduits par le « plan de 30 ans pour l'émancipation de l'Afrique » du professeur belge Van Bils en, publié en 1956, étaient aussi désireux de maintenir le grand Congo unitaire. Leur manifeste dans ce sens, publié le 1er juillet 1956, fut vigoureusement combattu par l'ABAKO dans son assemblée générale du 23 août 1956. Le plan de 30 ans est déclaré utopique : « La nationalisation des grandes compagnies vivrières et agricoles comme des parastataux est souhaitable. Puisque l'heure est venue, il faut accorder aujourd'hui même l'indépendance immédiate ! »

La Belgique, qui croyait à la progressivité de la transition vers l'indépendance, organisa les premières élections à l'échelon communal, limitées aux grandes villes en 1957. L'ABAKO triompha inévitablement à Léopoldville et cela impressionna certains unitaristes, tel Patrice Lumumba, un tetela du Kasaï, intelligent et idéaliste, qui ne tarda pas à fonder son propre « mouvement national congolais », MNC-Lumumba, plus revendicatif que celui du MNC-Kalonji, Albert Kalonji étant aussi un kasaïen unitariste. Ces jeunes rivalités politiques, confrontées aux structures tribales compliquées du Congo, allaient former un mélange détonant qui détruirait au bout de cinq années la première démocratie parlementaire congolaise. On ne peut que rappeler ici quelques épisodes saillants :

Émeutes de Léopoldville (4-7 janvier 1959) provoquées par l'interdiction tardive d'un meeting de l'ABAKO. Arrestation de Kasa vubu le 12 janvier. Il sera libéré le 14 mars.

Le 13 janvier, déclaration gouvernementale annonçant l'intention belge de réaliser rapidement l'indépendance du Congo unitaire. L'ABAKO rejette cette déclaration deux jours plus tard.

La suite de l'année 1959 voit d'abord l'autorisation des partis congolais, suivie d'élections générales sur l'ensemble du territoire congolais, marquées par toutes sortes de manœuvres de ces partis dont se dégagèrent 3 pôles : un cartel de nationalistes fédéralistes formés de 6 séparatistes ou autonomistes dont l'ABAKO et le MNC-Kalonji, le pôle du MNC-Lumumba et finalement celui de l'homme fort du Katanga, Moïse Tshombé, conscient de la force économique de sa région et de l'intérêt de s'entendre avec l'Union minière du Haut Katanga (tout comme Kalonji vis-à-vis des exploitations de diamant au Kasaï). Parmi les partis qui émergent, on retrouve le PSA (Parti solidaire africain d'Antoine Gizenga), le PNP (Parti national du peuple conduit par Albert Delvaux et Laurent Mbariko), le LUKA (L'Union kwangolaise) conduit par André PETIPETI TAMATA et Pierre MASIKITA.

En 1960, ce sera la tenue de la Table ronde de Bruxelles (du 20 janvier au 20 février) où les représentants congolais et belges fixèrent les étapes suivantes. En mai eurent lieu les élections législatives, la première chambre des députés désigne par tirage au sort André PETIPETI TAMATA comme le premier président de la chambre des représentants, il dirige le bureau provisoire pour valider les mandats des députés élus et l'élection du bureau définitive. Élections législatives et provinciales qui marquèrent de nouveaux clivages et alliances (scission de l'ABAKO), d'où résulta un compromis : Joseph Kasavubu fut élu président par le parlement, Lumumba étant Premier ministre.

Au moment de l'indépendance du pays, le roi des Belges se rendit en personne à Léopoldville (future ville de Kinshasa) pour assister aux cérémonies consacrant la fin de l'union coloniale entre la Belgique et le Congo, et marquant la naissance sur la scène internationale de ce nouvel État francophone (langue officielle) d'Afrique.

1.1.2. L'indépendance de la première République du Congo (1960-1965)

Le Congo belge devint indépendant en 1960 en tant que « République du Congo », tandis que l'ancienne colonie française voisine du Moyen-Congo adoptait le titre de République congolaise. Le 11 juillet 1960, les dignitaires du Katanga, sous la direction de Kapenda Tshombé Moïse, déclarent l'indépendance (sécession). Les autorités du Katanga parviennent à créer leur propre monnaie et leur propre police. L'assassinat de Patrice Lumumba en 1961 et la reprise du Katanga et du Sud-Kasaï (qui avaient fait sécession au lendemain de l'indépendance) marqueront le début de l'ascension de Mobutu Sese Seko.

La première guerre du Congo commença en 1964 après la prise de tout le nord-est du pays et d'une petite partie de l'est (lacs) par les partisans de Lumumba. Les populations furent enrôlées de force et beaucoup d'exécutions furent signalées.

1.1.2.1. La première République démocratique du Congo sous MOBUTU (1965-1971)

Mobutu Sese Seko s'emparera définitivement du pouvoir en 1965. La libération de Stanley ville marque le début des années de guerre jusqu'en 1966. Toute cette région aura vu des atrocités (massacres) qui firent au moins 500 000 morts civiles et militaires. Il aura fallu l'intervention des troupes étrangères pour mettre fin à ce carnage. Malheureusement, ce ne fut que de courte durée et, depuis, les guerres se sont succédé.

Le titre « République démocratique » fut adopté en 1966 (dès lors il n'y aura plus de confusion avec la « République congolaise » voisine dont le nom va aussi changer en « République du Congo »), mais les deux républiques du Congo étaient généralement distinguées par leur capitale, à savoir Congo-Léopoldville et Congo-Brazzaville.

La zaïrianisation forcée sous le régime de Mobutu (1971-1997)

Dans les années qui suivent la prise du pouvoir par le général Joseph Désiré Mobutu, ce dernier entame à partir de 1972 une campagne d'« authenticité ».

1.1.2.2.Mobutu à Washington en 1973

La zaïrianisation est le mouvement politique créé par Mobutu Sese Seko dans la République du Zaïre au cours des années 1970, consistant à revenir à une authenticité africaine des toponymes et des patronymes, en supprimant tout ce qui était à consonance.

Le 27 octobre 1971, le président Mobutu annonce le recours à l'authenticité, une série de mesures pour se détacher de tout ce qui peut rappeler l'Occident et sa domination.

Le pays est renommé « République du Zaïre ». Le général Joseph Mobutu devient Mobutu Sese Seko Kuku Ngbenduwa Zabanga, et oblige tous ses concitoyens à adopter des noms africains (suppression des prénoms chrétiens et occidentaux, et ajout d'un « post nom »). L'abacost est promulgué. Une nouvelle monnaie –le Zaïre divisé en 100 *makuta* (singulier *likuta*) – remplace le franc congolais. De nombreuses villes sont rebaptisées. Les monuments coloniaux sont retirés.

1.2.Zaïrianisation

Réalisée dans le courant de l'année 1974, la « zaïrianisation » a constitué l'un des évènements des plus importants de la politique menée par le régime mobutiste, à savoir la nationalisation progressive des biens commerciaux et des propriétés foncières qui appartenaient à des ressortissants ou groupes financiers étrangers. En réalité, si cette mesure s'inscrivait officiellement dans un effort visant à la réappropriation nationale de l'économie ainsi qu'à la redistribution des richesses acquises pendant la colonisation, elle a constitué surtout un échec.

Après la première guerre du Congo, Mobutu, nouveau chef d'État, s'est engagé à regagner la confiance des milieux d'affaires étrangers. En 1966, les puissantes industries minières du Kasaï et du Katanga ont été nationalisées. C'est alors l'âge d'or du Congo, maintenant indépendant : en 1967, 1 franc congolais vaut alors 2 dollars américains, les écoles publiques se développent et l'exode rural s'accélère ; les prix du café, du cuivre ou d'autres minerais sont florissants, mais l'économie du pays est encore, comme à l'époque coloniale, trop tournée vers l'exportation et donc fragile.

Après 1973, le pays est touché par une crise économique aiguë, due à la baisse des prix du cuivre et à l'augmentation de ceux du pétrole. La corruption se généralise et l'inflation devient galopante, tandis que Mobutu privatise de nombreuses entreprises à son nom ou aux noms de ses proches (zaïrianisation). Le pays produit d'importantes quantités de café pour l'exportation, mais ne couvre pas ses besoins alimentaires. Mobutu fait importer des céréales et de la viande d'Afrique du Sud et de Rhodésie (deux régimes ségrégationnistes) au lieu de moderniser l'agriculture du pays qui, vu son climat, pourrait facilement subvenir à ses besoins.

De manière générale, les nouveaux propriétaires des biens économiques et financiers n'étaient pas suffisamment préparés pour assurer une gestion à moyen et à long terme de l'outil de production.

Ceux qui n'ont pas fait faillite ont placé d'immenses investissements en Occident. Mobutu détourne les devises d'État de telle façon qu'en 1984, il est un des hommes les plus riches de la planète avec 4 milliards de dollars, l'équivalent de la dette extérieure du pays. La dette s'accroît encore plus avec la construction pharaonique du barrage hydroélectrique d'Inga, chantier légué par la Belgique coloniale et dont le Zaïre n'avait pas besoin. Si le barrage d'Inga a rapporté de l'argent aux entreprises françaises (EDF) ou italiennes, celui-ci, tout comme l'aciérie de Maluku, a vite été abîmé. Cette politique nationaliste du régime eut aussi pour conséquence de freiner les investissements étrangers au Zaïre, favorisant *in fine* une forme de monopole d'entrée de capitaux étrangers dans le chef des différents fonds de coopération au développement.

La dictature, les persécutions et la paupérisation font fuir les cerveaux en Occident (Belgique et France en tête).

La mise à disposition de fonds commerciaux et de patrimoines économiques a également constitué un relais du clientélisme entretenu par le pouvoir. Le clan entourant le chef de l'État a ainsi pu bénéficier des fruits de la politique de nationalisation, tout comme ceux qui, dans les différentes régions du pays, faisaient allégeance au régime en échange d'un commerce ou d'une propriété foncière. De nombreux pays occidentaux ont signé des conventions avec le Zaïre afin de procéder à l'indemnisation des parties spoliées, mais dans beaucoup de cas, ces accords n'ont jamais été appliqués.

À partir de 1974, de nombreux biens des étrangers sont confisqués (zaïrianisation). C'est le prélude au départ de nombreux étrangers qui quittent le pays. L'économie commence à péricliter.

Le régime semble être absent dès les années 1990

Mobutu est renversé par Laurent Désiré Kabila en 1997 lors de la Première Guerre (lors de la guerre de l'AFDL), le pays retrouve son nom de République démocratique du Congo.

Actuellement, l'ONU maintient la présence de militaires de différents pays dans le cadre de la MONUC (MONUSCO), mais les violences continuent. La guerre aurait fait 3,8 millions de morts (chiffres d'un responsable congolais commentant un rapport de la commission des droits de l'homme de l'ONU, 2003).

En 2006 : Constitution de la IIIe République (texte intégral), adoptée par référendum, confirmée par la Cour Suprême le 4 février 2006. La Constitution a été promulguée par le chef de l'État le 18 février 2006.

2003-2006 : Constitution de la transition (texte intégral), en vigueur jusqu'au 18 février 2006.

30 décembre 2006 : démission le 25 septembre 2008 d'Antoine Gizenga.

10 octobre 2008 : dans le cadre de la coalition entre l'AMP et le PALU, Adolphe Muzito est nommé nouveau Premier ministre.

1.3.Après Mobutu

En mai 1997, l'AFDL, dirigée par Laurent Désiré Kabila, prit le pouvoir et évinça le régime de Mobutu Sese Seko à l'issue de la première guerre du Congo. Sous Laurent Désiré Kabila, le gouvernement et les entreprises publiques entamèrent un programme de reconstruction. Le gouvernement commença par réformer le système d'imposition corrompu, les forces de police, et initia la remise en état du réseau routier laissé à l'abandon. Le franc congolais fut réintroduit (et redevint la monnaie nationale).

En août 1998, la guerre éclata en RDC à la suite de désaccords entre Laurent Désiré Kabila et ses anciens alliés du Rwanda et de l'Ouganda. À cette époque, quelques progrès avaient déjà été réalisés pour le rétablissement de l'économie du pays, mais les problèmes majeurs d'infrastructures de transport, de douane et d'imposition restaient pendants. Les finances publiques de l'État n'avaient pas été assainies et les relations avec le FMI et la Banque mondiale furent suspendues à la suite de l'impossibilité de finaliser un accord avec le Fonds d'investissement de la Banque internationale pour la Reconstruction et le Développement (BIRD) en faveur de la République démocratique du Congo.

Le début de la deuxième guerre du Congo en août 1998 fut à l'origine du déclin de l'économie qui s'est poursuivi jusqu'au milieu des années 2000. Le territoire se retrouva divisé entre une zone gouvernementale et des zones rebelles, ce qui mit fin au commerce entre ces zones. Dans leur ensemble, les relations commerciales entre les différentes régions du pays restent faibles encore aujourd'hui.

Après une reprise de l'inflation en août 1998, le gouvernement commença à essayer de réguler les prix par des lois. Il reprit également le contrôle des exportations. Ensemble, ces mesures affectèrent grandement la continuation des activités liées au commerce extérieur. De plus, les succès restreints de la lutte contre l'inflation et la dépréciation de la monnaie furent anéantis dès le début de l'offensive rebelle dans l'Est du pays. La guerre réduisit drastiquement les revenus du gouvernement et accrut la dette extérieure. Les acteurs du commerce extérieur se firent moins présents, cela étant lié aux incertitudes sur l'issue du conflit et à l'augmentation du contrôle et de la pression fiscale du gouvernement. L'écart important entre le taux officiel et celui pratiqué en rue (par les cambistes de rue) pour la vente de francs congolais contre des dollars américains amena les commerçants à évaluer leurs biens importés au taux officiel pour acheter des devises locales.

Les ressources de l'Est du pays furent désormais exploitées par les forces rebelles ou les occupants étrangers. Le Rwanda devint par exemple exportateur de diamant et de coltan, bien que n'en disposant pas sur son territoire national.

Les infrastructures défaillantes, un cadre légal incertain, la corruption, un manque d'ouverture économique et financière de la part du gouvernement restent des freins à l'investissement et à la croissance économique. Le FMI et la Banque mondiale multiplient les collaborations avec le nouveau gouvernement en vue de restaurer des plans économiques cohérents, mais les réformes institutionnelles peinent à suivre. Face à la dépréciation de la monnaie, le gouvernement prend des mesures drastiques en janvier 1999 : le dollar américain est banni des transactions commerciales courantes, position revue plus tard. Le gouvernement peine toujours à promouvoir les exportations, bien que l'impression de nouveaux billets ait repris. La croissance économique est fortement négative en 2000 de par la difficulté à satisfaire les conditions fixées par les donateurs institutionnels, les faibles exportations et l'instabilité régnante.

Les conditions économiques se sont améliorées depuis fin 2000, avec le retrait de la plupart des troupes d'occupation. Plusieurs missions du FMI et de la Banque mondiale sont intervenues pour mettre en place des plans de développement, et le gouvernement de transition a commencé la mise en œuvre des premières réformes. Une grande part de l'économie du pays reste cependant hors des indicateurs du PIB, l'économie souterraine restant majoritaire (étant toujours dominante).

Avec une paix relative dans le pays depuis 2003, la RDC envisage d'augmenter ses exportations d'électricité vers le Zimbabwe et l'Afrique du Sud jusqu'à 500 mégawatts (essentiellement produite à partir du barrage d'Inga). La distribution d'électricité est actuellement confiée à une société zambienne, la CEC.

1.4.La République Démocratique du Congo : un géant en devenir

Le taux annuel de croissance exponentiel de 1920-1959 à prix constant est élevé : 4,8 % au total et 5,9 % pour l'économie moderne, à l'exclusion du secteur de subsistance. Un rythme rapide, soutenu par une période aussi longue, apparaît réellement exceptionnel pour les économistes. Il ne faut toutefois pas négliger des fluctuations importantes de nature conjoncturelle pendant l'entre-deux-guerres.

Cette croissance est tributaire d'une impulsion exogène, c'est-à-dire venant à la fois du public, du privé et des missionnaires. Ces derniers se sont focalisés sur des ressources naturelles, minières et agricoles. L'exploitation du Congo vise alors principalement l'intérêt des promoteurs étrangers.

La première vague de prospérité de l'économie congolaise (1920-1929) est marquée par de nombreux investissements directs étrangers : 35 milliards de francs (1959) de 1921 à 1931, soit 1/3 de capitaux totaux enregistrés en 74 ans, de 1887 à 1959. En forte augmentation, les exportations concernent principalement l'or, les diamants, le cuivre, l'ivoire, le copal et l'huile de palmier.

En 1924, le Congo est frappé par la première crise, partiellement compensée par l'industrie du cuivre. Cinq ans après, il est touché par la Grande Dépression. Le PIB recule au niveau de 1925. Les dépenses publiques restent relativement élevées grâce notamment à une forte trésorerie (excédent budgétaire antérieur) et au crédit exceptionnel du budget extraordinaire qui permettent d'achever le plan de grands travaux.

Des années 40 jusqu'à la veille de l'indépendance, l'industrie se développe fortement, en particulier pendant la Seconde Guerre mondiale, l'Europe ne pouvant plus approvisionner le Congo. Une deuxième vague de prospérité touche alors le pays. Les exportations doublent et les importations quintuplent. La production industrielle est quintuplée en dix ans. Les investissements publics atteignent 64,6 milliards de francs en 1956, essentiellement dans le cadre du Plan décennal.

Après l'indépendance, les quotas à l'importation renforcent l'industrie nationale. L'économie résiste malgré tout, grâce au dualisme économique et à la prédominance du secteur étranger.

La République démocratique du Congo accède à l'indépendance. La donnée économique change.

Cependant, l'économie ne s'est pas complètement effritée. Elle reste encore résistante grâce au dualisme économique et à la prédominance du secteur étranger. André H. attribue cette résistance (résilience) à des entreprises agricoles, minières et industrielles européennes.

L'histoire économique récente de la République démocratique du Congo est jalonnée de plusieurs tentatives d'assainissement et de redressement de l'économie. Confronté aux déséquilibres financiers, à la montée de l'endettement et à la stagnation de la production, le pays a été contraint, dans les années 1970 et 1980, à adopter les politiques de stabilisation et d'ajustement structurel recommandées par le Fonds monétaire international et la Banque mondiale.

La production minière, qui a commencé voilà plus d'un siècle, a joué un rôle important dans la gestion économique de la République démocratique du Congo durant l'époque coloniale et après l'indépendance jusqu'à la fin des années 1980. En effet, le sous-sol de la RDC compte parmi les plus riches au monde au regard de sa géologie et de sa minéralogie. Étant donné cet avantage naturel, la défaillance de l'économie de la RDC est généralement attribuée à la « malédiction des ressources naturelles ».

La République démocratique du Congo possède des gisements contenant une cinquantaine de minerais recensés (explorés), mais seulement une douzaine de ces derniers est exploitée : le cuivre, le cobalt, l'argent, l'uranium (par Areva), le plomb, le zinc, le cadmium, le diamant, l'or, l'étain, le tungstène, le manganèse et quelques métaux rares comme le coltan. La République démocratique du Congo extrait également de son sous-sol des diamants. Les réserves sont très importantes, ainsi le pays possède la deuxième réserve mondiale en cuivre avec 10 % du total recensé sur la planète et surtout les plus importantes réserves de cobalt (près de 50 %). Les recettes d'exportations atteignaient en 1990 environ 1 milliard de dollars américains.

La République démocratique du Congo est le 4e producteur mondial de diamants (un quart des réserves mondiales) durant les années 1980 et cette activité constitue encore la majorité des exportations (717 millions d'USD, soit 52 % des exportations en 1997). Les principales exploitations de cuivre et de cobalt (un tiers des réserves mondiales) sont régies par une entreprise publique, la Gécamines (ancienne *Union minière du Haut Katanga*). La production de la Gécamines a continué de baisser au cours des années 2000, en raison de la morosité du marché du cuivre.

Si la RDC possède aussi de l'or en quantité importante, elle possède surtout les trois quarts des réserves mondiales de coltan, un composant essentiel pour les circuits des téléphones et des ordinateurs portables. La province minière du Katanga reste une des régions du pays les plus dynamiques, notamment grâce aux activités de l'industriel George Forrest. Les exploitants chinois des fonderies de cuivre du Katanga auraient quitté le pays à la baisse des prix du cuivre consécutive à la crise. L'uranium est exploité par Areva. Les espoirs de croissance reposent sur l'industrie extractrice, en particulier l'exploitation minière, mais cette dernière ne tire que partiellement profit de la grande richesse du sous-sol du pays. En 1997, le secteur secondaire ne comptait que pour 16,9 % du PIB.

La République démocratique du Congo est également un producteur de pétrole (24 000 barils par jour en 2003), les lieux d'extraction se localisant principalement sur la côte (terminal du Port de Banana). La région du lac Albert abrite également un important gisement que l'Ouganda envisage d'exploiter.

Avec une concession minière de plus de 18 800 kilomètres pour le cuivre, la Gécamines était la principale entreprise minière du pays et fournissait en 1980 environ 66 % des recettes budgétaires de l'État et 70 % de ses recettes d'exportation. Pendant plus de 30 ans, cette entreprise a été un des moteurs principaux de l'économie congolaise, à côté de groupes de moindre importance : Zaïre-Etain (détenu à 50-50 par l'État et par Géomines belge) qui exploitait la cassitérite (aujourd'hui disparue) ; l'Office des mines de Kilo-Moto (société d'État) assurant l'extraction de l'or ; la société congolaise Miba (avec une contribution de l'ordre de 20 % à celle de la Gécamines dans les années 1980). Mais la production minière industrielle s'est effondrée avec la Gécamines, dont la production en cuivre est passée de 465 000 tonnes (à 2 855 USD la tonne, en 1990) à 19 000 tonnes (à 1 800 USD la tonne en 2002), entraînant des conséquences économiques et sociales importantes.

Les mesures de restructuration et de libéralisation du secteur minier prises depuis 2004 sur l'ensemble du territoire national n'ont rien donné, d'autant plus qu'on a assisté à l'expropriation des terres des paysans au profit de nouvelles concessions minières, à la fraude généralisée et aux contrats léonins. Une commission d'experts nationaux à l'initiative du gouvernement avec l'appui des services internationaux spécialisés a été mise en place afin d'enquêter sur les différents contrats signés avec les multinationales, et aurait conclu que l'État avait été bradé et spolié avec la complicité de plus hautes autorités. Les contrats miniers ont été révisés, Kinshasa souhaitant en particulier augmenter la participation de l'État au capital de TekeFungurume, une firme américaine présente au Katanga.

Accord de 2007 avec la Chine

Après le voyage à Pékin du ministre des Infrastructures Pierre Lumbi à l'été 2007, la Chine a annoncé en septembre 2007 un accord de crédit portant sur 8,8 milliards de dollars, ayant pour objectif premier la réanimation du secteur minier. En contrepartie de l'exploitation des ressources minières (cuivre, cobalt et or), la Chine s'engage ainsi à construire les infrastructures du pays (routes, liaison optique au West AfricaCable System, hôpitaux, universités, logements, etc.).

La convention de troc prévoit 6,3 milliards d'euros d'investissement, dont 4,2 destinés au développement des infrastructures et 2,1 à la relance du secteur minier, la maîtrise d'ouvrage incombant à une société mixte, la Sico mines, dont la RDC détiendra 32 % des parts. Les chantiers sont confiés à la China Railway Engineering Corporation et à la Sinohydro Corporation.

Le FMI a critiqué l'engagement chinois, y voyant officiellement un alourdissement de la dette publique. Des pays comme la France ou la Belgique voient d'un mauvais œil la présence de la Chine, craignant que les matières premières ne changent de mains. Face à ces critiques et à la suite de la visite du président du FMI, Dominique Strauss-Kahn, en mai 2009 à Kinshasa, les Chinois ont partiellement reculé (Aéroports de Paris rénovera ainsi l'aéroport de N'Djili qui dessert Kinshasa, tandis qu'Areva se verra confier la prospection et l'exploitation de l'uranium).

1.5.Structures politiques

La mise à disposition de fonds commerciaux et de patrimoines économiques a également constitué un relais du clientélisme entretenu par le pouvoir. Le clan entourant le chef de l'État a ainsi pu bénéficier des fruits de la politique de nationalisation, tout comme ceux qui, dans les différentes régions du pays, faisaient allégeance au régime en échange d'un commerce ou d'une propriété foncière. De nombreux pays occidentaux ont signé des conventions avec le Zaïre afin de procéder à l'indemnisation des parties spoliées, mais dans la très grande majorité des cas, ces accords n'ont jamais été appliqués.

Une crise économique est une dégradation brutale de la situation et des perspectives économiques. Elle amène à une période de ralentissement économique ou, plus grave, à une récession économique. La crise correspond à l'une des phases du Cycle Juglar.

Une telle crise comporte souvent (mais pas systématiquement) une chute soutenue des valeurs boursières. Elle a des répercussions sur le niveau des salaires, provoque des faillites, accroît les tensions sociales.

Malgré l'important potentiel du pays, la corruption s'est très tôt installée, sous le régime de Mobutu Sese Seko, avec une mainmise du pouvoir sur l'économie pour en détourner les profits dans le cadre d'un enrichissement personnel. La désorganisation du pays fit qu'au début des années 1990, l'économie souterraine du Zaïre était estimée à trois fois le montant officiel du PIB.

Malgré ces successions de plans économiques financés par la Banque mondiale et le Fonds monétaire international (FMI) depuis l'accession à l'indépendance, l'inflation, le déficit budgétaire et la dette du pays n'ont fait que croître sous le régime de Mobutu. Au début des années 1990 face à la corruption endémique, la Banque mondiale et le FMI en vinrent à suspendre leur aide, et la plupart des interventions bilatérales furent arrêtées. La RDC fut incapable de faire face aux échéances de paiement de la dette et les lignes de crédit du FMI furent arrêtées en février 1992, celles de la Banque mondiale en juillet 1993. Malgré l'introduction d'une nouvelle monnaie, le nouveau Zaïre (NZ), la gestion des devises resta anarchique, et l'inflation atteint 9 800 % en 1994, les prix en magasins changeant plusieurs fois par jour.

CHAPITRE DEUXIÈME
LE PRODUIT INTÉRIEUR BRUT (PIB)

Le **produit intérieur brut** (**PIB**) est l'un des agrégats majeurs des comptes nationaux.

En tant qu'indicateur économique principal de mesure de la production économique réalisée à l'intérieur d'un pays donné, le PIB vise à quantifier pour un pays pendant une année donnée la valeur totale de la « production de richesses » effectuées par les agents économiques résidant à l'intérieur de ce territoire (ménages, entreprises, administrations publiques).

Le PIB reflète donc l'activité économique interne d'un pays et la variation du PIB d'une période à l'autre est censée mesurer son taux de croissance économique.

Le PIB par habitant mesure le niveau de vie et de façon approximative le pouvoir d'achat de la population, car il n'est pas pris en compte de façon dynamique pour démontrer l'incidence de l'évolution du niveau général des prix.

Il diffère du revenu national brut (RNB) qui ajoute au PIB les entrées nettes de revenus de facteurs en provenance de l'étranger (revenus de facteurs provenant du reste du monde diminués des revenus de facteurs payés au reste du monde).

La composition de cet indice est dans certains cas sujette à caution ou à suspicion, en particulier lorsque les gouvernements y voient un outil politique et qu'ils ont la capacité d'influencer la production de cet indicateur.

La notion de PIB fait l'objet de contestations dans les cas suivants :

- Le PIB comme indicateur de production de richesse ne considère qu'une partie de la valeur créée par l'activité économique et de plus qu'une valeur déterminée de façon comptable. Sont ainsi comptabilisées des activités dites « négatives » (par exemple, des dépenses liées aux accidents domestiques, industriels ou routiers). Sont également comptabilisées des valeurs dont le statut « productif » mérite la question (jusqu'à quel point, par exemple, la publicité ou le marketing sont-ils des activités réellement « productives » ?).

Par contre, ne sont pas comptabilisées les activités positives à la fois non marchandes et non administratives, comme l'art ou les activités altruistes (par exemple, le logiciel libre) ou les activités bénévoles, ou encore la production domestique assurée au quotidien au sein de la famille ;

- Les défenseurs de l'environnement et du développement durable critiquent le produit intérieur brut comme mesure de la « production de richesse » : bien que la production économique consomme en partie le capital naturel, le PIB ne tient pas compte des effets de cette consommation.

Le Comité d'experts des Nations unies sur la comptabilité environnementale-économique (UNCEEA) s'attelle à définir un indicateur qui tient compte des effets sur l'environnement, le PIB vert, et à faire du Système de comptabilité environnementale économique (SEEA) un standard international pour l'année 2010 et à promouvoir sa mise en œuvre dans les pays.

2.1. Origine

À la demande du Congrès américain en 1932, Simon Kuznets crée une comptabilité nationale aux États-Unis, et invente le produit intérieur brut, en 1934, afin de mesurer l'effet de la Grande Dépression sur l'économie. On ne dispose en effet à cette époque d'aucun indicateur synthétique.

En France, il apparaît après la Seconde Guerre mondiale, tout comme la comptabilité nationale.

➢ Définition donnée par l'INSEE

L'agrégat PIB représente le résultat final de l'activité de production des unités productrices résidentes d'un pays. Cette notion peut se définir de trois manières :

1. Le PIB est la somme des valeurs ajoutées brutes des différents secteurs institutionnels ou des différentes branches d'activité, augmentée des impôts moins les subventions sur les produits (lesquels ne sont pas affectés aux secteurs et aux branches d'activité) ;
2. Le PIB est la somme des emplois finaux intérieurs de biens et de services (consommation finale effective, formation brute de

capital fixe, variations de stocks), plus les exportations, moins les importations ;

3. Le PIB est la somme des emplois des comptes d'exploitation des secteurs institutionnels : rémunération des salariés, impôts sur la production et les importations moins les subventions, excédent brut d'exploitation et revenu mixte.

➢ Modes de calcul du PIB

L'appellation exacte du PIB est : « le produit intérieur brut aux prix du marché ». Sa valeur comptable est issue d'un compte de résultat (charges et produits) et non du bilan (actif-passif).

- Il ne mesure que le flux de production, et non un stock de capital ou de dettes (comme l'*adjusted net savings* de la Banque mondiale) ;
- Il ne prend pas non plus en compte le flux de déplétion (qui en ferait un indicateur *net* et non *brut*), celui-ci nécessitant des imputations faisant intervenir des conventions arbitraires et des données qui ne sont souvent pas disponibles de façon continue sur des durées aussi longues.

Le PIB mesure la valeur de l'ensemble des biens et services produits sur le territoire d'un pays donné au cours d'une période donnée (en général, une année, parfois un trimestre), quelle que soit la nationalité des producteurs présents sur ce territoire.

Le PIB se distingue :

- du PIB calculé « au coût des facteurs » qui ne tient pas compte des impôts indirects ou des subventions d'exploitation ;
- du PNB (produit national brut). Rappel : PNB = PIB + revenus des facteurs en provenance de l'extérieur – revenus des facteurs versés à l'extérieur. Les revenus issus des avoirs détenus à l'extérieur ne sont pas inclus dans le PIB, mais sont en revanche ajoutés au PNB pour former le revenu national brut.

➢ Détermination des composantes du PIB

Le PIB recense à la fois la production marchande et la production non marchande, composée exclusivement de services. En France, le PIB non marchand est presque exclusivement le fait des administrations publiques (sécurité, justice, santé, enseignement). Par convention, il est évalué à son coût de production (voir services non marchands). Le PIB peut se décomposer de trois manières (voir un exemple, pour la France) :

➢ Composantes vues sous l'angle de la production

Le PIB est égal à la somme des valeurs ajoutées des agents économiques résidents, calculée aux prix du marché, à laquelle on ajoute la part de la valeur ajoutée récupérée par l'État (taxe sur la valeur ajoutée et droits de douane) et de laquelle on soustrait les subventions :

PIB = Somme des valeurs ajoutées + TVA + Droits et taxes sur les importations – Subventions sur les produits

P.I.B=εV.A PNB = εV.A +I-E I= Importation

E= Exportation V.A= Valeur ajoutée

V.A= Production –Consommation, Intermédiaire (C.I)

PNN= PNB+ Transfert de l'extérieur vers l'intérieur –Transfert de l'intérieur vers l'extérieur

PNB : εX°-CI+I-E

PNB : εVA+I-E

PNB= PIB+I-E

Si potentiellement trois méthodes coexistent pour calculer le PIB d'un pays ou d'une région (via la production, la dépense ou le revenu), la première méthode (approche par la production) est utilisée pour des raisons pratiques. Selon cette technique, on additionne toutes les valeurs ajoutées issues des comptes de résultats fournis par les entreprises, et les administrations publiques.

➢ Composantes vues sous l'angle des dépenses

Le PIB est égal à la somme des emplois finaux intérieurs de biens et de services, c'est-à-dire : la consommation finale effective (CF), l'investissement (formation brute de capital fixe, FBCF) et les variations de stocks (VS). Cette définition se déduit de l'égalité comptable entre les ressources de l'économie (PIB) et les emplois qui sont faits de ces ressources.

En situation d'autarcie, on a l'équilibre ressources-emplois :

$$PIB = CF + FBCF + VS$$

Dans une économie ouverte, les importations (notées M) s'ajoutent aux ressources, les exportations (notées X) aux emplois, si bien que la relation ci-dessus devient :

$$PIB + M = CF + FBCF + VS + X$$

La dernière relation peut se réécrire :

$$PIB = CF + FBCF + VS + X - M$$

Ou, en omettant les variations de stock et en développant la consommation finale :

$$PIB = C + G + I + (X - M)$$

- Consommation (C)
- Investissements (I)
- Dépenses publiques courantes (G)
- Exportation (X)
- Importation (M)

À titre d'exemple, en 2004 dans l'UE-25,59 % du PIB était consacré aux dépenses de consommation finale des ménages, 21 % aux dépenses de consommation finale des administrations publiques, et 19 % à l'investissement.

➢ Composantes vues sous l'angle des revenus

Le PIB est égal à la somme des revenus bruts des secteurs institutionnels : rémunération des salariés (RS), impôts sur la production et les importations moins les subventions (T), excédent brut d'exploitation et revenus mixtes (EBE).

PIB = (S + B + I + Rn + A) + (Tn + D) « facteurs d'ajustements »

- Rémunération des salariés (S)
- Bénéfices des sociétés avant impôts (B)

- Intérêts et revenus divers de placement (I)
- Revenus nets des entreprises (Rn)
- Ajustement de la valeur des stocks (A)
- Taxes nettes (Tn)
- Dépréciation (D)

➢ **Mesure du PIB en volume et en valeur**

Le PIB réel ou *en volume* est la valeur du PIB en ne tenant pas compte des variations des prix, c'est-à-dire de l'inflation. Le PIB réel a l'avantage de montrer les variations à la hausse et à la baisse dans le volume (les quantités) de la production de biens et services. C'est la valeur utilisée lorsque l'on mesure dans la croissance du PIB.

En effet, on ne peut pas savoir uniquement en observant le PIB nominal (*en valeur*), si la hausse de l'indicateur provient d'une hausse des prix, d'une hausse de la production ou dans quelles proportions ces deux variations se combinent.

Lorsqu'on calcule le volume du PIB, les trois approches qui permettaient de calculer le PIB nominal (demande, production et revenus) ne sont plus équivalentes. L'approche par la demande est privilégiée. Les volumes des grandeurs qui entrent dans la définition du PIB par l'approche de la production sont toutefois définis de telle sorte que le volume du PIB calculé par cette approche coïncide avec le volume obtenu en utilisant l'approche par la demande : le volume de valeur ajoutée est défini comme la différence entre le volume de la production et le volume des consommations intermédiaires ; le volume des taxes et subventions est défini comme le volume des produits taxés tandis que le prix correspondant est le prix du produit que multiplie le taux de taxe ou de subvention. L'approche par les revenus n'est pas utilisée : elle ne permettrait pas de prendre en compte l'évolution de la productivité des facteurs de production.

Le manuel des comptes nationaux de 2008 recommande de réactualiser l'année de base chaque année. Le volume du PIB est alors calculé sur la base du taux de croissance annuel appliqué au volume de l'année précédente. On parle d'indice chaîné.

La richesse d'un pays se calcule à travers différents agrégats macro-économiques, c'est-à-dire à travers des instruments de mesure des comptes nationaux. Le PIB permet, mais de manière imparfaite, de mesurer et de comparer à travers le temps le niveau de production de l'économie de type moderne pour un pays donné. En dehors de cette utilisation, il est un concept douteux, inadéquat pour mesurer le mieux-être économique, pour analyser le processus de développement ou pour asseoir une politique de développement réaliste et valable.

Le PIB est un indicateur économique très utilisé, qui mesure le niveau de production d'un pays. Il définit la valeur totale de la production interne de biens et services dans un pays donné au cours d'une année donnée par les agents résidant à l'intérieur du territoire national. C'est aussi la mesure du revenu provenant de la production dans un pays donné.

On parle parfois de production économique annuelle ou simplement de production.

Le PIB est un agrégat des comptes nationaux, obtenu en additionnant des grandeurs mesurées par catégories d'agents économiques (ménages, entreprises, administrations publiques). Afin d'éviter que la même production n'entre plus d'une fois dans le calcul, ne font partie du PIB que les biens et services finaux (c'est-à-dire les biens et services de consommation et les biens d'équipement) ; les biens intermédiaires de production étant exclus. Par exemple, le blé avec lequel on fait le pain est exclu, alors que le pain lui est inclus lors du calcul.

Le PIB sert souvent d'indicateur de l'activité économique d'un pays ; le PIB par habitant, quant à lui, sert d'indicateur du niveau de vie en donnant une valeur indicative du pouvoir d'achat. La variation du PIB est l'indicateur le plus utilisé pour mesurer la croissance économique.

Les défenseurs de l'environnement et du développement durable critiquent le produit intérieur brut comme mesure de la richesse, dans la mesure où la croissance économique détruit le stock de ressources naturelles, et que le PIB ne tient pas compte de cette destruction. Certains experts ont proposé de définir un indicateur qui tienne compte des effets sur l'environnement, le PIB vert.

Le PIB est un agrégat représentant le résultat final de l'activité de production des unités productrices résidentes. Il peut se définir de trois manières.

Le PIB est égal à la somme des valeurs ajoutées brutes des différents secteurs institutionnels ou des différentes branches d'activité, augmentée des impôts moins les subventions sur les produits (lesquels ne sont pas affectés aux secteurs et aux branches d'activité).

Le PIB est égal à la somme des emplois finaux intérieurs de biens et de services (consommation finale effective, formation brute de capital fixe, variations de stocks), plus les exportations, moins les importations.

2.1.1. Décompositions et calculs du PIB

2.1.2. PIB par la production

Le PIB est égal à la somme des valeurs ajoutées des agents économiques résidents, calculée aux prix du marché, à laquelle on ajoute la part de la valeur ajoutée récupérée par l'État (taxe sur la valeur ajoutée et droits de douane) ;

PIB= Somme des valeurs ajoutées+ TVA+ droits et taxes sur les importations et subventions sur les produits.

2.1.3. PIB par les dépenses

Le PIB est égal à la somme des revenus bruts des secteurs institutionnels : rémunération des salariés (RS), impôts sur la production et les importations moins les subventions (T), excédent brut d'exploitation (EBE), solde de revenu avec l'extérieur (RX).

2.2. Utilisation de la notion de PIB

Une augmentation à court terme du PIB correspond à une expansion, tandis qu'une diminution indique une récession économique. L'augmentation à long terme du PIB par habitant est un indicateur de croissance économique.

2.2.1. PIB par habitant

Le PIB par habitant (ou *per capita*) est la valeur du PIB divisée par le nombre d'habitants d'un pays. Il est plus efficace que le PIB pour mesurer le développement d'un pays ; cependant, il n'est qu'une moyenne donc il ne permet pas de rendre compte des inégalités de revenus et de richesses au sein d'une population. En général, un pays est considéré comme « développé » lorsqu'il dépasse les 20 000 dollars US de PIB par habitant (en 2006).

Cet indicateur n'est pas égal au revenu par tête.

Il est un bon indicateur de la productivité économique, mais il ne rend compte qu'imparfaitement du niveau de bien-être de la population ou du degré de réussite d'un pays en matière de développement. Il ne montre pas quelle est la répartition du revenu d'un pays entre ses habitants.

Dérivé du PIB, il ne reflète pas les atteintes causées à l'environnement et aux ressources naturelles par les processus de production, et ne tient pas compte du travail non rémunéré qui peut être effectué au sein des ménages ou des communautés, ni de la production à mettre au compte de l'économie souterraine.

Le PIB par habitant n'est pas construit comme un indicateur de la qualité de la vie (cette dernière, bien plus subjective, est difficilement mesurable, même si certains indicateurs comme l'indice de développement humain, l'IDH, ambitionnent de l'évaluer).

2.2.2. Sur le plan international

Après une hausse de 3,7 % en 2007, à la suite de la crise de 2008, puis de 2 % en 2008, le PIB mondial a chuté de 1,1 % en 2009 (un peu plus que ce qu'attendait le FMI), avec d'importantes disparités, les pays riches devant affronter en 2009 un recul de 3 à 3,5 % de leur PIB (toujours selon les estimations annoncées du FMI). C'est la baisse la plus forte depuis l'après-guerre, malgré l'importance des efforts publics, notait le FMI.

Le PIB mondial aurait été, selon le FMI, de 57 937 milliards de dollars en 2009 contre 60 689 milliards en 2008.

2.2.3. Comparaisons internationales

On peut comparer les PIB de plusieurs pays, initialement exprimés en monnaie nationale, selon deux méthodes :

- Au taux de change courant : on utilise le taux de change moyen sur la période d'étude ;
- À parité de pouvoir d'achat (PPA) : on utilise un panier de biens standard, et le taux de conversion est le rapport des prix de ce panier entre les devises.

Les comparaisons en PPA sont plus significatives qu'en taux de change courant, du fait de la faiblesse mécanique des devises des pays pauvres : si le prix des produits échangeables est généralement comparable d'un pays à l'autre, les prix des produits non échangeables, notamment les services, sont généralement moins chers dans les pays pauvres (effet Balassa-Samuelson) ; les devises des pays dotés de places financières majeures (Suisse, Royaume-Uni) ou de ressources minières très importantes (Norvège) sont habituellement surévaluées par rapport à leur valeur en PPA. Les comparaisons en PPA permettent aussi de s'affranchir des variations parfois brutales des taux de change.

Cette comparaison permet d'analyser l'évolution des parts des différents pays dans le PIB mondial, ou des groupes de pays, répartis par exemple en fonction de la langue dominante, de la zone géographique ou du niveau de développement.

2.3. Limites du PIB et défauts dans sa détermination

PIB passé en revue par la « Commission Stiglitz ». La « Commission sur la mesure des performances économiques et du progrès social », dite « Commission Stiglitz », s'est réunie entre avril 2008 et septembre 2009. Elle avait pour objectif de développer une « réflexion sur les moyens d'échapper à une approche trop quantitative, trop comptable de la mesure de nos performances collectives » et d'élaborer de nouveaux indicateurs de richesse. Une première version de ses douze recommandations a été mise en ligne en juin 2009.

Le Forum pour d'autres indicateurs de richesse (FAIR) a publié une première note soulignant les apports du premier chapitre de ce rapport et critiquant en même temps la méthode de travail « très opaque » de la commission ainsi que les limites de ses propositions.

2.3.1. PIB et développement durable

Par définition, le PIB est un indicateur de flux et ne tient pas compte de la valeur estimée des actifs et passifs (le patrimoine) publics et privés. Il ne mesure donc pas les externalités positives ou négatives qui font évoluer cette valeur et qui contribuent donc à un gain ou à une perte de moyens.

Cependant, la comptabilité nationale ne distingue pas, dans les consommations intermédiaires, les ressources renouvelables des ressources non renouvelables (c'est-à-dire celles qui relèvent d'une utilisation de revenu et celles qui relèvent d'une destruction de capital), ou les produits recyclés des autres produits achetés. Jean-Marc Jancovici critique ainsi le fait que le PIB ne permet pas d'évaluer la consommation du capital naturel ni d'anticiper longtemps à l'avance les risques environnementaux.

Concernant le secteur des services (le secteur tertiaire en comptabilité nationale), qui représente environ 70 % du PIB dans les pays développés, Jean Gadrey estime que pour construire une économie écologique de services, il faut d'abord s'intéresser aux bilans écologiques complets de ces activités. Il apparaît alors que l'immatérialité parfois supposée des services est un mythe. Il serait nécessaire d'internaliser les externalités environnementales de ces activités.

Dans le cas d'une production polluante suivie d'un processus de dépollution, le PIB comptabilise deux productions, qui s'annulent partiellement. Ce que LeopoldKohr nomme « *le standard de l'aspirine* : en augmentant le PIB nous attrapons des migraines, alors que nous produisons de l'aspirine pour soulager les migraines et nous félicitons que cette augmentation supplémentaire du PIB ait augmenté notre niveau de vie ». Le PIB est neutre vis-à-vis d'un progrès technique qui va dans le sens de la conception des processus industriels propres, l'emploi de matériaux recyclés, et d'une façon générale, l'anticipation des risques environnementaux. Le PIB n'envoie aucun signal d'alerte sur la dégradation de l'environnement.

Ainsi, le PIB ne permet pas de mesurer l'impact de la production sur le capital naturel. La croissance économique mesurée par le PIB ne rend donc pas bien compte du respect ou non des principes de développement durable ni de ses effets sur l'environnement. Le PIB a néanmoins été sélectionné par l'INSEE parmi les onze indicateurs de développement durable retenus dans le cadre de la stratégie nationale de développement durable française.

Certains auteurs soulignent les limites de la croissance économique comme mesure de la bonne santé d'un pays ou d'une économie, ou contestent le bien-fondé ou même la possibilité physique de perpétuer la croissance économique telle qu'elle est définie par la variation du PIB. Dominique Méda a proposé dès 1999 dans *Qu'est-ce que la richesse ?* de recourir à d'autres indicateurs que le PIB. Patrick Viveret considère également qu'il faut reconsidérer les instruments de mesure de la richesse.

Élisabeth Laville estime qu'il est important de remettre en cause l'acception institutionnelle du PIB comme principal indicateur de la performance économique, qui s'avère un frein important pour les entreprises et les autres acteurs économiques dans la transition de l'approche financière classique à une approche triple bilan du développement durable. Elle pense que la France pourrait faire des propositions dans ce sens.

2.3.2. Les productions omises par le PIB

Le PIB ne comptabilise pas ou comptabilise de manière approchée un certain nombre d'éléments pourtant réels. Parmi les éléments les plus importants, on peut citer :

1. L'autoproduction (ou autoconsommation) de richesses. Certaines productions sont créées et consommées au sein même des ménages, sans passer par aucun échange de type marchand : ainsi, par exemple, la production domestique (fruits ou légumes récoltés dans le jardin familial) ou les activités domestiques assurées par les mères et pères de famille ou les femmes et hommes au foyer (cuisine, ménage, courses, entretien familial, etc.). Selon le périmètre de définition retenu pour ces tâches dites domestiques, la valeur de la production de ces activités non prises en compte dans la comptabilisation économique nationale peut être considérable : ainsi, la valeur des services produits par les ménages pour leur propre usage pourrait ajouter 35 % à la richesse nationale en France vers 2009 selon les travaux de la commission Stiglitz. En conséquence, la croissance du PIB pourrait de façon masquée et artificielle être affectée par les effets des seules variations

des habitudes de vie, en particulier le passage de l'autoconsommation à la consommation marchande. Une étude de l'INSEE confirme cette analyse en indiquant que l'ordre de grandeur de la production domestique non prise en compte (calculée pour l'année 2010) équivaut à la valeur ajoutée de la production manufacturière française pour la même année de référence ;

2. Le travail au noir est mal mesuré : sa valeur ajoutée est incluse dans le PIB sur la base d'estimations ;
3. Le bénévolat, qui est un service non marchand, est également très mal mesuré : sa valeur ajoutée est comptabilisée essentiellement à partir des coûts du personnel, lesquels par nature ne sont pas représentatifs de la contribution effective pour la société globale des activités bénévoles ;
4. La contribution réelle des services non marchands et de l'administration publique à la production économique pose également problème : en l'absence de facturations, il est délicat de chiffrer ce type de services. Pour contourner cette difficulté, la pratique est de les comptabiliser dans le PIB selon la convention que leur valeur est égale à leur coût. Cette façon de faire fait l'impasse sur la valeur ajoutée (si le service rendu a plus de valeur que son coût de production) ou le gaspillage (dans le cas contraire, c'est-à-dire si le service est produit pour plus cher que ce qui serait possible pour un même service) ; ainsi, pour ces services, une amélioration du processus permettant de le produire à moindre coût introduit paradoxalement une baisse du PIB, tandis qu'une dégradation du processus augmente facilement le PIB. Le fait d'utiliser des méthodes différentes de valorisation d'un même service selon qu'il est rendu par un opérateur marchand ou un opérateur non marchand introduit une distorsion dans le calcul du PIB selon le fonctionnement de l'opérateur.

2.3.3. PIB et bien-être

Le PIB n'est pas construit comme un indicateur de bien-être, de bonheur, ou de qualité de vie. Ainsi, certaines consommations font gonfler le PIB alors que, de toute évidence, elles ne reflètent pas une amélioration du bonheur des habitants. Cependant, en dessous d'un certain seuil (environ 15 000 dollars par an et par personne), l'augmentation du PIB par habitant est fortement corrélée à l'augmentation du bien-être de la population, selon une étude publiée en 2001 par l'université de Princeton.

2.3.4. Autres limites

Dans le cas d'une catastrophe naturelle (ouragan, tremblement de terre), le PIB ne comptabilise les destructions d'actifs (maisons, routes…) qu'indirectement, à la hauteur de l'impact sur la production (donc moins que la perte nette des actifs). En revanche, le PIB prend en compte les reconstructions qui font suite à la catastrophe (souvent financées par des aides nationales ou internationales). Considérer cette prise en compte comme un défaut est discutable : la capacité à faire face à une catastrophe naturelle constitue bien une richesse économique, qu'il semble donc normal de comptabiliser (au même titre que la santé par exemple).

La création d'activités, même socialement inutiles, peut cependant être bénéfique en provoquant l'utilisation de facteurs non employés et une augmentation de la demande globale. Ainsi, Keynes appelait, sous forme de boutade, à employer des chômeurs à creuser des trous et d'autres chômeurs à les reboucher.

Frédéric Bastiat décrivait une autre limite de la mesure de la richesse avec son *Sophisme de la vitre cassée* publié en 1850. Prenant l'exemple d'une vitre, il montrait que la société s'appauvrissait de la valeur de cette vitre quand celle-ci était brisée. Il concluait que « la société perd la valeur des objets inutilement détruits », ou que « destruction n'est pas profit ». Reprenant à leur compte ces réflexions, Jean Gadrey et Florence Jany-Catrice écrivent de manière imagée que « si un pays rétribuait 10 % des gens pour détruire des biens, faire des trous dans les routes, endommager les véhicules, etc., et 10 % pour réparer, boucher les trous, etc., il aurait le même PIB qu'un pays où ces 20 % d'emplois (dont les effets sur le bien-être s'annulent) seraient consacrés à améliorer l'espérance de vie en bonne santé, les niveaux d'éducation et la participation aux activités culturelles et de loisir. »

Pour toutes ces raisons, l'accent est davantage mis sur les comparaisons entre PIB (entre pays, ou entre périodes), plutôt que sa valeur absolue. La comparaison entre pays voisins ou périodes voisines permet en effet d'atténuer les erreurs puisque ce qui est oublié une année (le travail au noir notamment) l'est aussi l'année suivante. Cependant, pour des pays différents ou de longues périodes, cette comparaison est très délicate.

2.3.5. Autres indicateurs

Happy planet index

Le « *Happy planet index* », ou indice de la planète heureuse, est un indicateur économique alternatif au PIB. Il classe 178 pays d'après 3 indicateurs : l'empreinte écologique, l'espérance de vie et le degré de bonheur des populations. Ainsi, ce classement donne une image très différente de la richesse et de la pauvreté des nations.

2.3.5.1.PIB vert

Des économistes ont pensé mesurer un « PIB vert », pour lequel serait soustraite du PIB conventionnel la valeur de la baisse du stock de ressources naturelles. Une telle méthode de comptabilisation permettrait de mieux savoir si une activité économique accroît ou fait baisser la richesse nationale lorsqu'elle utilise des ressources naturelles. Cependant, les économistes estiment qu'il serait très difficile de mesurer correctement un tel indicateur.

2.3.5.2.PIB régional ou PIB urbain

Une mesure de PIB régional, ou de « produit urbain brut », est parfois présentée. Son utilisation est critiquée, car les échanges commerciaux (imports et exports) avec les autres régions d'un même pays ne sont pas mesurés. Le calcul se fait alors avec l'approche productive (somme des valeurs ajoutées).

Cet indicateur ne reflétera alors que la production de la zone, et non la richesse, puisqu'un quartier résidentiel où la production est faible aura un PIB local très faible, même si le revenu des habitants est élevé.

L'attribution des fonds structurels européens, basée sur les PIB régionaux, voit donc certaines régions résidentielles à faible PIB par habitant, mais peu sinistrées (chômage faible, résidents travaillant dans une région limitrophe) emporter les fonds sur des régions industrielles à plus fort PIB, mais à la richesse effective plus faible (chômage important, emplois précaires...).

2.4. Développement humain

Comme d'autres indicateurs économiques, le PIB n'a pas vocation à mesurer le niveau de développement humain des pays, il mesure seulement le développement économique. L'indice de développement humain (IDH), inspiré des travaux d'Amartya Sen, a été créé pour tenter d'appréhender le bien-être social.

Liste de pays par leur PIB

Les données peuvent varier légèrement suivant les modes de calcul du FMI, de la Banque mondiale, de l'OCDE, de la CIA…

Liste des dix plus grandes puissances économiques mondiales en 2014, d'après le FMI, classées en valeur nominale puis en parité de pouvoir d'achat

Rang	Pays	PIB (nominal) (millions de $)	Rang	Pays	PIB (PPA) (millions de $)
1	États-Unis	17 418 925	1	Chine	17 617 321
2	Chine	10 380 380	2	États-Unis	17 418 925
3	Japon	4 616 335	3	Inde	7 375 898
4	Allemagne	3 859 547	4	Japon	4 750 771
5	Royaume-Uni	2 945 146	5	Allemagne	3 721 551
6	France	2 846 889	6	Russie	3 564 549
7	Brésil	2 353 025	7	Brésil	3 263 832
8	Italie	2 147 952	8	Indonésie	2 676 081
9	Inde	2 049 501	9	France	2 580 750
10	Russie	1 857 461	10	Royaume-Uni	2 548 889

Note : le PIB de l'Union européenne, prise dans son ensemble et comparée aux autres États indépendants, est le deuxième au monde après celui des États-Unis (nominal) ou de la Chine (PPA).

PIB nominal et en PPA dans le monde (chiffres du FMI pour 2005).

PIB en parité de pouvoir d'achat (PPA) par habitant en 2014.

Liste des pays par PIB par habitant et liste des pays par PIB nominal par habitant

PIB par habitant de quelques pays en 2012

Pays	PIB/hab. (US $)	Rang mondial
Luxembourg	106 406	1
Qatar	104 756	2
Norvège	99 170	3
Suisse	78 881	4
Australie	67 304	5
Danemark	56 426	6
Suède	54 815	7
Canada	52 300	8
Singapour	52 052	9
États-Unis	51 704	10
Japon	46 707	12
Allemagne	41 866	21
France	41 223	22
Russie	14 302	47
Brésil	11 359	60
Chine	6 071	87
Inde	1 499	139
Burundi	282	180

PIB par habitant en Europe

Le tableau suivant indique, à partir des données d'Eurostat, le PIB par habitant en standard de pouvoir d'achat (SPA), de 2006 à 2015, dans les six pays les plus peuplés de l'Union européenne (Allemagne, France, Royaume-Uni, Italie, Espagne et Pologne), ainsi que les autres pays francophones de l'UE (Belgique, Luxembourg) et aux États-Unis, au Japon et en Turquie. L'unité (100) correspond pour chaque année à l'Union européenne des 28 : ce graphique permet donc de voir comment ces pays ont évolué les uns par rapport aux autres, mais pas de déterminer la hausse ou la baisse du PIB par habitant d'une année à l'autre dans un pays donné.

Comparaison des PIB par habitant en SPA des principaux pays de l'UE (+ États-Unis, Japon et Turquie)

Pays	2006	2007	2008	2009	2010	2011	2012	2013	2014	2015
Luxembourg	258	262	259	250	256	263	259	261	267	264
États-Unis	155	152	146	146	145	144	146	145	145	145
Allemagne	117	117	117	117	120	123	124	124	125	124
Belgique	119	117	116	118	121	120	121	120	120	119
Royaume-Uni	115	111	109	107	107	105	107	107	109	108
France	109	108	107	108	108	108	107	109	107	106
Union européenne (28 pays)	100	100	100	100	100	100	100	100	100	100
Japon	107	106	102	99	101	99	102	102	100	99
Italie	108	107	107	106	104	104	102	99	97	96
Espagne	103	103	101	101	96	93	91	90	90	90
Pologne	51	53	55	60	62	65	67	67	68	69
Turquie	44	45	46	46	49	53	53	53	53	52

2.5. Calculs du PIB

Logiquement, il existe donc trois méthodes pour calculer le PIB d'un pays ou d'une région : par la production, par la dépense et par les revenus. Pour des raisons pratiques, on utilise principalement la première méthode. Selon cette technique, on additionne toutes les valeurs ajoutées, en se basant sur les résultats fournis par les entreprises, et les administrations publiques.

2.5.1. PIB marchand et non-marchand

Le PIB recense à la fois la production marchande et la production non-marchande, composée exclusivement de services. En France, le PIB non-marchand est presque exclusivement le fait des administrations publiques (sécurité, justice, santé, enseignement). Par convention, il est évalué à son coût de production (voir Services non marchands).

Une augmentation à court terme du PIB correspond à une expansion, tandis qu'une diminution indique une récession économique. L'augmentation à long terme du PIB par habitant est un indicateur de croissance économique.

2.5.2. Mesures en volume et en valeur

Le PIB réel ou en volume est la valeur du PIB en tenant compte des variations des prix, c'est-à-dire de l'inflation. Le PIB réel a l'avantage de montrer les variations à la hausse et à la baisse dans le volume (les quantités) de la production de biens et services. C'est la valeur utilisée lorsque l'on mesure la croissance du PIB.

En effet, on ne peut pas savoir uniquement en observant le PIB nominal (en valeur), si la hausse de l'indicateur provient d'une hausse des prix, d'une hausse de la production ou dans quelles proportions ces deux variations se combinent.

Soit Pi, t le prix d'un bien i au cours d'une période t (par exemple, une année) et Qi, t la quantité produite de ce bien i au cours de la période t ; alors :

Le PIB réel est constitué par la valeur des biens i produits au cours de la période t mesurée à prix constants (année de base notée t0), soit : le délateur du PIB équivaut au rapport entre le PIB nominal et réel.

2.6. Limites du PIB et défauts dans détermination PIB et développement durable

Par définition, le PIB est un indicateur de flux et ne tient pas compte de la valeur estimée des actifs et passifs (le patrimoine) publics et privés. Il ne mesure donc pas les externalités positives ou négatives qui font évoluer cette valeur et qui contribuent donc à un gain ou à une perte de moyens.

- Le PIB est un instrument qui mesure la santé économique d'un pays, mais il ne mesure pas exactement si tel ou tel autre pays est riche ;
- On ne saisit pas toutes les données statistiques pour avoir la vraie saisie de toutes les valeurs ajoutées. Problèmes de réparation du revenu national (PIB) parmi les populations d'un pays. Il y a ceux qui gagnent beaucoup et les autres ne gagnent presque rien,

et le PIB ne sera que la moyenne de la consommation du revenu entre les populations ;

- On doit tenir compte de la croissance (de l'augmentation) de la population pour juger de la valeur du PIB d'un pays.

L'économie non commercialisée essentiellement agricole représentait en 1976 une dizaine de pourcents seulement du PIB. Ce pourcentage n'a pas évolué au cours des 30 dernières années pour des raisons évidentes. Il n'est cependant pas excessif d'affirmer que la désarticulation de l'économie congolaise s'est accrue, creusant le fossé qui sépare un secteur traditionnel en régression et un secteur moderne qui se développe vaille que vaille, en même temps que l'inégalité entre une minorité urbaine privilégiée et la masse des miséreux urbains et ruraux. Il ne faut pas oublier que les deux tiers au moins de la population ne sont pas concernés, ou ne le sont qu'indirectement, par le comportement de l'économique moderne tel qu'il est établi jusqu'à présent.

En ce qui concerne la production agricole, on constate que l'agriculture commercialisée et vivrière ne suffit plus à nourrir la population. D'où l'on est obligé de recourir à des importations des produits vivriers pour nourrir la population. Tandis que celle qui est exportée voit sa part dans le PIB diminuée continuellement à cause de la baisse du prix de ses produits sur le marché mondial. L'extraction minière et la métallurgie des non ferreux (cuivre...), secteur orienté exclusivement vers l'exportation, a d'abord renforcé sa position relative dans le PIB. Elle est passée de 16,1 % à 20,1 % entre 1959 et 1967. Entre 1967 à 1969, cette production a atteint les 30 % suite à la forte hausse des cours (prix) de non ferreux, le cuivre en particulier. L'industrie manufacturière croît d'abord plus rapidement que les autres secteurs productifs et que l'ensemble de PIB ; elle régressera ensuite très sensiblement. Le secteur de service est en pleine progrès excepté le secteur de transport. Ce progrès est en rapport avec l'expansion de l'appareil étatique.

Les chiffres de la comptabilité nationale permettent également avec beaucoup d'approximation d'appréhender l'utilisation qui est faite du PIB. Le revenu détermine la consommation et donc la consommation (C°) est fonction du revenu.

Revenu =Cm+Cp+I

Ménage (toute la population) ; publique (État) ; investissement. La part de la consommation privée commence par s'accroître au cours des premières années d'indépendance puis redescend après 1968 à un niveau régulièrement comparable à celui de la période coloniale. Par contre, la part de la consommation publique augmente jusqu'en 1969, régresse ensuite pour retrouver son niveau initial.

Les parts du PIB qui sont consacrées à la formation brute du capital fixe, c'est-à-dire aux investissements, appellent quelques commentaires. Elles atteignent des niveaux exceptionnellement élevés de 1966 à 1977, atteignant même ceux de l'époque coloniale.

Maisil faudra noter que l'affectation qui a été donnée à ces investissements est discutable. Il y a des investissements de production et d'autres qui sont inappropriés, comme par exemple la sidérurgie de Maluku, la raffinerie du Bas Congo, la maison de poste de Kinshasa, la Voix du Zaïre à Kinshasa… Cette mauvaise affectation **des** ressources est à la base de notre endettement extérieur.

Au Congo comme dans tous les pays sous-développés, le PIB par personne est une moyenne qui recouvre une diversité régionale considérable des activités, emplois et revenus et des disparités importantes (écarts, inégalités importantes) entre classes sociales. Depuis l'indépendance, le déséquilibre entre les villes et les campagnes, les distorsions entre régions ainsi que l'inégalité entre classes sociales se sont nettement accentuées.

2.6.1. Les régions (les provinces)

Il y a des distorsions importantes dans la répartition du PIB entre provinces.

Consécutivement à l'exploitation du cuivre et des métaux associés au Katanga et à la concentration industrielle, commerciale et administrative accentuée à Kinshasa et dans le Bas Congo d'une part, et au Katanga d'autre part, la bipolarisation de l'économie moderne dans ces deux régions s'est trouvée renforcée au détriment d'autres zones qui sont des régions rurales pauvres.

2.6.2. PIB et PIB par habitant de quelques pays

PIB en France : produit intérieur brut de la France et économie de la France.

La croissance du PIB en France s'est stabilisée depuis 1975 autour de 2,3 % en rythme annuel.

Le PIB de l'Union européenne (un seul marché, une législation commerciale unique et quasiment une seule monnaie, donc presque un pays au sens économique) était très proche en 2004 de celui des États-Unis.

Avec 27 États membres, l'Union européenne est donc maintenant la première puissance économique mondiale. L'État qui affiche le plus haut PIB par habitant au monde est le Luxembourg, avec un PIB/habitant de 66 500 USD.

Les données peuvent varier suivant les modes de calcul (Banque mondiale, FMI, OCDE, CIA...).

PIB nominal et en PPA dans le monde
(chiffres du FMI, non rapportés à la population)

Pays	**PIB**		
	2004	**2005**	**2006**
Allemagne	2335	2429	2616
Belgique	324	337	363
Brésil	1507	1566	1708
Chine	7642	8815	10 048
États-Unis (séries)	1165	112 416	13 201
France (série)	1769	1849	2039
Inde	3389	3779	4247
Italie	1622	1672	1795
Japon (séries)	3737	3995	4131
Mexique (série)	1017	1108	1201
Royaume-Uni	1845	2001	2111
Russie	1424	1552	1704

2.6.3. PIB par habitant

Quelques données de 2005, avec le PIB par habitant

Pays	2004	2005	2006
États-Unis (séries)	1 242 841	900	41 900
Royaume-Uni	1929	32 100	36 600
Japon (séries)	3902	30 500	35 700
Belgique	341	32 500	35 400
Canada	1082	33 600	34 600
Allemagne	2461	29 800	33 900
France (séries)	1896	30 200	33 900
Union européenne à 15	11 616	29 900	32 900
Zone euro	9206	29 400	31 700
Italie	1666	28 500	30 100
Mexique (séries)	1135	10 800	7300

2.6.4. Indice de développement humain

L'indice de développement humain ou IDH est un indice statistique composite, créé par le Programme des Nations unies pour le développement (PNUD) en 1990, évaluant le niveau de développement humain des pays du monde.

Le concept du développement humain est plus large que ce qu'en décrit l'IDH qui n'en est qu'un indicateur, créé par le PNUD pour évaluer ce qui n'était mesuré auparavant qu'avec imprécision.

L'indicateur précédent utilisé, le PIB par habitant, ne donne pas d'information sur le bien-être individuel ou collectif, mais n'évalue que la production économique. Il présente des écarts qui peuvent être très importants avec l'IDHI. L'indice a été développé en 1990 par l'économiste pakistanais Mahbubul Haq et l'économiste indien AmartyaSen. Pour Sen comme pour le PNUD, le développement est plutôt, en dernière analyse, un processus d'élargissement du choix des gens qu'une simple augmentation du revenu national.

L'IDH est un indice composite, sans dimension, compris entre 0 (exécrable) et 1 (excellent), calculé par la moyenne de trois indices quantifiant respectivement :

- La santé/longévité (mesurée par l'espérance de vie à la naissance), qui permet de mesurer indirectement la satisfaction des besoins matériels essentiels tels que l'accès à une alimentation saine, à l'eau potable, à un logement décent, à une bonne hygiène et aux soins médicaux. En 2002, la division de la population des Nations unies a pris en compte dans son estimation les impacts démographiques de l'épidémie du sida pour 53 pays, contre 45 en 2000 ;
- Le savoir ou niveau d'éducation. Il est mesuré par le taux d'alphabétisation des adultes (pourcentage des 15ans et plus sachant écrire et comprendre aisément un texte court et simple traitant de la vie quotidienne) et le taux brut de scolarisation (mesure combinée des taux pour le primaire, le secondaire et le supérieur). Il traduit la satisfaction des besoins immatériels tels que la capacité à participer aux prises de décision sur le lieu de travail ou dans la société ;
- Le niveau de vie (logarithme du produit intérieur brut par habitant en parité de pouvoir d'achat), afin d'englober les éléments de la qualité de vie qui ne sont pas décrits par les deux premiers indices tels que la mobilité ou l'accès à la culture.

Les données utilisées sont celles communiquées par les États à l'ONU. L'IDH est toujours publié avec un certain retard, car calculé à partir de chiffres généralement collectés deux ans plus tôt.

L'IDH de 2004 utilisait ainsi des chiffres de 2002, pour 175 pays membres de l'ONU plus Hong Kong, la Chine et les territoires palestiniens. C'était la première fois que le Timor oriental et Tonga faisaient l'objet du calcul de l'IDH. Les informations comparables, crédibles ou disponibles sur les 4 composantes de l'IDH manquent pour quelques pays (16 en 2003).

Le calcul des indices est donné dans le tableau ci-après.

Calcul des indices composant l'indice de développement humain

Mesure – formule	Valeur minimale	Valeur maximale
Longévité – Espérance de vie à la naissance (EV)	25 ans	85 ans
Education – Taux d'alphabétisation (TA)	0 %	100 %
Taux brut de scolarisation (TBS)	0 %	100 %
Niveau de vie logarithme du PIB par habitant en parité de pouvoir d'achat 100 US 40 000 US		

EXEMPLE

En Côte d'Ivoire, l'espérance de vie à la naissance est EV= 41,2 ans, les taux d'alphabétisation et scolarisation TA=49,7 % et TBS= 42 % et le produit intérieur brut par habitant est PIB= 1 520 dollars en parités de pouvoir d'achat.

Le PNUD établit à chaque rapport du développement humain un classement des pays suivant l'IDH.

Les classements et chiffres de l'IDH des précédents rapports ne peuvent pas être comparés entre eux ou avec les chiffres actuels. En effet, l'indice repose sur des données d'organismes nationaux ou internationaux qui sont souvent révisées. Ainsi, pour permettre de suivre l'évolution de l'IDH dans les pays, le PNUD recalcule ses chiffres passés à chaque rapport (valeurs présentées dans l'article « Variations de l'IDH depuis 1975 ») et « invalide » alors les précédents.

2.6.5. Limites de l'IDH

L'IDH a le défaut de tous les agrégats : il suppose que ses composantes sont commensurables. C'est-à-dire que, par exemple, une augmentation de l'espérance de vie serait substituable à une augmentation de la production marchande. « Tous les choix de pondérations utilisées pour construire cet indicateur (et les autres similaires) reflètent des jugements de valeur qui ont des implications sujettes à controverse : par exemple, ajouter le logarithme du PIB par tête au niveau de l'espérance de vie donne implicitement 20 fois plus de valeur à une année supplémentaire d'espérance de vie aux États-Unis qu'en Inde. Plus fondamentalement, étant basées sur des moyennes nationales, ces mesures ignorent la corrélation significative entre les différents aspects de la qualité de vie sur la distribution des conditions individuelles dans chaque pays. L'IDH est fondé sur des statistiques nationales officielles, dont la fiabilité est très inégale, par exemple pour ce qui concerne le taux d'alphabétisation, surestimé dans certains pays.

D'autre part, le mode de calcul des indices élémentaires est assez discutable. Ainsi, le choix du logarithme du PIB par habitant a pour effet de minorer considérablement les écarts de richesse (en gros, un doublement du niveau de vie se traduit par une hausse de l'indice de niveau de vie de 0,1).

Enfin, par rapport à la vision initiale d'Amartya Sen, qui définit le développement comme processus d'expansion des libertés, l'absence de prise en compte des libertés publiques dans l'IDH est un défaut sérieux, d'autant que des indices de libertés publiques construits par des centres de recherche existent.

La République démocratique du Congo est le troisième plus vaste pays d'Afrique derrière le Soudan et l'Algérie et le plus peuplé d'Afrique centrale. C'est le pays le plus peuplé de la francophonie avec une population estimée à plus de 68 millions d'habitants. Elle est également appelée « Congo-Kinshasa » pour la différencier de son voisin, la République du Congo ou « Congo-Brazzaville », ou encore simplement Congo quand la situation ne prête pas à confusion. C'était autrefois le « Congo –Léopoldville », de l'ancien nom de sa capitale Kinshasa. Il a également porté le nom de Zaïre de 1971 à 1997.

CHAPITRE TROISIÈME

ÉVOLUTION ÉCONOMIQUE INTÉRIEURE DE LA RÉPUBLIQUE DÉMOCRATIQUE DU CONGO

3.1. Production intérieure

Les estimations de la croissance, sur la base des réalisations de la production à fin juin 2016, tablent sur une progression du PIB réel de 4,3 % contre 6,9 % en 2015. En rapprochement de la moyenne projetée pour l'Afrique subsaharienne de 1,6 %, la croissance de l'économie congolaise demeure supérieure de 2,7 points.

Ce repli de la croissance résulte de l'effet conjugué du ralentissement de la croissance dans la branche « Extraction » et de la régression dans celles du commerce ainsi que des transports et des télécommunications. Il sied de noter que le taux de croissance hors extraction se situe à 5,9 % en 2016 contre 5,7 % en 2015. Au niveau des emplois, la croissance reste essentiellement soutenue par la demande intérieure.

Graphique d'évolution de la croissance économique

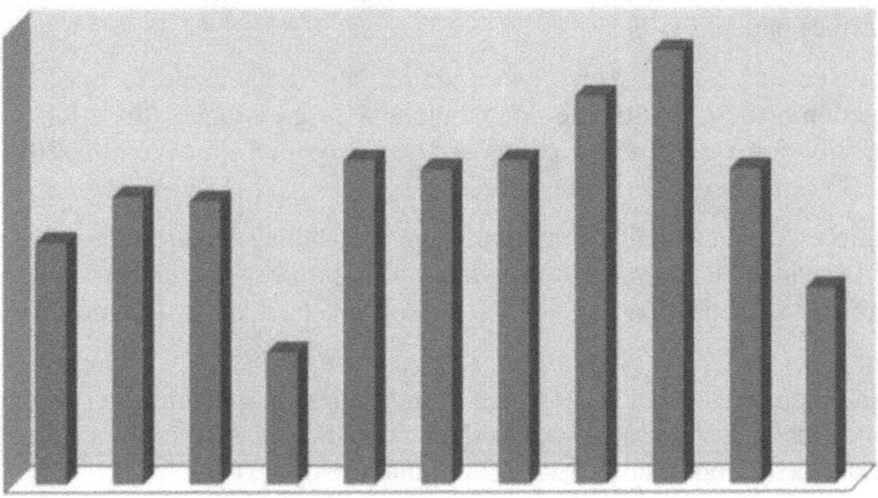

20062007200820092010201120122013201420152016

3.2. Offre

L'analyse sectorielle de la croissance renseigne globalement que l'activité économique est essentiellement impulsée par la vitalité des secteurs tertiaire et secondaire, soit 2,6 points de pourcentage et 1,3 point respectivement, en termes de contribution à la croissance. Le secteur primaire va contribuer à la croissance, dans une moindre mesure aussi, à hauteur de 0,4 point de pourcentage.

Les estimations de la croissance, sur base des réalisations cumulées de la production à fin juin 2016, tablent sur une progression du PIB réel de 4,3 % en 2016 contre 6,9 % en 2015.

L'activité économique est essentiellement impulsée par la vitalité des secteurs tertiaire et secondaire.

Ce dynamisme du secteur tertiaire, bien qu'en faible progression par rapport à l'année précédente (6,6 % contre 9,1 %), est consécutif à la vigueur des activités des branches « Transports et télécommunications » et « Commerce », dont les contributions à la croissance se situent respectivement à 1,2 point et 1,1 point de pourcentage, grâce d'une part à l'amélioration des voies et moyens de communication et la mise en service de plusieurs entreprises de transport locales créées (publiques et privées), et d'autre part, au bon comportement des activités de commerce, de restauration, de l'hôtellerie ainsi que des services bancaires.

Pour ce qui est du secteur secondaire, son dynamisme le hisse en deuxième rang au titre de contributeur à la croissance. En effet, sa contribution s'est améliorée, passant de 1,2 point à fin décembre 2015 à 1,3 point attendu à fin décembre 2016.

Cette évolution est liée principalement à la bonne tenue des activités de la branche « Bâtiments et travaux publics » avec une contribution à la croissance de 0,1 point alors qu'elle s'est située à -0,3 point en 2015.

Parallèlement, les activités des « Industries manufacturières » ont connu un ralentissement. Ainsi, leur contribution à la croissance est passée de 1,5 point en 2015 à 1,2 point attendu en 2016.

Quant au secteur primaire, sa faible contribution à la croissance résulte essentiellement de la contre-performance observée dans les activités extractives, suite à la baisse des cours de ses principaux produits sur le marché international, affectant de ce fait leur rythme de production.

En effet, la branche « Extraction », en baisse de 0,2 % contre une croissance de 4,8 % en 2015, a plombé la croissance avec une contribution négative de 0,1 point après une contribution positive de 1,3 point en 2015.

Par ailleurs, au premier semestre, le produit phare de cette activité, le cuivre, a connu une contraction de sa production de 13,6 %, s'établissant à 466,3 milliers de tonnes.

Pour sa part, la branche « Agriculture –forêt – élevage – chasse et pêche », en amélioration de 3,0 % après 4,7 %, une année plus tôt, n'aura contribué qu'avec 0,5 point à la croissance contre 0,8 point en 2015. Malgré le relèvement des activités de la sous-branche « Agriculture » (3,1 % contre 4,6 %), les baisses constatées au niveau des autres sous-branches « Sylviculture » et « Élevage, pêche et chasse » (0,1 % et 4,6 % contre respectivement 6,7 % et 7,5 % en 2015) induisent une contribution quasi nulle à la croissance de cette branche.

Le dynamisme du secteur tertiaire est consécutif à la vigueur des activités des branches « Transports et télécommunications » et « Commerce ».

Quant au secteur primaire, sa faible contribution à la croissance résulte essentiellement de la contre-performance observée dans les activités extractives.

Le cuivre a connu une contraction de sa production de 13,6 %, s'établissant à 466,3 milliers de tonnes.

Tableau d'estimation de la croissance du PIB suivant l'approche par l'offre (en milliards de CDF, au prix de 2005, sauf indication contraire)

BRANCHES D'ACTIVITES	2014	2015	2016	2015		2016	
				Variation en %	Contribution en %	Variation en %	Contri. en %
Secteur primaire	4 357,30	4 564,20	4 611,20	4,7	2	1	0,4
Agriculture, forêt, élevage, chasse	1 700,80	1 780,00	1 833,30	4,7	0,8	3	0,5
Extraction	2 656,50	2 784,10	2 777,90	4,8	1,3	-0,2	-0,1
Secteur secondaire	1 551,60	1 672,80	1 813,00	7,8	1,2	8,4	1,3
Industries manufacturières	1 088,40	1 237,90	1 362,10	13,7	1,5	10	1,2
Bâtiment et travaux publics	395,5	370,2	381,7	-6,4	-0,3	3,1	0,1
Électricité, gaz, vapeur et eau	67,8	64,7	69,2	-4,5	0	6,9	0
Secteur tertiaire	3 880,30	4 232,90	4 510,50	9,1	3,5	6,6	2,6
Transports	693,5	761,9	816,3	9,9	0,7	7,1	0,5
Télécommunications	526,7	577,2	650,4	9,6	0,5	12,7	0,7
Commerce	1 415,70	1 569,00	1 685,30	10,8	1,5	7,4	1,1
Banques et assurances	134,7	145,7	138,8	8,2	0,1	-4,7	-0,1
PIB au prix de base	9 789,30	10 469,80	10 934,70	7	6,7	4,4	4,3
Taxes sur les produits	303,6	321,1	322,6	5,8	0,2	0,4	0
PIB aux prix constants du marché	10 092,80	10 790,90	11 257,20	6,9	6,9	4,3	4,3

3.3. Demande

Selon cette optique, la croissance du PIB réel serait soutenue par la demande intérieure et, dans une faible mesure, par la demande extérieure nette.

En effet, la composante demande intérieure devrait rester dynamique en 2016, grâce notamment à la consommation privée dont la part en pourcentage du PIB est de 77,5 %, avec une contribution à la croissance de 4,0 points en 2016.

Par ailleurs, la consommation publique a grevé la croissance de 0,4 point, prenant en raison de la révision à la baisse du train de vie des institutions publiques.

Les investissements bruts, pour leur part, indiquent une contribution de 0,1 point à la croissance après une contribution négative de 3,0 points une année auparavant. Cette situation découle des investissements réalisés par le secteur privé, avec une contribution de 1,9 point à la croissance après 0,4 point une année auparavant, en soutien notamment aux activités de transport, de téléphonie mobile, de commerce et, dans une moindre mesure, de mines. Les investissements publics, par contre, sont restés modestes, représentant 2,3 % au PIB.

Tableau d'estimation de la croissance du PIB suivant l'approche par la demande (milliards de CDF, sauf indication contraire)

PIB emplois à prix constants de 2005	2014	2015	2016	2015 Contri. en %	2016 Contri. en %
Demande intérieure	12 309,6	12 556,8	12 959,5	2,4	3,7
Consommation	9084,9	9635,9	10 031	5,5	3,7
Publique	1312,2	1346,2	1304,7	0,3	-0,4
Privée	7772,7	8289,7	8726,4	5,1	4
Investissements bruts	3224,7	2920,9	2928,4	-3	0,1
Publique	806,2	457,2	256,9	-3,5	-1,9
Privée	2418,5	2463,7	2671,5	0,4	1,9
Demande extérieure nette	-3982,7	-1765,9	-1702,2	4,5	0,6
Exportations de biens et services	2909,1	3028,3	2994,1	1,2	-0,3
Exportations des biens	2833,3	2969,2	2964,6	1,3	0
Produits miniers	2443,8	2574,9	2568,6	1,3	-0,1
Exportations des services	75,8	59,1	29,5	-0,2	-0,3
Importations de biens et services	5125,9	4794,2	4696,4	-3,3	-0,9
Importations des biens	4112,6	4028,2	3812,9	-0,8	-2

Consommations	753,6	814,9	944,8	0,6	1,2
Equipements	1859,4	1685,8	1825,1	-1,7	1,3
Intermédiaires	1499,6	1527,4	1043	0,3	-4,5
Importations des services	1013,3	766,1	883,5	-2,4	1,1
PIB (emplois)	10 092,84	10 790,88	11 257,24	6,9	4,3

Au niveau des échanges avec l'extérieur, les exportations de biens et services, représentant 26,6 % du PIB, plomberaient la croissance avec une contribution négative de 0,3 point, du fait essentiellement de la baisse des exportations minières.

Parallèlement, les importations des biens et services, représentant 41,2 % du PIB, grèvent la croissance de 0,9 point.

3.4. Prix intérieurs

L'analyse des prix intérieurs, au premier semestre 2016, indique la réapparition des tensions inflationnistes sur le marché des biens et services comparativement à la période correspondante de 2015. En effet, face à un objectif de 4,2 %, le taux en glissement annuel s'est ressorti à 1,618 % à fin juin 2016 contre 0,634 % à la même période de 2015. En cumul annuel, le taux se situe à 1,112 % à fin juin 2016 contre 0,313 % en la même période de 2015. En prolongeant la même tendance, l'année devrait se clôturer avec un taux de 2,237 %.

Il sied d'indiquer qu'en dépit de la surchauffe notée sur le marché des biens et services, l'évolution des prix intérieurs est restée en deçà de sa cible.

3.5. Finances publiques

La Loi de finances initiale de 2016 a été arrêtée en équilibre en recettes et en dépenses à 8 476,4 milliards de FC, représentant 20,7 % du PIB, pourcentage légèrement inférieur de 0,2 point par rapport à 2015.

En cours d'exécution, le gouvernement a été contraint de procéder en mai 2016 à la rectification de la loi budgétaire. À cet effet, le budget a été revu à 6 610,9 milliards, soit une régression de 22,0 % par rapport à son niveau initial. Cette évolution tient compte de la faiblesse des recettes publiques, induite par la baisse des cours des matières premières sur le marché international.

3.5.1. Recettes du Trésor et dons

À la fin juin 2016, les recettes et dons ont atteint 1 716,2 milliards de CDF, soit 87,5 % du montant programmé dans le plan de trésorerie de l'État.

Ce résultat traduit les difficultés qu'éprouvent les régies financières à atteindre leurs assignations.

En effet, par rapport aux ressources collectées au premier semestre 2015, chiffrées à 1 979,9 milliards de CDF, il se dégage un recul de 13,3 %. Pour ce qui est de la mobilisation des recettes à fin juin 2016, l'analyse par poste indique que toutes les rubriques ont enregistré des moins-values, hormis les « Autres recettes et dons », ainsi que les « Pétroliers producteurs ».

Les recettes fiscales encadrées par la DGDA et la DGI ont enregistré de moins-values respectives de 10,0 % et 14,1 %. Les recettes non fiscales sous gestion de la DGRAD l'ont été de 22,1, tandis que celles collectées auprès des pétroliers producteurs ont enregistré une plus-value de 5,0 %. Outre la baisse des cours des matières premières sur le marché international, la conjonction de certains facteurs structurels, que seules les régies financières ne sauraient surmonter, explique la contraction des recettes fiscales. D'où la forte implication attendue des pouvoirs publics pour remédier à ces difficultés.

S'agissant d'autres recettes, elles ont connu un dépassement de 265,5 % par rapport à leur programmation, s'établissant à 24,7 milliards de CDF au premier semestre 2016.

Tableau d'évolution comparée des recettes du Trésor entre 2015 et 2016

RUBRIQUES	1er semestre 2015	1er semestre 2016			Variation	Structur en % de recettes
		Program.	Réalisation	Exécution. en %	2016/2015	Program total201
RECETTES TOTAL & DONS	1 979,90	1 961,50	1 716,20	87,5	-13,3	100
Douanes et accises (DGDA)	942,4	789,8	710,9	90	-24,6	41,4
Impôts directs et indirects (DGI)	640,8	821,2	705,6	85,9	10,1	41,1
Recettes non fiscales (DGRAD)	282,2	317,4	247,3	77,9	-12,4	14,4
Pétroliers Producteurs	84,3	26,4	27,7	105	-67,1	1,6
Autres recettes	30,2	6,7	24,7	365,5	-18,2	1,4

L'analyse du diagramme ci-dessus révèle que la structure des recettes est restée dominée par les recettes fiscales dont les parts de la DGDA et de la DGI représentent respectivement 41,4 % et 41,1 % du total. Les recettes non fiscales mobilisées par la DGRAD ont contribué à concurrence de 14,4 %. Les rubriques « Pétroliers producteurs » et « Autres recettes et dons » n'ont représenté que 1,6 % et 1,5 % du total.

3.5.2. Vingt-huit mesures urgentes du gouvernement de la RDC

Les 28 mesures urgentes pour la stabilisation et la relance économique de la République démocratique du Congo ont été arrêtées par le gouvernement à la suite de la baisse des cours des matières premières qui a induit un net ralentissement de la croissance de la production, une baisse du moral des chefs d'entreprises, une régression marquée des exportations et des réserves internationales du pays ainsi qu'une contraction des réserves budgétaires. Ces mesures peuvent être résumées comme suit :

1) La lutte contre la fraude fiscale, douanière, dans les secteurs économiques, des télécommunications et des transports ;

2) L'évaluation de la réforme instituant la taxe sur la valeur ajoutée (TVA) ainsi que les mécanismes d'amélioration de la collecte de ladite taxe et la diversification des taux ;

3) La diversification de la production minière en s'appuyant sur les minerais polymétalliques de l'Est, l'or et les terres rares ;

4) Le contrôle de la qualité et de la hauteur des investissements dans le secteur minier ;

5) La maximisation des ressources internes et externes par la mobilisation de l'épargne intérieure privée, le déploiement du guichet unique ;

6) Le renforcement des sanctions positives et négatives à l'égard des agents du fisc et des opérateurs économiques par la libération des montants dus au titre de la rétrocession aux services générateurs des recettes ;

7) Le recouvrement effectif de l'impôt professionnel sur revenu (IPR) à charge de tous les membres des institutions publiques nationales et provinciales ;

8) Le renforcement des contrôles aux frontières afin de limiter l'exportation illégale des billets de banque et des matières précieuses ;

9) Le renforcement et l'encadrement de la fiscalité et de la parafiscalité forestière ;

10) La réduction du train de vie des institutions publiques ainsi que l'encadrement et la rationalisation des dépenses publiques par une action d'harmonisation des salaires et émoluments au sein desdites institutions ;

11) La relance des travaux d'infrastructures et équipements notamment ceux de l'électrification ;

12) Le relèvement du niveau des dépenses d'investissement et de leur taux d'exécution ;

13) L'encadrement et l'appui financier et technique aux petites et moyennes entreprises/petites et moyennes industries (PME/PMI) ;

14) L'évaluation et la poursuite de la réforme des entreprises du Portefeuille ;

15) La création des banques spécialisées, notamment la banque agricole, la banque du crédit immobilier, la banque de développement des PME/PMI, du Fonds national d'Investissements ;

16) L'assouplissement des conditions d'émission des garanties souveraines de l'État, notamment pour l'octroi d'une telle garantie aux projets porteurs par le ministre des Finances ;

17) La création de trois zones économiques spéciales et l'essaimage des parcs agro-industriels dans les provinces ;

18) La mise en place rapide de l'Autorité de Régulation et de Contrôle des Assurances (ARCA) ;

19) La poursuite des réunions du Cadre permanent de Concertation économique (CPCE) pour l'amélioration du climat des affaires dans notre pays ;

20) La redynamisation de l'Autorité de Régulation des Marchés publics et son déploiement dans toutes les provinces pour faire respecter rigoureusement les procédures de passation des marchés publics ;

21) La poursuite de l'installation des compteurs à prépaiement par la SNEL pour le recouvrement des factures de consommation d'énergie électrique ;

22) L'organisation sans délai d'une concertation avec la SNEL et la REGIDESO pour la mise en œuvre d'un programme d'électrification et de desserte en eau potable dans les zones rurales ;

23) La relance des activités touristiques, notamment par la réaffectation du Fonds de Promotion du Tourisme à sa vocation et la sécurisation des sites touristiques ;

24) La mise sur pied d'un train de mesures incitatives en faveur du secteur privé en synergie avec la Fédération des Entreprises du Congo et les autres organisations similaires ;

25) Le financement des études de faisabilité d'une série des projets à financer pour la période 2016-2020, notamment dans les secteurs des infrastructures, de l'énergie et des transports ;

26) L'examen urgent par l'exécutif du projet de loi sur le partenariat public-privé à soumettre au parlement pour adoption ;

27) La mobilisation et la canalisation des ressources extérieures notamment par l'assouplissement des conditions de concessionnalité dans le cadre du financement des projets d'infrastructures ;

28) La certification des réserves minières et en hydrocarbures à l'aide des travaux géophysiques d'évaluation et de certification desdites réserves.

3.6. Dépenses publiques

Projetées à 2 050,0 milliards de CDF au premier semestre 2016, les dépenses publiques se sont chiffrées à 1 921,4 milliards. Comparées à celles de la période correspondante de 2015, les dépenses effectuées en 2016, établies à 1 940,4 milliards de CDF, dégagent un léger recul (écart positif ou favorable) de 1,0 %.

L'affectation des dépenses publiques est restée marquée par la prépondérance des dépenses courantes dont la part a représenté 88,4 % de l'enveloppe totale. À la fin juin 2016, les dépenses courantes se sont chiffrées à 1 698,7 milliards de CDF contre 1 595,7 milliards, une année plus tôt.

Tableau d'évolution comparée des dépenses du Trésor entre 2015 et 2016.

RUBRIQUES	1er semestre 2015	1er semestre 2016			Variation 2016/2015	Structure en % des recettes Program. total 2016
		Program.	Réalisation	Exéc. en %		
Tot. dépenses (amort. dette comprise)	1 940,40	2 050,00	1 921,40	93,7	-1	100
Dépenses courantes	1 595,70	1 772,30	1 698,70	95,9	6,5	88,4
*Intérêt sur la dette	71	63,3	46,2	73	-35	2,4
dont dette extérieure	9,6	10,1	9,1	90,5	-5,2	0,5
Dépenses en capital	203,6	77,1	92,5	120	-54,6	4,8
Autres dépenses	141,1	200,6	130,2	64,9	-7,8	6,8

3.7. Solde des opérations financières de l'État

À la fin juin 2016, la situation financière de l'État s'est soldée par un déficitde205, 2 milliards de CDF contre un excédent de 39,6 milliards, à la période correspondante de 2015.

La mobilisation et la canalisation des ressources et opérations financières de l'État au premier semestre 2016 ont été marquées par la réalisation des déficits à l'exception du mois de mars et ce, contrairement à la période correspondante de 2015.

Projet d'émission des titres publics de la dette intérieure : état des lieux

Pour financer un déficit budgétaire, plusieurs possibilités s'offrent au gouvernement, notamment : le relèvement des impôts et taxes, le recours aux emprunts, le recours au financement monétaire, etc.

En RDC, au regard des dispositions de la loi n° 005 du 7 mai 2002 relative à la constitution, à l'organisation et au fonctionnement de la Banque centrale du Congo, il est interdit à la banque d'accorder des avances ou tout autre type de crédit à l'État, à ses subdivisions administratives et aux organismes ou entreprises publics. L'acquisition directe, auprès d'eux, par la banque, des instruments de leur dette, est également interdite. C'est dans ce contexte que le gouvernement a entrepris de mettre en place un marché des titres de dette publique en vue de collecter l'épargne intérieure.

Pour arriver à cette fin, il a été institué un Comité des Titres de la Dette publique intérieure (CTDPI). Ce comité, composé des délégués du cabinet du ministre des Finances, de la Banque centrale du Congo, de la Direction générale de la Dette publique ainsi que de la Direction du Trésor et de l'Ordonnancement, est placé sous la supervision du ministre des Finances. Le CTDPI bénéficie de l'assistance technique d'AFRITAC Centre/FMI, lequel a déjà organisé plusieurs activités, notamment l'élaboration des textes devant réglementer l'émission des titres publics en RDC et la formation des cadres congolais devant s'occuper de l'émission de ces titres.

3.8. Balance des paiements

Au terme du premier semestre 2016, la balance des paiements de la RDC indique un solde négatif de 0,8 % du PIB contre un excédent de

0,4 % enregistré à fin juin 2015. Ce déficit a été financé par la baisse des avoirs extérieurs nets.

Cette détérioration de la balance globale découle de la dégradation de 42,1 %, du déficit du compte courant du fait de la poursuite de la baisse des cours mondiaux des principaux produits exportés par la RDC.

Tableau de soldes de la balance des paiements (en milliards de CDF)

	Juin 2015		Juin 2016		Variation valeur en %
	Valeur	% du PIB	Valeur	% du PIB	
Compte courant	-792,2	-1	123	-3	42,1
Balance des biens	520,7	1,5	-350,9	-0,9	-32,6
Balance des services	-1 013,70	-3,9	152,2	-3	13,7
Balance des revenus	-616,5	-1,8	-334,2	-0,9	-45,8
Balance des transferts courants	319,5	0,9	714,3	1,9	123,6
Compte de capital et opérations financières	1 021,80	2,9	1 072,90	2,8	5,00
Solde global	148,6	0,4	-300,9	-0,8	102,5

3.8.1. Compte courant

Le déficit du compte courant s'est légèrement accentué, passant de 2,2 % du PIB à fin juin 2015 à 3,0 % à fin juin 2016. Cette évolution résulte principalement de la détérioration du solde commercial et de celui des services.

La balance des paiements de la RDC indique un solde négatif de 0,8 % du PIB contre un excédent de 0,4 % enregistré à fin juin 2015.

Le déficit du compte courant s'est légèrement accentué, passant de 2,2 % du PIB à fin juin 2015 à 3,0 % à fin juin 2016.

3.8.2. Compte des biens

Le compte des biens s'est soldé par un déficit semestriel de 0,9 % du PIB contre un excédent de 1,5 % enregistré à fin juin 2015. Cette situation fait suite à la baisse de 7,4 % des exportations face à une hausse des importations de 12,1 %.

Tableau d'évolution de la balance commerciale (en milliards de CDF, sauf indication contraire)

	Juin 2015	Juin 2016	Variation en %
Exportations	4 797,30	4 443,70	-7,4
Cuivre	2 737,00	2 412,00	-11,9
Cobalt	1 042,40	1 035,90	-0,6
Zinc	166,8	4,2	-97,5
Diamant	106,8	96,7	-9,5
Pétrole	183,5	136,5	-25,6
Or	243,6	605,4	148,5
Café	190	30,4	-84
Bois	48,9	47,4	-3,1
Autres produits	78,3	75,1	-4
Importations	4 276,60	4794,5	12,1
Biens d'équipement	2 978,80	3 029,40	1,7
Biens de consommation	879,5	1 390,90	58,1
Matières premières	121,9	173,4	42,3
Énergie	296,4	200,8	-32,2
Solde	520,7	-350,9	-167,4

La chute des recettes d'exportations a résulté aussi bien de la baisse des cours mondiaux que des volumes des principaux produits d'exportation de la RDC. Pour ce qui est du cuivre, les recettes d'exportations se sont chiffrées à 2 412,0 milliards de CDF au premier semestre 2016, soit 11,9 % de moins que le semestre correspondant de 2015. Il en est de même du cobalt et du pétrole dont les exportations en valeur ont enregistré des baisses respectives de 0,6 % et 25,6 %.

S'agissant des cours, la tonne du cuivre, qui s'est vendue en moyenne à 5 940,4 USD sur le London Métal Exchange, au premier semestre 2015, a enregistré une baisse de 20,8 % comparativement à son prix moyen au premier semestre 2016. Les cours moyens du cobalt et du pétrole se sont situés à 23 975,8 USD la tonne et 41,1 USD le baril sur ce marché, au cours des six premiers mois de 2016, enregistrant des baisses respectives de 23,1 % et 30,7 % par rapport à la période correspondante 2015.

La chute des recettes d'exportations a résulté aussi bien de la baisse des cours mondiaux que des volumes des principaux produits d'exportation de la RDC.

Le compte des biens s'est soldé par un déficit semestriel de 0,9 % du PIB contre un excédent de 1,5 % enregistré à fin juin 2015.

Tableau du cours de quelques produits exportés

Produit	Unité	2015	2016	Variation
Cuivre	(dollars la tonne)	5 940,60	4 703,70	-20,8
Zinc	(dollars la tonne)	2 136,50	1 792,90	-16,1
Cobalt	(dollars la tonne)	31 186,80	23 975,80	-23,1
Pétrole (Brent)	en dollars le baril	59,3	41,1	-30,7

Quant aux volumes, hormis le pétrole dont les quantités exportées se sont accrues de 2,1 %, celles du cuivre et du cobalt ont baissé respectivement de 8,3 % et 10,5 %. Cette situation fait suite au recul de la production observée dans les entreprises du secteur, découragées par le niveau bas des cours.

L'évolution des cours des produits de base sur le marché international a enregistré une tendance baissière au cours de ces dernières années. Les prix du cuivre ont accusé une baisse continuelle depuis 2011, atteignant un creux de 4 777 dollars la tonne ($/t) fin juin 2016. Depuis deux ans, les prix du baril de Brent ont traduit une tendance baissière allant de 115,0 dollars en juin 2014 jusqu'à se situer en deçà de 50 dollars en milieu d'année 2016.

Un certain nombre de facteurs ont influé sur la baisse des prix des produits de base. Il s'agit notamment de l'offre excédentaire, du ralentissement de la demande de la Chine et des économies émergentes, de la reprise chancelante des économies avancées, telles que l'Union européenne et, récemment, de la hausse du dollar des

États-Unis, portée par des signes d'amélioration de l'économie américaine.

Par ailleurs, la croissance économique de la République démocratique du Congo est dans une large mesure tirée du secteur primaire, notamment via l'extraction des produits miniers et hydrocarbures, avec le cuivre comme principal produit. En effet, le pays a connu une croissance économique forte durant les cinq dernières années sur fond notamment de la hausse des cours du cuivre.

Sur une croissance économique moyenne de 7,8 % réalisée durant cette période, le secteur primaire y a contribué en moyenne pour 3,8 points, dont 3,1 points pour l'extraction des produits de base. Cependant, une inversion de tendance a été observée en 2015, année au cours de laquelle le dynamisme de l'économie a été porté par le secteur tertiaire, précisément les télécommunications et le commerce.

La valeur des exportations des produits miniers et hydrocarbures est passée de 8 583,1 milliards de CDF en 2011 à 9 281,3 milliards en 2015 et a représenté, durant la période, en moyenne 97,4 % du total des recettes. Celles du cuivre, quant à elles, se sont établies à 5 335,5 milliards de CDF en 2015 alors qu'elles n'étaient que de 3 772,7 en 2011. Sur la période, les recettes d'exportations du cuivre ont représenté à elles seules 57,7 % des recettes des produits miniers et hydrocarbures et 56,1 % du total des recettes d'exportations du pays.

Cependant, selon le FMI, les cours du cuivre et du pétrole pourraient rester très faibles jusqu'à l'horizon 2020. En effet, le cours moyen du pétrole, représentant la moyenne des trois principaux marchés, s'établirait à 34,8 dollars américains le baril en 2016, soit une baisse de 32 % par rapport à 2015, et à moins de 50,0 dollars américains le baril à l'horizon 2020. Le cours du cuivre pourrait se situer en deçà de 5 000 USD la tonne durant les 4 prochaines années.

Par ailleurs, le niveau faible attendu des cours du cuivre serait susceptible de mettre en péril la stabilité macroéconomique acquise durant ces dernières années. En effet, concernant le secteur réel, la production du cuivre de la RDC ne pourrait croître qu'à des rythmes très faibles. Les taux de croissance économique du pays au cours des cinq prochaines années pourraient donc rester modérés en restant amputés de 1 à 3 points, réduisant ainsi leurs impacts sur l'augmentation du PIB par tête et la réduction de la pauvreté.

Quant aux secteurs extérieurs et des finances publiques, les recettes d'exportations du pays ne devraient pas essentiellement croître face aux besoins d'importations sans cesse croissants. Aussi, les déficits jumeaux observés en 2015, à savoir celui du compte courant de la balance des paiements et des finances publiques, pourraient se poursuivre durant les prochaines années, traduisant des tensions inflationnistes via des injections de la liquidité par l'État et la poursuite des dépréciations du taux de change constatées à partir de février 2016.

Pour le FMI, il s'avère important d'entreprendre des mesures en vue de promouvoir une croissance plus forte à court et à plus long terme, entre autres à travers (i) des réformes structurelles en vue de soutenir la structure de production, (ii) l'orientation des politiques budgétaires reposant sur des mesures génératrices de croissance concernant aussi bien les recettes que les dépenses, et (iii) des mesures de politique monétaire accommodantes favorables à l'activité économique et visant à renforcer le secteur financier.

Ainsi, les actions de la politique de change de la Banque centrale du Congo pourraient être très limitées puisque cette dernière ne dispose pas d'un niveau de réserves de changes suffisant pour intervenir durablement sur le marché des changes. La politique monétaire pourrait être restrictive, visant à accroître le taux directeur afin de répondre aux tensions inflationnistes, avec un risque d'augmentation du taux débiteur et décourageant les crédits en monnaie nationale.

CHAPITRE QUATRIÈME
LES PRODUCTIONS

4.1.L'Agriculture

L'évolution de l'économie congolaise s'exprime notamment à travers le niveau d'activités des grands secteurs de la population : l'agriculture, l'extraction et la transformation des non-ferreux et, dans une moindre mesure, des industries manufacturières. Dans l'ensemble, les structures productives n'ont pas encore dépassé le niveau de production des années immédiatement antérieures à 1960.

Au Congo comme dans toute économie sous-développée, existent deux types d'économies agricoles (l'un traditionnel et l'autre moderne). Le système traditionnel, qui occupe la majorité de la population active, est basé sur l'autoconsommation. Chaque unité économique assurant toute la production aux moyens de techniques rudimentaires à faible productivité et se situant de ce fait au niveau précaire de la simple subsistance, l'agriculture moderne est apparue sous la colonisation.

Elle est le fait des colons ou d'entreprises agro-industrielles étrangères jusqu'au moment où, à la fin de 1973, la « zaïrianisation » fit passer la propriété de la plupart de ces entreprises à des citoyens ou à des organismes d'État zaïrois. Par la suite, un certain nombre des entreprises agricoles furent rétrocédées en tout ou en partie aux anciens propriétaires. Le potentiel agricole congolais est énorme et d'une exceptionnelle diversité. Tant en ce qui concerne les industries d'exportation qu'en ce qui concerne les cultures vivrières destinées au marché local : maïs, manioc, riz, banane, poissons, et ceux de l'élevage dans certaines régions. Mais les obstacles qui s'opposent à la mise en valeur de ces potentiels sont également considérables. Nous citons par exemple :

- La dispersion et la faible densité des populations ;
- Le niveau rudimentaire des techniques culturales traditionnelles ;
- Le manque d'intérêt des hommes pour l'activité agricole ;
- Les difficultés de conservation, de transport et de commercialisation par des entreprises.

Des facteurs relevant de la politique du pouvoir à l'égard de l'agriculture se sont ajoutés à ces obstacles. Depuis 1960, le secteur agricole recule par rapport aux autres secteurs de l'économie. Il a connu des souffrances pendant la période troublée qui suivit l'indépendance, il connut un redressement précaire avec le nouveau régime. En effet, en dépit de la priorité attribuée dans le discours au secteur agricole, le pouvoir politique ne conçoit ni n'applique aucune mesure susceptible de favoriser le développement du secteur agricole.

Au contraire, leur politique est systématiquement défavorable en milieu rural : insuffisance des prix d'achat aux producteurs, absence du réseau de communication à l'intérieur du pays et, pour finir, la zaïrianisation et la radicalisation.

D'où la baisse des revenus ruraux renforçant la tendance très forte à l'exode rural, la diminution des exportations agricoles, l'approvisionnement insuffisant des industries locales (coton, tabac…).

L'insuffisance de la couverture locale des besoins alimentaires d'une population croissante, et en particulier d'une population urbaine expositive, crée des pénuries. La sous-alimentation et des hausses de prix désastreuses nécessitent aussi un recours accru aux importations des produits alimentaires.

4.1.1. Les cultures industrielles

L'insécurité des premières ères, des années après l'indépendance, le départ de nombreux planteurs européens, la dégradation du réseau routier et l'abandon des mesures de suivi et d'encadrement qui stimulaient les paysans pendant la colonisation à fournir les produits à bas prix et à entretenir les routes, sont autant de facteurs qui expliquent la régression du début des années 1960. À cela s'ajoute la baisse des prix sur le marché international, si bien que la valeur des exportations des produits agricoles se réduit de plus en plus.

Les cultures industrielles sont destinées aux exportations. Les cultures vivrières, que nous allons présenter, sont destinées à la consommation locale.

4.1.2. Les cultures vivrières

Les cultures vivrières principales sont le manioc, le riz, le maïs et la banane plantain.

Les feuilles et les racines de manioc constituent le régime alimentaire de base de la majorité des Congolais. Les autres cultures étant importantes dans certaines régions : bananes au Kivu, maïs au Shaba et au Kasaï. L'équilibre du régime alimentaire basé sur le manioc et la banane plantain est assuré pour les populations rurales par un apport en protéines provenant de la chasse, de la pêche et de la récolte d'insectes. En ville, la viande ou le poisson se vendent à des prix inabordables pour une très large partie de la population ; de même que les produits alimentaires importés.

D'où l'existence d'une sous-alimentation chronique, source de carence et de maladies telles que la *kwashiorkor*. Le moyen le plus sûr et le plus durable de prévenir les carences est d'assurer à tous l'accès à une nourriture variée. À cela, nous ajoutons ce qui suit :

- L'éducation nutritionnelle sert à faire comprendre aux gens qu'il est essentiel de manger des aliments variés, renfermant les micronutriments indispensables ;
- En augmentant la production d'aliments traditionnels, on améliore la nutrition et les revenus ruraux pauvres ;
- Les jardins familiaux et communautaires peuvent produire, régulièrement, des aliments riches en micronutriments ;
- En améliorant les systèmes de distribution et de commercialisation, on rend accessibles à des coûts raisonnables des aliments sûrs et de bonne qualité.

Dans l'ensemble, la production vivrière s'adapte tant bien que mal à l'accroissement de la population, mais il subsiste des zones de carence et d'insuffisance. Le poids des produits vivriers dans la production agricole a un peu augmenté à cause du retour de certaines personnes à l'agriculture de substance, destinée à la consommation particulière. La hausse des prix des produits vivriers n'apporte cependant aucun avantage aux producteurs eux-mêmes. En effet, les prix d'achat aux producteurs ont été fixés à des niveaux très bas comparativement à d'autres pays d'Afrique noire.

La hausse des prix sur le marché bénéficie surtout aux intermédiaires et aux spéculateurs qui tirent des profits substantiels de l'insuffisance permanente de l'offre et de la pénurie périodiquement accentuée.

C'est le cas par exemple de Ridgepoint, société *offshore* percevant 37,5 % des revenus de ventes des produits de la Gécamines et le gouvernement congolais les 62,5 % restants.

Aujourd'hui, il y a eu plusieurs tentatives de vente et de rachat par des sociétés étrangères, mais qui n'ont pas encore abouti. La production d'étain (cassitérite) a diminué très sensiblement au point qu'on peut dire aujourd'hui que sa production est nulle. Elle est abandonnée entre les mains de quelques exploitants artisanaux qui opèrent dans l'informel.

La dépendance fortement accrue de l'économie du Congo par rapport au secteur minier, le renforcement du point relatif du cuivre et du cobalt représentent les ¾ des apports en devises, provoquent une extrême vulnérabilité de l'économie congolaise qui rend sa situation extrêmement précaire en cas de crise. Il faudra noter que depuis 1990, les matières précieuses d'origine artisanale ont remplacé le cuivre et apportent l'essentiel du PIB national jusqu'à nos jours. Ce secteur est entre les mains des sociétés privées et est devenu un secteur stratégique sur le plan économique et même sur les plans politique et social.

4.1.3. Les industries manufacturières

Jusqu'à une certaine époque, l'économie congolaise était une des économies les plus industrialisées d'Afrique au Sud du Sahara. Mais depuis l'indépendance, son rythme de croissance a commencé à diminuer à cause des troubles qui ont accompagné cette période. Après les années 1967, le rythme a encore augmenté, mais pas pour longtemps puisque les différentes mesures de dévaluation ont diminué le pouvoir d'achat de la population et ainsi contracté le niveau de la demande, sauf pour le secteur alimentaire où la demande est inélastique.

En 1977, la valeur ajoutée (VA) pour l'ensemble de l'activité industrielle représentait 8,5 % du PIB et 25 % de la VA par la production des biens. L'industrie congolaise souffre cependant d'insuffisance structurelle importante.

Le premier centre industriel est Kinshasa, capitale politique et administrative, bien approvisionnée en électricité, bénéficiaire de la proximité avec l'océan. Kinshasa concentre la moitié des activités industrielles. Le Katanga, principal centre minier, est également approvisionné en énergie électrique.

En d'autres termes, ces entreprises ne sont pas diversifiées dans tout le pays, mais concentrées par secteur. Les principaux secteurs sont notamment :

- L'industrie du poisson ;
- L'industrie textile ;
- L'industrie de l'alimentation ;
- Les industries du cuir ;
- Le tabac ;
- La chimie ;
- La fabrication métallique ;
- Le ciment ;
- Le bois ;
- Le matériel de transport fluvial.

Cette structure sectorielle exprime le manque d'intégration des activités de transformation entre elles et avec les autres activités industrielles et économiques, ainsi que la dépendance des industries à l'égard de l'extérieur pour ses approvisionnements et ses équipements. Il nous faudrait, en RDC, ébaucher des propositions pour les objectifs économiques suivants :

1. Amélioration des performances de l'appareil de production existant ;
2. Relance des investissements et de la production dans l'industrie ;
3. Valorisation de plus en plus grande des ressources naturelles du Congo pour la transformation locale ;
4. Promotion des industries d'exportation ;
5. Amélioration de l'intégration des activités industrielles ;

6. Renforcement des échanges entre l'agriculture et l'industrie en vue du développement de l'agriculture ;
7. Réorganisation des activités industrielles.

À ces objectifs, nous pouvons ajouter les mesures contenues dans les bilans et les perspectives du 5 décembre 1984, et explicitées par le plan quinquennal de développement du Congo à l'époque (1986-1990), par le secteur industriel. Dans ce plan, il était prévu que pour le secteur industriel, le schéma d'industrialisation comptait s'appuyer sur quatre volets :

1. L'identification des projets industriels ;
2. L'amélioration de l'environnement industriel ;
3. La promotion industrielle ;
4. La restriction industrielle.

Malheureusement, ce bon projet, embelli de belles phrases, n'a pas produit les résultats escomptés, faute de mesures d'encadrement adéquates. Cela a été la base d'une politique de répartition inégale de la pauvreté dans toutes les provinces du pays, comme on peut le démontrer, mais aussi et surtout de l'effondrement économique prévisible sous toutes ses formes.

On peut estimer par exemple que les agro-industries dépendent des importations à raison de 50 %, et les autres industries à raison de 65 %. Par conséquent, les effets d'entraînement des investissements et des activités de production des industries sont donc forcément limités.

On trouve à Lubumbashi des industries minières ; à Kinshasa, des industries chimiques, pharmaceutiques et manufacturières.

4.2.Le transport

Le transport en République démocratique du Congo a toujours été un défi en raison de la morphologie du terrain et des conditions climatiques difficiles. Les réseaux ferroviaires et fluviaux, à l'origine incomplets pour des raisons historiques ou géographiques, ont vu leur état général se dégrader depuis l'indépendance, à cause notamment des conflits survenus. Le réseau routier est lui-même considérablement altéré. Kinshasa n'est plus accessible par la route depuis les autres villes principales du pays qui sont Mbuji-Mayi, Lubumbashi, Kisangani, Kananga et Goma.

La R.D.Congo est un pays semi-enclavé du fait qu'en plus de la faible densité de ses réseaux de communication (0,074 km de voies de communication au km²), elle ne possède qu'une façade maritime, sur l'océan Atlantique, de 37 km.

Le réseau de transport est constitué de 16 238 km de voies navigables, de 5 033 km de voies ferrées qui datent pour l'essentiel de l'époque coloniale, de 145 000 km de routes nationales et régionales et des pistes secondaires rurales, de 7400 km d'axes urbains et de 270 aéroports répartis sur l'ensemble du pays, dont 5 aéroports internationaux (à Kinshasa, Lubumbashi, Kisangani, Goma et Gbadolite).

Le premier train de Lubumbashi arriva à Kindu après la rénovation de la ligne en 2000.

Transports par la route

En 2005, le réseau national totalise 152 320 km comprenant 7 400 km de voies urbaines, 58 305 km de routes d'intérêt général, dont seulement 2 801 km de routes sont revêtues, et 86 615 km de routes d'intérêt local. Le réseau comprend aussi 1 965 ponts pour 25 130 m linéaires et 187 bacs (à trailles, à moteurs et à pirogues).

La République du Congo dispose de 5 033 km de voies ferrées non interconnectées et n'ayant pas les mêmes standards. 858 km de voies électrifiées desservent la région minière au sud du Katanga, 1 026 km de voies à un écartement de 0,6 m desservent la région agricole et aurifère du nord-est de la RDC, le tronçon Kisangani-Ubundu a un écartement de 1,00 m tandis que tout le reste du réseau a un écartement de 1,067 m.

Les chemins de fer en RDC sont actuellement organisés en 4 réseaux distincts, à savoir une ligne permettant de relier Matadi et Kinshasa d'une part, ainsi qu'un réseau plus étendu, en liaison avec la Zambie, l'Angola et le lac Tanganyika, avec Lubumbashi comme point central, une ligne reliant Kisangani et Ubundu, pour relier les Stanley Falls sur le Congo, et enfin une ligne à voie étroite dans la région de l'Uele (nord). Il existe par ailleurs des projets de prolongement des lignes existantes, dont une liaison entre Kinshasa et Ilebo, ce qui permettrait de joindre les deux réseaux les plus importants.

Ligne Matadi-Kinshasa

La ligne qui relie le port de Matadi à Kinshasa est longue de 366 kilomètres. Son écartement est depuis 1931 de 3½ pieds ou 42 pouces (voie cape ; 1,067 mètres). Cette ligne de la SNCC est exploitée par la Société commerciale des transports et des ports (SCTP, anciennement ONATRA), selon un accord signé par les deux compagnies. Mais cette ligne a perdu de grandes parts de marché, à cause de son état lamentable, à l'insécurité sur le rail (certains trains sont attaqués) et à la remise en état de la route le long du rail en 2000. Selon des sources congolaises, un accord avec une entreprise de construction chinoise a été signé en 2006, selon lequel ladite société financera la rénovation de la voie, du matériel roulant, des voies de communication, la signalisation et l'énergie électrique. L'ONATRA opte pour une politique commerciale agressive pour relancer le rail.

Le pont de Matadi, le plus grand pont-rail suspendu du monde, n'est pas actuellement exploité pour le chemin de fer. Il existe par ailleurs un vague projet de création d'un pont entre Kinshasa et Brazzaville, pour lequel une option ferroviaire pourrait être retenue, et qui permettrait de relier Kinshasa pour la première fois avec un port en eaux profondes de Pointe-Noire (Congo-Brazzaville).

Lignes du Katanga, Kasaï et Benguela

Ce réseau s'étend sur 3 641 kilomètres de voies ferrées (dont 858 kilomètres électrifiés) au Katanga, au Kasaï-Occidental, au Kasaï-Oriental et au Maniema. Son écartement est en voie cap de 3½ pieds (42 pouces/1 067 mm). Ces lignes sont exploitées aujourd'hui par la Société nationale de chemins de fer congolais (la SNCC).

- **Ligne des Grands Lacs** : seconde section de Kindu-Kabalo-Kalemie (lac Tanganyika). Cette ligne est reliée à sa première section par un service fluvial de 320 kilomètres. Les 355 kilomètres de Kindu à Kongolo ont été construits entre 1907 et 1910 par la Compagnie du chemin de fer du Congo supérieur aux Grands Lacs africains (CFL), les 273 kilomètres de Kabalo à Albertville entre 1911 et 1917, toujours par le CFL. La section manquante entre Kongolo et Kabalo n'a été construite qu'entre 1937 et 1939.

Ce réseau était en voie métrique et mis à l'écartement de 1067 mm en 1955, en vue de la connexion avec le réseau de Katanga.

- **Ligne de Katanga** : Kabalo-Kamina-Likasi-Lubumbashi-Sakania-Zambie. Cette ligne a été construite entre 1909 et 1918 de Sakania à Bukama et de 1952 à 1956 entre Kamina et Kabalo par la Compagnie du chemin de fer du Bas Congo à Katanga(BCK).
- **Ligne du Kasaï** : Ilebo (Port Franqui à l'époque)-Kamina. Cette ligne a été construite entre 1923 et 1928 (dès Bukama) par le chemin de fer Léopoldville-Katanga-Dilolo (LKD).
- **Chemin de fer de Benguela** : Kamina-Dilolo-Angola (chemin de fer de Benguela). Cette ligne a été construite entre 1928 et 1931 (de Tenke jusqu'à la frontière) par le BCK.
- Une ligne entre les lacs Kivu et Tanganyika fut ouverte en 1931 par le Céfaki (c) entre Kalundu et Kamanyola. La seconde partie jusqu'à Bukavu ne fut jamais construite et la ligne fermée en 1958. Elle était à l'écartement de 1067 mm (cap-gauge 3½ pieds), pour être intégrée dans la ligne anglaise « Cap-Caire ».

Ligne des Grands Lacs

La première section est entre Kisangani et Ubundu. Son écartement est de 1,00 mètre. La seconde section Kindu-Kabalo-Kalemie (lac Tanganyika) est reliée au réseau de Katanga, voir ci-dessus. Cette ligne de 127 kilomètres a été construite entre 1903 et 1906 par le CFL pour éviter les chutes d'eau importantes des Stanley Falls.

Lignes vicinales du Mayumbe et de l'Uélé

D'autres lignes ont existé et sont actuellement inexploitées.

Le chemin de fer du Mayombe (vers le nord à Tshela au départ de Boma), long de 140 kilomètres, a été construit par étapes entre 1898 et 1914 par la Société des chemins de fer vicinaux du Mayumbe. La ligne a été démantelée en 1984.

Les chemins de fer des Uélé (ou Vicicongo) relient Bumba à Bondo et Mungbere. Le dernier tronçon semble être en service entre Aketi et Isiro avec un train tous les deux ou trois mois. Ce réseau a été construit entre 1924 et 1937 par les chemins de fer vicinaux du Congo, et dans les années 1970 pour le tronçon Aketi-Bumba ; il totalise 842 km. Il comprend les lignes Aketi-Mungbere (685 km), Komba-Bondo (121 km) et Liénart-Titule (31 km).

Lignes industrielles

D'autres lignes avant tout industrielles ont existé, dont Charles ville (Djokupunda)-Makumbi, exploitée par la Forminière, Muyumba-Manono pour accéder au port fluvial et Alberta (Ebonda)-Yamisiko-Yamaluka-Yangunda, exploitée par les Huileries du Congo belge (HCB).

Transport fluvial et maritime

Le réseau des voies navigables est d'une longueur de 16 238 km, subdivisé en trois biefs :

- Le bief maritime, long de 150 km, de Banana à Matadi ;
- Le bief moyen, comprenant le fleuve Congo (Kinshasa-Kisangani), la rivière Kasaï et leurs affluents, qui totalise 13,458 km ;
- Le bief supérieur, comprenant le Lualaba (fleuve Congo au Katanga) et les lacs, qui totalise 2,630 km.

Ports fluviaux

- Port de Kinshasa, ONATRA ;
- Port d'Ilebo, SNCC ;
- Port de Kalemie, SNCC ;
- Port de Kisangani, ONATRA ;
- Port de Mbandaka, ONATRA ;
- Port d'Ubundu ;
- Port de Kindu, CFL ;
- Port de Mushimbakye à Baraka, ONATRA.

Ports maritimes

- Port de Banana ;
- Port de Boma, ONATRA ;
- Port de Matadi, ONATRA.

Transport aérien

Le pays dispose d'environ 270 aéroports et aérodromes dont la gestion est assurée par la Régie des voies aériennes (RVA), par la Direction de l'aviation civile (DAC) et par le secteur privé. Sur les 270 plateformes aéroportuaires, 101 sont ouvertes à la circulation publique, 164 sont privées et 5 du domaine militaire.

La plateforme la plus importante est l'aéroport international de Kinshasa, la première porte d'entrée et de sortie du pays.

Il existe tout de même d'autres pistes à la navigation aérienne, comme l'indique ce tableau.

Aéroports asphaltés		**Aéroports non asphaltés**	
Kilomètre	Nombre	Kilomètre	Nombre
Total	24	Total	205
À plus de 3 047 m	4	De 1 524 à 2 437 m	19
De 2 438 à 3 047 m	2	De 914 à 1 523 m	95
De 1 524 à 2 437 m	16		
De 914 à 1 523 m	2	Sous 914 m	91

Réseaux lacustre et fluvial

- Réseau lacustre du lac Tanganyika représentant 1 425 kilomètres. Il relie la République démocratique du Congo à la Zambie, à la Tanzanie et au Burundi ;
- Réseau lacustre du lac Kivu reliant Bukavu à Goma (106 kilomètres) ;
- Réseau fluvial de Kindu à Ubundu (310 kilomètres) et de Kongolo à Malemba-Nkulu (390 kilomètres).

Pour un pays aussi vaste (2 345 000 km²), les infrastructures jouent un rôle majeur. La situation du système des transports en République démocratique du Congo est désastreuse. La réalité de la situation se traduit par une insuffisance totale de l'offre des services de transports, accentuée par le mauvais état des infrastructures de transports et par une non-satisfaction chronique de la demande.

Le réseau de transports n'offre plus aux secteurs économiques les infrastructures et les services qui favorisent les échanges de toute nature et qui améliorent la mobilité des personnes et des biens. Cette carence constitue un obstacle majeur au développement économique, entrave les échanges commerciaux, et restreint l'accès des populations aux services sociaux de base.

D'importants partenariats avec la République populaire de Chine sont annoncés en septembre 2007. Ceux-ci concernent notamment la complétion est-ouest du réseau ferroviaire, et qui verrait la création d'une ligne continue entre Matadi (Bas-Congo) et Sakania (Katanga). La route Kisangani-Kasumbalesa (frontière avec la Zambie) serait à réhabiliter. Le tronçon Lubumbashi-Kasumbalesa deviendrait une autoroute, bien que la route nationale ait été déjà refaite récemment.

Dans le même registre, les investisseurs brésiliens vont aussi dans le même sens que les investisseurs chinois.

Le système de transport du Congo, qu'il soit naturel (fluvial) ou créé par l'homme, est unique en Afrique de par son étendue, ses complémentarités, le niveau technique de l'infrastructure et du matériel.

Le Congo, privilégié par ses transports, est néanmoins soumis aux importantes contraintes que constituent les distances énormes, l'enclavement du pays, tributaire des voies étrangères pour des trafics essentiels, et le caractère composite du système de transport résultant de la non-navigabilité de certains traçons fluviaux complétés par les rails au prix des multiples ruptures des charges. L'épine dorsale du système de transport est constituée après le fleuve Congo, la rivière Kasaï, leurs affluents et par un certain nombre de lacs qui composent le réseau de 14 500km de voies naturellement navigables. Les chemins de fer interviennent là où la navigabilité est interrompue (- 5000 km).

Le réseau routier, qui comptait en 1995 145000 km, était ramené à 58 000 dont 2000 km asphaltés.

L'effondrement du transport est un des faits majeurs de l'évolution du Congo. Il n'y a pas de développement sans voie de communication. Le délabrement du système de transport congolais constitue un facteur important de blocage pour le développement national.

Sur les 14500 km de voies navigables circulent plus de mille chalands reliant les ports intérieurs de Kinshasa, de Mbandaka, de Kisangani, de Kindu et de Katanga.

Les chemins de fer totalisent une largeur de 5120 km.

- Il y a d'abord les chemins de fer de complément reliant entre elles les sections navigables du fleuve : Kongolo-Kindu, Kinshasa, Kisangani ;
- Le chemin de fer Tshela-Boma relie le Mayombe au port maritime de Boma. La ligne Isiro Aketi avec embranchement vers Bondo relie la région de l'Uélé à Itimbiri, et par là, au fleuve ;
- Le Katanga étant la région économique la plus importante du pays, il bénéficie de liaisons ferroviaires avec plusieurs ports de mer. La liaison avec Matadi est assurée par la ligne qui aboutit au port Francqui sur le Kasaï. De port Francqui, les marchandises sont acheminées par voie fluviale jusqu'à Kinshasa où elles sont embarquées sur le chemin de fer Kinshasa-Matadi. La ligne Katanga-Kasaï s'appelle BCK (Bas-Congo –Katanga).

De cette ligne se détachent vers l'Ouest un chemin de fer qui rejoint le port de Lobito (Angola) et un autre vers l'Est qui joint Kamina sur la rive Est du lac, en liaison directe avec Dar-es-Salam (Tanganyika). Enfin, ce réseau est raccordé au Sud avec celui de Botswana qui aboutit aux ports à Mozambique et RSA.

Signalons qu'en temps normal, Matadi, le port national, assure les deux tiers des exportations et des importations du pays. Ces voies navigables et ferrées sont relativement longues et les transports y sont lents. C'est l'aviation qui assure les transports rapides, c'est aussi l'aviation qui met le Congo en relation avec le reste de l'Afrique et du monde. Notons que le Congo compte 36 aérodromes et une centaine de lignes et quatre aéroports internationaux.

4.3.L'énergie, les travaux publics et la construction

La riche hydrographie de la RDC lui confère un potentiel hydroélectrique estimé à 100 000 MW, soit 13 % du potentiel hydroélectrique mondial. La puissance installée totale est évaluée actuellement à 2 516 MW, soit 2,5 % du potentiel total pour une production moyenne possible de 14 500 GWh. La production effective n'est actuellement que de 6 000 à 7 000 GWh.

L'hydroélectricité représente 96 % de la production d'électricité, les 4 % restants étant fournis par des centrales thermiques de faible puissance situées, pour la plupart, dans des zones isolées. Les barrages d'Inga, sur le fleuve Congo, sont la principale source de production d'énergie hydroélectrique. Cet ensemble comprend aujourd'hui deux centrales ayant une puissance totale de 1 775 MW : Inga 1 avec 6 groupes totalisant 351 MW, Inga 2 avec ses huit groupes totalisant 1 424 MW. Dans son état définitif, le complexe d'Inga fournirait plus de 25 % de la production mondiale d'énergie électrique d'origine hydraulique.

L'apport potentiel des centrales d'Inga est obéré, leur production ne dépasse pas 40 % de leur capacité. Une bonne partie de cette production est destinée à l'exportation, laissant ainsi la demande locale insatisfaite. Cette situation fait que le taux d'accès des populations à l'électricité est de 1 % en milieu rural, 30 % pour les villes et 6 % sur le plan national, alors que la moyenne en Afrique subsaharienne, il est de 24,6 %.

Depuis plusieurs années, le projet d'un Grand Inga a été envisagé, il s'agit d'un barrage qui utiliserait toute la puissance du fleuve Congo. Dans le cadre du Nepad, le site d'Inga a été retenu pour un projet d'interconnexion des réseaux sur toute l'Afrique et même l'Europe. Un autre projet existe, le Western Power Corridor (WESTCOR) sur le même site, cette fois-ci pour l'intégration sous-régionale de la zone de SADC pour la production et le transport de l'énergie électrique. Ce projet pourrait générer 5 milliards USD chaque année –une fois complètement outillé –au tarif d'aujourd'hui.

Le Congo dispose de grandes potentialités en ressources énergétiques qui ne sont pas exploitées. Ces ressources sont un atout indispensable pour attirer les investisseurs et stimuler les investissements dans le pays. En matière d'énergie, le Congo produit surtout de l'électricité presque exclusivement d'origine hydroélectrique (98 %). La puissance installée atteint 1 960 MW (mégawatts) fournissant une production de 4 000 000 de mégawatt heures (4 000 000 MWh). Elle est surtout localisée au Katanga (68 %) et dans le Bas-Congo (28 %). La consommation se répartit de façon assez similaire, mais un décalage s'est développé avec la ligne à haute tension (Inga-Shaba) qui devrait fournir à l'industrie minière du Katanga l'électricité du barrage d'Inga dont la capacité potentielle est énorme (1 600 MW pour les deux premières phases, 38 000 MW pour les aménagements ultérieurs du site).

Tableau d'énergie en RD Congo

N°	Dénomination	Puissance (KW)	Productivité (MWh)
01	Sanga SP Inkisi	11 500	3000
02	Inga	350 000	578 000
03	Seke SP. Lualaba	248 000	1 567 000
04	Nzilo SP Inkisi	108 000	600 000
05	Zongo	75 000	97 000
06	Mwandingusha/Lufira	69 000	401 000
07	Kinis/Lufua	42 120	193 000
08	Piana-Mwanga Luvua	29 000	0
09	Ruzizi S/Ruzi	28 200	102 446
10	Tchopo Kisangani	18 800	53 700
11	Bandera Kalemie	17 200	32 826
12	Bandona Kilo-Moto	12 600	

Le charbonnage de la Luena, intégré depuis 1974 dans la Gécamines, produit un charbon de qualité médiocre (106 000 t en 1978) destiné principalement à la cimenterie de Lubundi. Le charbonnage de la Lukuga (9 600 t en 1978) alimente la cimenterie de Kalemie et le Zaïre Etain. Depuis 1975, le Congo produit également du pétrole à Moanda au Bas-Congo. La production correspondait en 1977 à la moitié de la consommation nationale dont la ville de Kinshasa seule consomme 45 %. La moitié du pétrole brut congolais est exporté, et l'autre moitié raffinée sur place couvre une partie des besoins locaux. Enfin, le solde est exporté. Les prospections ont été suspendues dans la cuvette centrale faute d'une rentabilité suffisante.

Le malheur économique congolais se caractérise par les situations suivantes :

- La construction et les TP (Travaux publics) connaissent une chute brutale lors de l'indépendance puis ensuite une consommation régulière. Son évolution se mesure par la consommation du ciment. Entre 1974-1975, le niveau est élevé à cause des travaux de Génie Civil du barrage d'Inga II et la chute enregistrée après correspondrait à la fin de ces travaux. Cette régression s'est accentuée avec la chute du pouvoir d'achat de la population et l'absence des TP entrepris par l'État ;

- L'activité commerciale, sauf une partie du commerce de détail et des échanges traditionnels, est entre les mains des étrangers (Belges, Sénégalais, Pakistanais, Portugais). Actuellement, le secteur informel a pris des proportions inquiétantes, ceci pour de multiples raisons. Cette situation a des répercussions fâcheuses sur les recettes de l'État. Les difficultés du transport affectent lourdement le prix des produits de détail. Cependant, les pénuries de certains produits locaux permettent une spéculation importante et des profits abusifs tout en contribuant à entretenir l'inflation.

4.4.L'emploi

Les indigènes sont devenus chômeurs tout en travaillant parce que les industries n'existent plus (ils n'investissent plus rien parce qu'ils ne produisent que des produits vivriers de consommation locale (faute d'industries agricoles). Il faudrait que l'État promeuve les industries, petites, moyennes entreprises et artisanats (IPMEA), parce qu'elles créent des emplois en récupérant une main-d'œuvre qualifiée inutilisée.

Comme nous l'avons dit précédemment, on peut estimer que deux tiers au moins de la population au Congo évolue en dehors de l'économie moderne, vivant de façon traditionnelle, rudimentaire.

L'emploi total (travailleurs salariés et travailleurs libres) était estimé en 1959 à 1 473 unités et à quelque 928 000 unités en 1977. Le secteur d'activité le plus important est l'agriculture avec plus du quart des effectifs. Ensuite vient l'enseignement 23 %, la fonction publique 15 %, l'industrie 12 %. Les secteurs les moins importants, représentant chacun moins de 10 % de l'emploi, sont par ordre décroissant le transport, l'extraction minière, les services et la construction. Une caractéristique particulièrement importante de l'emploi salarié dans le secteur privé est son extrême concentration : 90 % de l'effectif privé se situait dans les entreprises de 500 salariés (15 entreprises dont 5 sociétés minières et 10 entreprises industrielles sur 132 représentaient 62 % de l'emploi dans ces entreprises).

Il est aujourd'hui, faute de statistiques fiables, impossible de saisir toutes les données sur l'évolution de l'emploi au Congo, ceci à cause de la faiblesse de l'État. Mais on peut affirmer sans risque de se tromper que le niveau de l'emploi se trouve à son plus bas niveau de son histoire. Cette diminution de l'emploi est lourde de conséquences pour le revenu monétaire dans le milieu rural par exemple. Il est un des facteurs de l'accentuation de l'exode rural, du retour à l'économie de subsistance. Pour interpréter l'évolution de l'emploi, il faut noter également que la population du pays a pratiquement triplé et que la population urbaine a quintuplé. Le chômage urbain est un phénomène social plus désastreux et politiquement plus dangereux que le sous-emploi rural.

Néanmoins, si le chômage est souvent une conséquence d'une structure économique déficiente, il peut aussi être le résultat d'un manque de courage, d'initiative et de valeurs morales. Ce qui frappe le voyageur dans beaucoup de pays du tiers monde, c'est de voir tous ces gens qui ne font rien de plus qu'attendre face à un pays en friche. L'esprit d'initiative est important pour développer le Congo, mais également l'État doit remplir son obligation d'encourager les initiatives privées.

Les exportations agricoles ne représentaient qu'environ 10 % du PIB en 2006, contre 40 % en 1960.

Jadis florissant, avec une production plus réduite, le secteur agricole de la RDC aujourd'hui– totalement paralysé – connaît une asthénie de productivité conduisant 73 % de la population congolaise à vivre en insécurité alimentaire. Les importations de denrées alimentaires (produits de première nécessité) augmentent et les exportations des produits de rente baissent. La production s'est en effet réduite depuis quelques années à des activités de subsistance malgré des conditions naturelles favorables (environ 97 % des terres arables bénéficient d'une saison culturale de plus de huit mois dans l'année ; de plus, 34 % du territoire national est constitué de terres agricoles dont 10 % seulement sont mises en valeur).

Ce problème sectoriel, partiellement lié à la faiblesse de la productivité, relève de problèmes d'accès au marché, d'évacuation des produits, de conservation, de la perte de main-d'œuvre agricole (suite aux conflits et aux maladies endémiques) et de semences de qualité, de l'utilisation de techniques inappropriées, et du manque d'instruments de travail adéquats.

Cependant, l'agriculture reste le principal secteur de l'économie, représentant 57,9 % du PIB en 1997. Les principales productions exportées sont le café, l'huile de palme, le caoutchouc, le coton, le sucre, le thé et le cacao, tandis que les cultures vivrières concernent essentiellement le manioc, la banane plantain, le maïs, l'arachide, et le riz. En 1996, l'agriculture occupait 66 % de la population active.

4.5.Élevage

L'élevage, dont les capacités potentielles varient entre 30 et 40 millions de bovins, avec une charge de bétail de 1/6 à 1/12 pendant toute l'année, n'est pas encore la priorité du gouvernement. Il est peu développé en République démocratique du Congo, en partie en raison des conditions naturelles qui ne sont pas favorables à l'élevage du gros bétail, sur une grande partie du territoire. La forêt dense n'a pas de pâturages et la trypanosomiase, véhiculée par la mouche Tsé-Tsé, sévit à l'état endémique dans la plupart des régions basses du pays. Les régions montagneuses de l'Est et du Sud-Est (Kivu) sont, en revanche, propices à l'élevage pratiqué par des populations spécialisées de pasteurs. Les techniques d'élevage restent cependant rudimentaires chez les éleveurs traditionnels et les soins vétérinaires sont peu pratiqués.

Les effectifs du cheptel bovin ont été estimés au niveau national à environ 11 277 130 têtes. Ils sont en constante baisse depuis 1990, avec une chute de 11 % en 1993 et 18 % en 1995. Outre ce troupeau, dans presque tous les villages, on retrouve un petit cheptel de caprins, de porcs, d'animaux de base, même si la viande, surtout les morceaux « nobles », est de moins en moins consommée par les couches défavorisées, qui privilégient les bas morceaux, la poule (1 000 t importées mensuellement) ou le poisson bon marché dans leur alimentation. Mais la production de viande et de volailles reste insuffisante et contraint à recourir aux importations. De même, la production d'œufs et de lait est très insuffisante.

4.6.L'industrie

Le secteur industriel n'a contribué que pour 5,6 % au PIB. Autre détail important, il est actuellement composé de quelques petites usines dans le textile, l'agroalimentaire, la chimie et le secteur des biens d'équipement. Toutes les branches de production ont souffert de la crise qui a frappé le pays. Les industries manufacturières et leurs débouchés en produits finis utilisent seulement 10 à 17% de la capacité installée.

Le secteur secondaire est très peu développé et caractérisé par une forte présence de l'État, marginalisant ainsi le secteur privé. La plupart des sociétés sont publiques ou à participation mixte, avec souvent une participation majoritaire de l'État. Malgré le processus de privatisation en cours (programme PMPTR), l'État reste le principal opérateur dans la plupart des secteurs économiques comme l'énergie, les mines, les forêts, l'hydraulique, le transport et le bâtiment.

4.7. Les services

Le secteur des services est dominé par les transports et les télécommunications. Timidement, il a commencé à attirer des investisseurs. Le secteur tertiaire a représenté 27,9 % du PIB en 2005 et affiché un taux de croissance réel de 7,8 %, essentiellement dû aux bonnes performances des transports, des télécommunications et des services financiers. Si le conflit a fortement détérioré la qualité des infrastructures routières, fluviales et ferroviaires, la reprise amorcée en 2003/2004 a soutenu la demande de transports en commun dans les grandes villes.

4.7.1. Le secteur informel

L'économie de la République démocratique du Congo est aujourd'hui bien plus pauvre qu'elle ne l'était à l'indépendance. La désorganisation de l'offre et l'érosion presque continue de la demande l'ont entraînée depuis les années 1970 dans une spirale négative, provoquant l'informatisation de secteurs entiers, voire leur « criminalisation », jusqu'à ce que le pays s'installe dans une économie de guerre à la fin des années 1990. En 1990, selon le Rapport de la conférence nationale souveraine, le secteur informel représentait près de 60 % des activités économiques. Douze ans après, il est évident que ce pourcentage représente plus de 80 % des activités.

Selon les statistiques du BIT, la population œuvrant dans l'économie informelle est estimée à 19 871 347 personnes, soit 72 % de la population en âge actif.

La part de l'économie informelle dans la création d'emplois s'est accrue continuellement au point de devenir le « secteur dominant » de la République démocratique du Congo. L'économie informelle en République démocratique du Congo revêt plusieurs formes.

Bien que le volume de production de ce secteur ait grandement augmenté, le secteur informel congolais ne joue pas un rôle essentiel dans l'économie nationale, fournissant des revenus minimums à ses employés.

4.7.2. Le secteur privé

Le secteur privé a évolué, depuis environ trois décennies, dans un environnement particulièrement difficile. En effet, depuis les années 1970, les effets conjugués de l'effondrement des cours de cuivre et du crash pétrolier sur l'économie, les mesures suicidaires de zaïrianisation et de la radicalisation, ainsi que des grèves régulières et un climat d'insécurité généralisé des années 1990 ont contribué à briser l'essor des secteurs productifs, en installant un climat de méfiance, particulièrement auprès des opérateurs économiques expatriés, entraînant ainsi la fuite des capitaux.

Les pillages de 1991 et 1993, les guerres de 1996 et 1998 ainsi que les conflits armés qui, jusqu'à ce jour, ravagent le grand Congo ont également conduit à la destruction de l'outil de production et ont eu comme corollaire le découragement des investisseurs étrangers et le tarissement de l'aide publique au développement, principale source de financement de l'investissement public. L'on constate à la même période un recul de l'investissement de 13 % en 1990 à 4,4 % en 2000. Il en résulte la perte d'emplois et la baisse des revenus, suite à la fermeture d'un nombre important d'entreprises, accentuant ainsi le chômage et la pauvreté dans le pays. En 2005, le taux d'activité s'est situé à 63,1 % au niveau national, dont 50,8 % en milieu urbain et 68,1 % en milieu rural. La prédominance des emplois dans la petite entreprise familiale agricole met en exergue la fragilité du marché du travail et les difficultés des conditions de vie des ménages.

4.8. Position extérieure

La RD Congo participe aux efforts de libéralisation au sein de plusieurs organisations économiques régionales auxquelles elle appartient, telles que la CEEAC, le COMESA et la SADC. La RD Congo fait également partie des pays bénéficiant de tarifs commerciaux préférentiels avec les États-Unis dans le cadre de l'AGOA, et avec l'Union européenne dans le cadre de l'initiative « Tout sauf les armes ». Par ailleurs, les autorités ont initié une réforme de l'office des douanes, ont mis en place un guichet « Construire des infrastructures » et exploitent en contrepartie les ressources minières. Il s'agirait de construire des routes, des hôpitaux, des universités et des logements. Cette démarche s'inscrirait dans la politique des priorités du gouvernement, appelée « Cinq chantiers ». Mais il faudra attendre qu'une plateforme financière soit créée. Ce contrat, qui devait être effectif en 2008, n'a jamais été respecté. Par ailleurs, il a occasionné de vives critiques au niveau de la communauté internationale et des institutions internationales, à l'égard du gouvernement, car elles voient dans cette implication de la République populaire de Chine un alourdissement de la dette déjà problématique du pays.

4.9.Autres questions subsidiaires d'économie congolaise

4.9.1. La végétation de la RD Congo

Outre ses richesses minières, la RDC a beaucoup d'autres potentialités à faire valoir. Il est le premier pays d'Afrique du point de vue de l'étendue de ses forêts (la moitié du territoire national est occupé par de la forêt équatoriale) et le plus important pour la préservation de l'environnement mondial. C'est à partir de 2007 réellement que le bassin du Congo s'est placé au centre des préoccupations du monde entier.

La RD Congo se classe parmi les 10 pays de la méga biodiversité du monde avec 480 espèces de mammifères, 565 espèces d'oiseaux, 1 000 espèces de poissons, 350 espèces de reptiles, 220 espèces de batraciens et plus de 10 000 angiospermes dont 3 000 seraient endémiques. Elle a une faune naturelle exceptionnelle (on y trouve tous les grands animaux de l'Afrique) et des espèces rares. Tout ce capital n'a pas été épargné par les divers conflits et leurs effets dévastateurs sur la faune et la flore. Des milliers d'hectares de forêts sont dégradés, entraînant une diminution de la biodiversité. Les aires protégées font l'objet de spoliation, de contrebande et de braconnage ; la pression de la chasse et du braconnage a été très forte sur certaines espèces (comme l'hippopotame, chassé pour l'ivoire de ses défenses suite à l'embargo sur l'ivoire d'éléphant) ces dernières années.

Elle dispose d'abondantes ressources en eau, des lacs poissonneux, notamment le lac Tanganyika (plus grand que le Burundi), le plus poissonneux du monde. Et les richesses naturelles comme le pétrole, le gaz sont également présentes, mais sous-exploitées.

La RD Congo, bénie par la nature, est aussi une terre de tourisme ; peu d'endroits au monde égalent la beauté des territoires du nord-est de ce pays, ses lacs aux confins du Nil. La moitié du pays est constituée de la savane, un des habitats les plus variés de toute l'Afrique. Mais le tourisme n'y a jamais été mis en valeur, tout le contraire des pays d'Afrique de l'Est et d'Afrique australe.

Récemment, la Fédération des Entreprises du Congo (FEC) et le ministère de tutelle ont montré un faible penchant pour relancer ce secteur. Ce dernier est entravé par plusieurs contraintes : destruction et insuffisance des infrastructures socioéconomiques, insécurité physique dans certaines parties du pays, absence d'une loi-cadre en matière de tourisme.

4.9.2. Télécommunications

Le secteur des télécommunications se développe avec l'expansion de la téléphonie mobile qui permet de relier les principales villes du pays grâce au système GSM. La forte augmentation des abonnés (de quelques milliers seulement au début de la décennie à plus de 6 500 000 en 2007) a eu un impact important sur le PIB.

Cette course effrénée vers la téléphonie mobile a presque inondé le marché congolais de sociétés de télécommunications (téléphone fixe comme mobile). Cette forte demande se révèle être une part importante du PIB, mais également une offre importante qui a tiré vers le bas le taux de chômage important du pays.

4.10. Internet

Le public congolais a eu connaissance d'internet vers les années 1995, au travers d'initiatives privées (quelques cybercafés ont vu le jour). Cependant, une décennie après, l'internet en RD Congo reste un luxe pour la majorité de la population dont le revenu est faible.

CHAPITRE CINQUIÈME
IMPACT DE L'INFLATION SUR LA MESURE DU PIB

La valeur de la production au cours d'une année dans un pays donné est mesurée par le PIB. Le PIB *nominal* (ou *à prix courants* ou *en valeur*) est calculé avec les prix valables au cours de l'année considérée. Cette façon de mesurer fait croître le PIB avec le déflateur du PIB. Le PIB *réel* (ou *à prix constants* ou *en volume*) est calculé en utilisant les prix qui étaient pratiqués l'année antérieure, ou une année de référence.

C'est la variation du PIB en volume, et non du PIB en valeur, qui définit la croissance économique. Par définition, on a la relation suivante : (1 + taux nominal de croissance du PIB) = (1 + taux réel de croissance du PIB) * (1 + taux de variation du déflateur du PIB), c'est-à-dire (1 + taux réel de croissance du PIB) = (1 + taux nominal de croissance du PIB) / (1 + taux de variation du déflateur du PIB).

En pratique, on utilise souvent la formule linéarisée, valable pour des taux assez petits (on n'a gardé que les termes d'ordre 1, les termes d'ordre 2 étant négligés) : Taux nominal de croissance du PIB ≈ Taux réel de croissance du PIB + Taux de croissance du déflateur du PIB ou de façon équivalente : Taux réel de croissance du PIB ≈ Taux nominal de croissance du PIB - Taux de croissance du déflateur du PIB.

5.1. Causes de l'inflation

Selon le professeur Raymond, s'il y a fréquemment divergence sur le diagnostic d'une situation d'inflation particulière, c'est qu'en effet plusieurs causes peuvent être pointées, séparément ou de manière combinée.

5.1.1. Inflation induite par excès de masse monétaire

L'inflation a d'abord été considérée comme un désordre attribué à l'augmentation de la masse monétaire en circulation. C'est le point de vue théorique avancé par l'école quantitativiste au XIXe siècle, à la suite d'Irving Fisher et au XXe siècle avec l'école monétariste. Dans cette situation, en l'absence de création de richesse réelle, la conséquence directe se manifeste sous la forme d'une augmentation de la demande et par suite des prix. On considère que l'inflation monétaire résulte de l'émission par les autorités monétaires (l'État en général) de monnaie en trop grande quantité :

- Par rapport à la quantité de biens dans le circuit économique, comme lors de l'hyperinflation de la République de Weimar par surémission de mark en 1923 ;
- Ou, dans le cas d'une monnaie assise sur l'or ou l'argent, par un afflux brutal de métal précieux comme ce fut le cas en Espagne à la suite de l'afflux d'or en provenance des Amériques après leur conquête et qui conduira à la révolution des prix des XVIe et XVIIe siècles, partout en Europe de l'Ouest ;
- Du fait du crédit, si l'activité financée ne conduit pas directement (ou suffisamment) à injecter dans le circuit économique des biens nouveaux à hauteur du montant de monnaie nouvelle.

« Toutefois, il semble que de nos jours, la monnaie soit moins la cause de l'inflation. »

5.1.2. Inflation induite par la demande

Si la demande d'un produit ou d'un service essentiel excède l'offre, et que les producteurs ne peuvent ou ne veulent augmenter immédiatement la production, alors l'excès de demande va conduire à l'augmentation des prix. Le phénomène d'excès pouvant concerner un marché spécifique ou, au contraire, l'ensemble de l'économie, si, par exemple, la demande générale est trop stimulée par une politique budgétaire ou par une offre de crédit bancaire trop dynamique.

5.1.3. Inflation importée

On dit qu'il y a inflation importée lorsqu'on veut souligner que les hausses des coûts résultent de l'augmentation des prix des biens importés, qu'il s'agisse de matières premières, de biens semi-finis ou de produits finis.

5.1.4. Inflation induite par les coûts

L'inflation est dite induite par les coûts si un élément essentiel des coûts augmente. C'est par exemple le cas quand les salaires augmentent plus vite que la productivité (le coût salarial par unité produite augmente) ou lorsque les matières premières ou l'énergie de base se renchérissent comme pendant les premiers et deuxièmes chocs pétroliers. La hausse des coûts se répercute alors dans les prix de revient, puis dans les prix de vente, d'où une hausse des prix. On parle ainsi d'effet de second tour de l'inflation.

5.1.5. Inflation induite par des éléments structurels (ou par les structures économiques et sociales)

L'inflation peut être induite par un état donné de la structure des marchés, ce qui signifie que la hausse des prix s'explique par les conditions de formation des prix sur les marchés ou dans les secteurs économiques. En particulier d'après Raymond Barre, les prix résultant de situations de concurrence imparfaites dans l'industrie ou les prix fixés par les pouvoirs publics dans le secteur agricole. En effet, certains prix peuvent être qualifiés de « prix administrés », car ils sont davantage fixés non pas par les ajustements du libre marché, mais par les décisions des firmes (les dirigeants entendent préserver un niveau de marge et/ou d'autofinancement) ou des considérations politiques.

5.1.6. Rôle des facteurs psychologiques et des anticipations

Lorsque des phénomènes psychologiques s'ajoutent aux précédents, la combinaison des facteurs peut amplifier le mouvement de façon brutale :

- La **spirale inflationniste** : si le prix d'un élément essentiel augmente, tous les autres suivent mécaniquement, et les effets de ce retard mettent en place une boucle de rétroaction, un cercle vicieux, chaque effort pour combler la différence créée n'ayant comme seul effet que de mettre en place la prochaine hausse (comme un animal qui cherche à attraper sa queue) ;
- La **spirale déflationniste** : si les prix ont tendance à baisser, les acheteurs potentiels ont intérêt à repousser l'achat à plus tard. Ceci entraîne une baisse de la demande, une

augmentation des stocks, donc une baisse des prix : la déflation s'auto-entretient et asphyxie l'économie. La déflation est donc considérée comme plus périlleuse que l'inflation ;

- Les **dispositions d'indexations** de nature contractuelle ou réglementaire, qui ont pour effet de lier entre eux les prix de différents biens et services, vont contribuer à répercuter et à diffuser de façon mécanique le phénomène de hausse et le transférer par répercussion quasi automatique en direction d'activités ou de secteurs initialement non concernés par la variation des prix ;
- La **panique monétaire** : la monnaie utilisée est aujourd'hui essentiellement du papier ou du métal sans autre usage, et donc sans autre valeur que celle attachée à la confiance des utilisateurs. Si, à tort ou à raison, ils sont persuadés que la monnaie va perdre sa valeur, ils voudront l'échanger contre des biens (provoquant une inflation par la demande) ou des devises étrangères (chute sur le marché des changes, hausse du prix des produits importés, inflation importée), ce qui nourrira l'inflation, qui validera l'anticipation inflationniste et la renforcera.

Historiquement, quand la quantité de monnaie dépendait essentiellement de la quantité de métal monétaire (l'or ou l'argent) en réserve de la Banque centrale, une crise de production pouvait aussi produire de l'inflation, dans le cadre d'une spirale inflationniste combinant une inflation monétaire (trop de monnaie par rapport à la production). Il se produisait alors une inflation par la demande (en excès sur l'offre) et une inflation par les coûts.

5.2. Conséquences de l'inflation

Si l'inflation est modérée, elle peut favoriser la croissance en stimulant les investissements. Si l'inflation est forte, elle compromet la croissance et menace l'emploi, elle compromet la compétitivité d'une économie par la hausse des prix nationaux.

5.3. L'inflation agit sur les agents économiques

L'inflation change le contexte explicite des relations contractuelles entre débiteurs et créanciers (dans le cadre d'un emprunt, mais aussi et surtout dans le cadre de toute transaction comportant un versement différé dans le temps, tel qu'un loyer, un fermage en numéraire plutôt qu'en nature, etc.). Elle change également le contexte entre les détenteurs d'actifs économiques dont la valeur n'est pas affectée par l'inflation (terrains, entreprises, etc.), et les détenteurs de monnaie ou titres financiers équivalents (rente à taux fixes, etc.) qui sont affectés par l'inflation. La déflation agit en sens inverse.

Pour être plus précis, ce n'est pas l'inflation ni la déflation qui comptent, ce sont les variations de l'inflation par rapport à celle qui était prévue ; ce qui est la même chose que l'inflation si, mais seulement si, l'anticipation était une variation nulle de la valeur de la monnaie (ce qui est implicitement le cas quand on raisonne aux prix courants). Une hausse de l'inflation ou une désinflation produisent un effet, pas une inflation égale à celle contre laquelle on a pu se prémunir.

Il faut noter que les entreprises sont des débiteurs nets (sauf exception et hormis le cas d'entreprises financières), de même que les autorités publiques en général, et que les ménages dans leur ensemble sont des prêteurs nets, mais avec une proportion qui est débitrice (ex. : les acheteurs de logement à crédit pour un montant plus élevé que leur patrimoine initial).

1. Elle pénalise :
    - les créditeurs qui n'ont pas réussi à se prémunir contre l'inflation ;
    - les détenteurs de monnaie ;
    - les exportateurs (qui auront plus de mal à vendre leurs produits plus chers) et leurs fournisseurs ;
    - les agents victimes de l'illusion monétaire (mauvais investissement, perte de pouvoir d'achat masquée par une hausse nominale du revenu...).
2. Elle favorise :
    - les débiteurs ;

- les créditeurs qui ont réussi à se surprotéger contre l'inflation ;
- les détenteurs d'actifs (par opposition aux détenteurs de monnaie) ;
- les détenteurs de stocks (lorsque ceux-ci ont été achetés avant ou en début de hausse des prix) ;
- les importateurs (qui vendront plus facilement les produits étrangers dont le prix n'a pas de raison d'augmenter autant) et leurs clients (qui dépenseront moins, en terme réel, pour le même produit).

3. Elle est relativement neutre pour :
   - les détenteurs de revenus indexés sur l'inflation ;
   - les créditeurs qui se sont correctement protégés.
4. Elle provoque des adaptations :
   - Pression accrue en faveur de l'indexation des revenus sur l'inflation ;
   - Hausse de l'endettement (puisqu'il est plus avantageux d'être débiteur que créancier) ;
   - Incitation à investir (arbitrage en faveur des actifs productifs et de l'endettement, au détriment de la détention de monnaie et la situation de créancier) ;
   - Hausses préventives (des prix, des loyers, des taux de crédits, etc.) ;
   - Révision des anticipations (accréditation de l'idée qu'un nombre croissant d'agents économiques agissent ou vont agir pour se prémunir de l'inflation).

5.4. Émetteurs et détenteurs de monnaie

- L'inflation a des conséquences négatives pour les agents détenant de la monnaie, puisqu'avec la hausse des prix, la même quantité de monnaie permettra d'acheter moins de choses (perte de pouvoir d'achat) ;

- Lorsqu'elle est due à une création *ex-nihilo* de monnaie, l'émetteur de monnaie, État, système bancaire ou faux-monnayeur, s'enrichit (il peut acheter plus de choses qu'avant). Mais c'est aux dépens des autres détenteurs de monnaie ou des vendeurs. Si donc l'émetteur de monnaie est l'État (ou une entité qu'il contrôle, comme une Banque centrale par exemple), l'inflation est comme un impôt frappant la détention d'encaisses réelles. C'est un impôt pratique, d'un excellent rendement et apparemment sans douleur, mais les conséquences estimées trop négatives pour l'économie ont conduit la plupart des États à abandonner la possibilité d'émettre directement de la monnaie. L'État ne bénéficie alors de l'inflation qu'en tant que débiteur par la réduction de sa dette.

À noter que dans le cas de monnaie créée par le crédit adossé à des biens réels engagés par l'emprunteur, l'effet est plus complexe : l'émetteur (l'emprunteur) ne s'enrichit pas aux dépens des autres, qui peuvent toujours acheter les mêmes biens qu'avant pour le même prix ; il n'y a que si les biens gagés s'avèrent de valeur insuffisante que la monnaie correspondante devient inflationniste si elle n'est pas détruite (par le remboursement).

5.4.1. Débiteurs et créanciers

Lorsqu'un créancier (par exemple une banque) et un débiteur (par exemple un ménage) sont liés par un taux d'intérêt fixe, l'inflation favorise le débiteur au détriment du créancier (créditeur). Considérons un ménage qui emprunte à sa banque une somme S au taux d'intérêt nominal de 8 %, remboursable l'année suivante.

Si l'inflation est nulle, la banque touche l'année suivante la somme plus les intérêts prévus soit : S (1+0,08). La somme ayant la même valeur que celle prêtée (S).

Avec une inflation de 3 %, la banque touche toujours la somme plus les intérêts prévus soit : S (1+0,08). Mais la somme rendue l'année du remboursement permet à la banque d'acheter moins que ce qu'elle aurait pu acheter l'année du prêt. La valeur réelle du remboursement reçu est : (1+0,08) (1-0,03) S soit approximativement (1+0,05) S de la somme prêtée. Ce qui signifie qu'en termes réels, le débiteur rembourse moins. Et même d'autant moins que le taux d'inflation excède le taux d'intérêt nominal de l'emprunt.

Lorsque le taux d'inflation est supérieur au taux d'intérêt nominal, le taux d'intérêt réel est négatif : c'est-à-dire que l'on gagne de l'argent à emprunter. Cela stimule d'ailleurs la demande et a tendance à alimenter davantage les pressions inflationnistes.

Face à une menace d'inflation, le créancier ne peut qu'imparfaitement se couvrir, l'inflation étant un phénomène imprévisible. Il peut alors soit avoir recours aux systèmes de couverture financière, notamment les swaps de taux d'intérêt pour les relations déjà établies, et demander dans les nouvelles relations des garanties, par exemple des contreparties du prêt peu sensibles à l'inflation (hypothèque sur un bien, valeur indexée sur l'inflation, valeur indexée sur un bien de référence comme l'or par exemple) ou un taux de remboursement indexé sur l'inflation (prêt à taux variable).

Pour les finances publiques, l'inflation diminue de la même manière le poids de la dette pour les États, et a parfois été délibérément utilisée à cette fin. Afin de se couvrir, lorsque l'État débiteur est suspecté de vouloir recourir à cette méthode, les investisseurs en dette publique demandent souvent une majoration du taux d'intérêt par intégration d'une prime de risques, ou l'indexation du taux selon une clause dite de révision ou selon la valeur d'un bien non contrôlable par l'État débiteur (par ex. : devise étrangère, panier de monnaies, valeur or, etc.).

Le type même de créancier perdant en période d'inflation est le rentier titulaire d'une rente fixe. Pour cet agent, la valeur de sa rente diminue proportionnellement à l'inflation, sans possibilité de couverture. Les périodes de haute inflation du XXe siècle en France (années 1920, années 1960) ont conduit à la quasi-disparition des anciens rentiers, qui ont vu leurs revenus réels laminés par l'inflation ; la leçon a été retenue et désormais, la plupart des détenteurs de capitaux financiers se protègent contre l'inflation.

5.4.2. Revenus du travail

L'inflation réduit les revenus du travail pour deux raisons :

- Ils sont très généralement perçus *après* l'exécution du travail, ce qui fait du travailleur un créancier (or, on l'a vu, l'inflation est défavorable au créancier) ;
- Leur montant est souvent fixé à l'avance pour plusieurs périodes successives ; en l'absence de mécanisme compensateur qui rehausse la somme à verser, le pouvoir d'achat du travailleur est réduit.

Cela affecte le marché du travail : en effet, la réduction du coût réel de la main-d'œuvre est une des raisons expliquant une corrélation négative entre inflation et chômage, illustrée par la courbe de Phillips : la baisse du coût réel de la main-d'œuvre ouvre de nouvelles possibilités de production, ce qui entraîne une baisse du chômage.

Lorsque leur baisse de pouvoir d'achat devient sensible, les travailleurs exigent des corrections ; outre que cela ne va pas sans difficultés (relations sociales dégradées, grèves, etc.), les mécanismes d'indexation qui sont parfois obtenus nourrissent à leur tour l'inflation.

5.4.3. Revenus du capital

L'inflation influence la durée de détention de biens immobiliers. En effet, selon le CIPF, l'imposition sur la plus-value peut conduire à des situations où l'État impose des plus-values qui peuvent n'être en réalité que l'actualisation du prix du bien en tenant compte de l'inflation. Cet impôt sur l'inflation peut donc conduire à une durée de détention accrue des biens immobiliers afin de bénéficier davantage des abattements, ce qui réduit mécaniquement l'offre, et participe au maintien des prix de l'immobilier élevés.

5.5. Inflation et allocation des ressources

Indépendamment des effets ci-dessus, essentiellement redistributifs, l'inflation a des coûts pour l'ensemble de l'économie, liés à des difficultés d'allocation efficace des ressources et aussi des gains, liés à l'irrationalité sur les marchés financiers.

5.5.1. Inflation et incertitude

Dans un premier temps, le niveau de l'inflation ou sa progression n'ont pas de conséquences directes sur l'économie. Si les agents savent que l'inflation sera de 3 % pour les années à venir, ils intégreront cette évolution dans leurs contrats, conduisant à une allocation des ressources identiques à une situation sans inflation.

Cependant, l'inflation dépend souvent de décisions discrétionnaires, que les agents peuvent difficilement anticiper correctement. De ce fait, l'inflation fait peser un risque sur toute décision d'investissement ou de prêt, réduisant les incitations à des investissements productifs. Cet aspect doit toutefois être mis en balance avec l'effet négatif de l'inflation sur les investissements à revenus fixes, comme les rentes ou les emprunts d'État. En limitant la rentabilité de ces titres, un taux élevé d'inflation encourage la substitution vers les investissements à rendements liés à l'activité économique, généralement plus productifs du point de vue de l'emploi et de la création de richesses.

5.5.2. Inflation et friction

Dans un article de 1985, l'économiste Gregory Mankiw montre que les agents peuvent hésiter à ajuster systématiquement leurs prix face à l'inflation lorsque cela a un coût, même très faible, pour eux (l'auteur prend l'exemple du coût de changer les prix sur les menus des restaurants, qu'il faut faire réimprimer). Les agents n'ajustent alors l'allocation de leurs ressources qu'avec un retard. L'auteur montre que ces retards ont des conséquences importantes sur l'allocation d'ensemble des facteurs, conduisant à d'importantes inefficacités.

En pratique, l'arbitrage entre les différents effets de l'inflation conduit la plupart des économistes à estimer qu'un taux d'inflation stable proche des 2 % est un signe de bon fonctionnement d'une économie développée.

5.5.3. Inflation et choix économiques

L'inflation agit directement sur la qualité des investissements. Un exemple permet de saisir le problème.

Alain, Bertrand et Claude investissent à l'année n 100 000 (peu importe l'unité) dans un bien (par exemple une maison), dont ils se servent pendant un an, puis revendent (à l'année n+1). Supposons que les conditions économiques soient différentes pour les trois individus (zone monétaire, époque), le taux d'inflation est donc différent.

Conséquences de l'inflation				
Individu	**Valeur d'achat (monnaie année n)**	**Prix de revente (monnaie année n+1)**	**Inflation (taux)**	**Valeur de revente (monnaie année n)**
Alain	100 000	90 000	-20 %	112 500
Bertrand	100 000	102 000	+2 %	100 000
Claude	100 000	105 000	+10 %	95 455

Le calcul naïf compare les valeurs en monnaie courante, sans tenir compte de l'inflation. Il semble alors que Claude a fait la meilleure affaire. Mais cela ne tient pas compte du fait que, à cause de l'inflation (ou, dans le cas d'Alain, de la déflation), ces trois personnes ne pourront pas acheter les mêmes biens de consommation avec la même quantité de monnaie : Alain pourra acheter plus, Bertrand et Claude moins. Pour gommer cet effet, il faut raisonner en monnaie constante, en déduisant l'inflation, et il apparaît alors que la meilleure affaire a été faite par Alain.

Néanmoins, l'inflation n'est pas la seule chose à prendre en compte, et le raisonnement complet devrait tenir compte des éléments spécifiques à chaque affaire, notamment l'utilisation que compte faire le vendeur de l'argent gagné et la variation des prix (qui se superpose à l'inflation) dans le secteur en question. Si par exemple durant la même période le prix d'un fonds de commerce a augmenté de 30 % dans les trois pays et que les trois personnes veulent acheter un fonds de commerce, alors les trois ont perdu de l'argent durant cette période, et il aurait mieux valu pour elles d'acheter directement le fonds de commerce.

5.6. Inflation et troubles sociaux

L'inflation peut déclencher ou aggraver des troubles sociaux, lesquels peuvent faire chuter un gouvernement. Par exemple, l'inflation est considérée comme une des raisons ayant poussé la population dans la rue lors de la révolution égyptienne de 2011 et lors de la révolution tunisienne de 2011.

5.6.1. L'inflation psychologique et l'illusion monétaire

L'inflation est un phénomène assez important pour que tout le monde en fasse sa propre estimation, mais cette évaluation est entachée de nombreux biais cognitifs. Outre que l'inflation *n'est pas* la simple hausse des prix des biens de consommation, c'est encore moins la hausse des prix de biens ou services qui frappent le plus l'esprit par leur répétition (l'achat de pain quotidien par exemple ; son importance symbolique est très supérieure à sa place dans le budget) ou les circonstances (service d'un plombier pendant un dégât des eaux par exemple), pendant qu'on ignore les biens dont les prix restent stables. *L'inflation psychologique* est différente de celle calculée en pondérant correctement, ce qui conduit parfois à des polémiques sur la crédibilité des organes officiels de mesure de l'inflation.

L'illusion monétaire est, en sens inverse, ce biais cognitif qui consiste à raisonner en monnaie courante, sans tenir compte de l'inflation. Cette illusion conduira par exemple :

- à surestimer la hausse du prix des biens qui ne font que suivre l'inflation (par exemple si l'inflation est de 10 %, un bien qui suit strictement l'inflation a un prix qui semble monter de 10 % alors qu'il ne fait que rester constant en terme réel) ;
- à négliger la baisse réelle du prix d'un bien dont le prix nominal est resté identique dans une période d'inflation ;
- et inversement dans une période de déflation.

5.6.2. Les agents économiques agissent sur l'inflation

- Révision des anticipations ;
- Indexation des salaires ou des revenus, clauses de révision des prix ;
- Hausses préventives ;
- Préférence pour les actifs (contre la liquidité) ;
- Spirales inflationnistes.

5.6.2.1. Régulation de l'inflation

On dispose de plusieurs instruments pour influer sur l'inflation, ou si nécessaire pour mettre fin à une hyperinflation. Pour une meilleure efficacité, il faut que ces différents moyens soient utilisés dans le même sens (par exemple, une politique budgétaire expansionniste et la politique monétaire restrictive vont se contrarier), notamment si ce sont des autorités différentes qui en sont responsables.

5.6.2.2. La politique monétaire

C'est de nos jours le principal outil de régulation de l'inflation.

Les autorités monétaires (banques centrales en général) injecteront des liquidités par différentes méthodes (planche à billets, achat de titre, baisse du taux d'intérêt des emprunts ou des placements qu'on peut faire directement auprès de la Banque centrale, etc.) pour faire remonter la masse monétaire et donc le niveau d'inflation (l'objectif étant en général une inflation faible, mais non nulle, pour éviter la déflation) ; pour faire baisser l'inflation, elles agiront en sens inverse (arrêt de la planche à billets, vente de titre, augmentation du taux directeur, etc.).

La manipulation du taux directeur, outre qu'elle agit directement sur la masse monétaire, a d'autres effets économiques qui influeront sur l'inflation. Répercutée par les institutions financières sur leurs taux d'intérêt commerciaux (proposés aux entreprises, aux ménages, etc.), elle se traduit par une variation de la demande et de l'investissement (qui montent quand il est peu coûteux de s'endetter et baissent dans le cas contraire). Le ralentissement de la demande (en cas de hausse du taux directeur) a généralement pour effet de faire baisser les prix (c'est-à-dire une baisse de l'inflation) ; inversement, la baisse du taux directeur favorise l'endettement, stimule la demande et peut conduire à la hausse de l'inflation.

En régime de libéralisation financière, une hausse du taux directeur destinée à freiner une économie en surchauffe peut générer des effets pervers qui contrarient les objectifs visés. La hausse des taux d'intérêt attire les capitaux étrangers à la recherche de meilleurs rendements. Cette abondance de capitaux contrarie le freinage souhaité. Les pays d'Europe centrale et orientale (PECO) se sont trouvés devant ce dilemme dans les années 1990, et principalement la Pologne et la

République tchèque. Inversement, une baisse des taux directeurs est susceptible de faire fuir les capitaux locaux ou étrangers et limiter les capacités de crédits que l'on voulait favoriser. Il s'agit là d'un des cas du théorème d'impossibilité évoqué par Michel Aglietta. On ne peut avoir à la fois un système national de contrôle prudentiel, un marché mondial de capitaux et une inflation contrôlée.

Les anticipations des agents sont déterminantes, de sorte qu'il suffit souvent d'une annonce par les autorités monétaires qu'elles envisagent telle ou telle action, pour que les agents économiques ajustent leurs anticipations et que la masse monétaire et l'inflation en soient affectées.

5.7. La politique budgétaire et fiscale

L'équilibre des forces entre offre et demande est un déterminant important des prix, donc de l'inflation. Or, la politique budgétaire et fiscale peut être utilisée sur les deux termes de l'équation :

- Pour stimuler ou, au contraire, ralentir la demande dans un secteur donné, et même, pour la doctrine keynésienne, la demande globale. On baissera l'inflation en baissant la demande dans les secteurs où les prix augmentent le plus, éventuellement en augmentant la demande dans des secteurs où les prix dépriment ;
- En stimulant la production (quand cela est possible) dans les secteurs où les prix augmentent (on parle de politique de l'offre), il est parfois possible d'augmenter l'offre, et limiter ainsi la hausse des prix ;
- Inversement, en rationnant encore plus fort (par une fiscalité augmentée) la disponibilité de produits dont il n'est pas possible d'augmenter l'offre indigène (exemple : produits pétroliers), on limite la portée et l'influence de la hausse des prix de ce secteur sur l'indice général des prix (si la hausse du prix a une influence suffisante sur les volumes consommés) et on stimule le développement d'une offre alternative indigène (exemple : marché des économies d'énergie).

Il s'agit d'une politique visant à exacerber les forces naturelles du marché.

Ce genre de politiques a des aspects fortement impopulaires, puisqu'elle consiste en pratique à réduire le pouvoir d'achat, à rendre encore plus chers (en termes réels), voire indisponibles, les produits les plus demandés, dont il s'agit paradoxalement de juguler la hausse, même si, éventuellement, des produits qui n'augmentent pas autant sont rendus plus accessibles. On les accuse fréquemment de n'être que des politiques de rigueur, reproche adressé par des tenants d'une politique de la demande et d'une politique de relance, ainsi, du côté libéral du spectre, d'être des politiques interventionnistes dont la pertinence n'est pas plus assurée que les politiques opposées.

5.7.1. La politique de change et la caisse d'émission

La politique de change permet de faire varier la valeur de la monnaie d'un pays par rapport aux devises extérieures. Par exemple, pour augmenter la valeur de la devise nationale (ou, de façon équivalente, pour en freiner la chute quand cette devise est « attaquée »), on rachète la devise nationale sur les marchés des changes (ce qui implique de céder des devises étrangères, ou des biens de valeur comme l'or), ce qui conduit à une appréciation de la monnaie nationale. À l'inverse, quand un pays veut diminuer la valeur de sa monnaie, il achète des devises étrangères avec de la monnaie nationale (dévaluation, ou dépréciation de la monnaie nationale).

Un système de caisse d'émission ou *currency board* est l'application extrême d'une régulation de la valeur de la monnaie par la politique de change. Cela consiste à adosser la devise nationale à une monnaie étrangère dont la valeur est reconnue (ou un panier de monnaie). La valeur de la monnaie est ainsi stabilisée. Toutefois, l'État n'a plus la possibilité de financer son déficit budgétaire, ni de profiter des revenus issus de l'émission monétaire seigneuriage en faisant tourner la planche à billets, la monnaie locale ne pouvant être créée qu'en fonction des entrées dans les caisses de la Banque centrale de la monnaie de référence. La caisse d'émission est donc efficace pour mettre fin à une politique monétaire victime de chocs hyper-inflationnistes. Le danger réside cependant dans le fait que bien souvent, la devise nationale n'a en réalité pas la même valeur que la monnaie de parité. Cela peut notamment aboutir, via les mécanismes de marché, à faire naître une crise de confiance dans la capacité de la Banque centrale à maintenir la parité. Dans certaines conditions, la seule solution pour la Banque centrale est d'en sortir, mais cette sortie ne se fait pas sans douleur, à l'image de la crise argentine de 2001 et de son *corralito*.

En outre, la politique de change peut avoir des effets sur l'inflation, par le biais de la balance commerciale. En effet, en jouant sur la valeur de la devise nationale, l'État peut favoriser l'exportation (en dépréciant sa monnaie) ou rendre l'importation moins coûteuse (en appréciant sa monnaie). Cette dernière solution peut être utile pour diminuer l'inflation, surtout lorsqu'il s'agit d'inflation importée. Apprécier la monnaie peut aussi, théoriquement, agir sur la demande en freinant celle-ci, ce qui peut entraîner une diminution des prix (et donc une baisse de l'inflation) si l'inflation est causée par une demande trop forte.

5.7.2. Le contrôle des prix, des salaires

Le contrôle des prix et des salaires est une mesure qui a une portée plus vaste et plus générale que le contrôle de l'inflation (en temps de guerre par exemple), mais il a aussi été utilisé spécifiquement pour combattre l'inflation. Cette méthode a connu des échecs retentissants (par exemple, la loi du maximum général en 1793 en France, ou le contrôle général par l'administration Nixon en 1972 aux USA), cependant, combinée à d'autres mesures dans un plan plus vaste, on lui reconnaît quelques succès (« Prices and Incomes Accord » en Australie ou « Akkoord van Wassenaar » aux Pays-Bas, tous deux dans les années 1980).

C'est que, s'il est facile de décréter un prix ou un taux d'évolution maximum, le faire appliquer est une affaire bien plus complexe. De plus, un prix maximum trop bas fait fuir les producteurs et raréfie la marchandise visée ; les producteurs se dirigent vers d'autres productions non taxées, ou d'autres clientèles (marché noir, marché étranger) ; et ce, alors que le prix bas augmente la demande. Il en résulte, paradoxalement, une forte pression inflationniste. La mesure a toutefois l'avantage de pouvoir s'appliquer immédiatement.

Un contrôle des prix et des salaires a plus de chance de fonctionner s'il est accepté par la société (notablement les syndicats, comme dans les exemples australiens et hollandais), mais il comporte de toute façon des aspects impopulaires.

Globalement, l'idée dominante est donc qu'un tel contrôle ne peut être que temporaire, le temps que des mesures réellement efficaces, mais plus lentes, fassent effet.

5.7.3. Indexation et désindexation

Lorsque l'inflation est engagée dans une spirale inflationniste nourrie par des indexations automatiques de salaires ou de prix sur la hausse précédemment constatée, on se dégage de cette spirale par une désindexation. En cassant les mécanismes d'indexation, on supprime un des aliments de l'inflation.

5.7.4. Changement de monnaie

Lorsque l'inflation est trop forte, il arrive que la solution réside dans un changement complet de monnaie. La nouvelle monnaie doit avoir une valeur stable, ce qu'on peut réaliser en l'adossant à des actifs réels et reconnus (comme le Rententmark, qui jugula l'hyperinflation de la République de Weimar en 1923).

5.8. Évolution de l'inflation (XVIIIe, XIXe et XXe siècles)

Selon l'économiste Thomas Piketty, mis à part certains soubresauts, ayant duré quelques années voire parfois quelques décennies, durant lesquels se sont manifestés de fortes variations des prix qui ont toujours finis par se résorber, l'inflation est « ... dans une large mesure [un phénomène] du XXe siècle ». De façon générale, poursuit-il, pour les quatre pays que sont la France, l'Allemagne, le Royaume-Uni et les États-Unis, l'inflation s'est maintenue à un taux moyen de 0,2 %-0,3 % par an pour la période 1700 à 1913. Cette période se caractérise par une stabilité monétaire. Il en résulte un taux de change quasi fixe entre les devises des pays concernés ayant perduré durant ces deux siècles.

À partir de la Première Guerre mondiale et ce, pour la période 1913-1950, la France connaît une inflation de 13 % par an en moyenne et l'Allemagne de 17 % par an en moyenne (soit une multiplication des prix respectivement par 100 et par 300 pour cette période). Pour le Royaume-Uni et les États-Unis, l'inflation se serait maintenue autour de 3 % par an pour la même période. Pour la période 1950-1970, l'inflation s'est située en moyenne entre 2 % et 6 % par an. Elle est marquée à nouveau par une hausse pour la période 1970-1990 allant jusqu'à 10 % par an pour le Royaume-Uni et 8 % par an pour la France. La période 1990-2012 voit l'inflation revenir à un taux moyen de 2 % par an, toujours pour les quatre pays en question.

5.8.1. Aperçu historique des théories économiques de l'inflation

5.8.1.1. Les prémices de l'analyse classique

À l'époque des grandes découvertes en Amérique du Sud au XVIe siècle, l'Espagne et le Portugal découvrent des quantités massives d'or et les importent en Europe. Cette période s'appelle le bullionisme, c'est un moment d'une extrême prospérité où l'or est abondant.
Certains financiers vont alors s'interroger sur la monnaie et son rôle, notamment Thomas Gresham avec sa Loi de Gresham. La monnaie repose sur un système de parité avec l'or : chaque pièce contient une somme d'or qui en fait sa valeur. Or, quand la quantité d'or augmente, son prix va baisser, et donc la valeur des pièces d'or de l'époque diminue : c'est la première observation de l'inflation, et elle amorce alors l'idée de la future théorie quantitative de la monnaie.

L'analyse économique de l'époque est essentiellement mercantiliste, selon cette théorie, chaque pays se doit d'accumuler de l'or et d'exporter pour devenir prospère. Jean de Malestroit et Jean Bodin sont connus pour leurs réflexions sur le rôle de la monnaie.

5.8.1.2. Selon la doctrine des effets réels

Cette école considère que toute monnaie est représentative d'actifs, qui ne sont pas nécessairement que l'or ou l'argent-métal comme le pense le bullionisme, mais peuvent être n'importe quelle valeur financière suffisamment liquide (un stock de marchandises, des actions ou des obligations, etc.). Dans ces conditions, la valeur de la monnaie est dépendante de la valeur des actifs qui sont utilisés comme garantie pour l'émission monétaire, et il y a inflation ou déflation lorsque la quantité de monnaie émise (billets, etc.) ne correspond plus à la valeur réelle des actifs sous-jacents :

- Si le prix de ces actifs diminue, la valeur de la monnaie diminue aussi (ex. : la chute du système de Law à la suite de la dévalorisation des colonies supposées garantir la valeur des billets) ;

- Si l'émission est excessive par rapport à la valeur des biens qui servent de gage, la valeur de la monnaie diminue aussi (ex. : effondrement de la valeur des assignats) ;
- Inversement, une déflation peut apparaître si le collatéral voit sa valeur croître (en pratique, toutefois, l'émetteur de monnaie ne se privera pas d'accroître son émission pour empocher cette valeur, ce qui rend ce cas improbable).

5.9. L'analyse classique de l'inflation

5.9.1. Théorie quantitative de la monnaie

En 1911, Irving Fisher va être le premier économiste à modéliser mathématiquement l'inflation, en s'inspirant du bullionisme espagnol (théorie quantitative de la monnaie). Il met en évidence une relation linéaire entre la quantité de monnaie et le niveau général des prix : où interviennent la masse monétaire, la vitesse de circulation de la monnaie, le niveau des prix et le nombre de transactions pendant une période donnée.

La fonction principale de la monnaie est de permettre des transactions monétaires (par opposition au troc).

Trois paramètres fixent la quantité de monnaie nécessaire :

- Le nombre de transactions, lié aux biens de consommation échangés d'une part et aux actifs d'autre part ;
    - Si la population échange deux fois plus de biens de consommation, par rapport à une situation de référence, elle a besoin de deux fois plus de monnaie (à vitesse de circulation de la monnaie constante) pour ce type de transaction. Compte tenu de la faiblesse du marché d'occasion des biens de consommation, on peut évaluer la mesure des échanges à la mesure de la production et donc à la croissance économique ;
    - Si la population échange deux fois plus d'actifs, soit qu'elle en produise plus (investissement dans des outils de production), soit qu'elle échange plus souvent le stock d'actifs existant (le stock de maisons, d'actions,

d'œuvres d'art circule de façon plus rapide), elle a besoin de deux fois plus de monnaie (à vitesse de circulation de la monnaie constante) pour ce type de transaction.

- La vitesse de circulation de la monnaie (si elle circule deux fois plus vite, on en a besoin de deux fois moins pour faire les mêmes transactions). Ce paramètre est difficile à mesurer, et en pratique on l'évalue par la quantité de transactions réalisées ;
- Et, bien sûr, la valeur nominale de la monnaie (avec une monnaie deux fois mieux valorisée, on a besoin de deux fois moins d'unité monétaire pour la même transaction). C'est sur ce paramètre que joue l'inflation. Mais comme la monnaie est l'étalon universel de valeur, sa valeur relative est fixe et toujours égale à un, ce qui n'apporte aucune information sur la valeur « absolue » de la monnaie. Pour contourner la difficulté et estimer la valeur de la monnaie, on utilise comme référence la valeur d'échange en biens de consommation associée à cette même monnaie, mais à une époque antérieure, et on s'intéresse à sa variation relative (un pourcentage, positif lorsque l'ancienne monnaie avait une valeur inférieure) : c'est l'inflation.

Il en résulte que la hausse du niveau général des prix à moyen terme (si on suppose la vitesse de circulation constante) ne dépend que du rapport entre la masse monétaire et le PIB.

Le modèle classique repose sur l'idée de prix relatifs, chaque agent avec son revenu doit choisir entre deux biens selon l'utilité qu'il tire de la consommation de chacun des deux biens. Le prix des biens se fera donc selon le plaisir qu'il en tirera au détriment de l'autre bien. La monnaie est totalement absente, d'où l'utilisation de la maxime de Jean-Baptiste Say, « La monnaie n'est qu'un voile », pour qualifier la neutralité de la monnaie.

On parle alors d'une dichotomie entre la sphère réelle (la production) et la sphère financière (la demande de monnaie). La monnaie n'est qu'un voile qui sert juste comme instrument d'échange sur un marché et ne peut être désirée pour elle-même, ce qui sera remis en cause d'abord par les cambridgiens, puis par Keynes.

5.9.2. La demande de monnaie

Alfred Marshall et Pigou, deux économistes classiques de l'université de Cambridge, vont créer l'équation de Cambridge. Elle traduit une fonction de demande de monnaie : c'est une légère rupture avec la pensée classique orthodoxe, car elle admet que la monnaie est désirable. Elle va établir un lien entre la quantité de monnaie demandée pour motif de transaction et le produit intérieur brut. Soit, en notant l'indice de prix agrégé du PIB et la vitesse de circulation de la monnaie, dite ici vitesse-revenu (c'est le nombre de fois où un actif monétaire change de mains au gré de la distribution du revenu). Néanmoins, cette équation redonne exactement les mêmes résultats que la théorie quantitative de la monnaie.

5.9.4. L'école keynésienne

La théorie keynésienne résulte d'une longue critique de la théorie classique par son père Keynes et ses proches, les post-cambridgiens. Deux livres fondateurs vont présenter une pensée totalement différente de la pensée classique, d'abord par *Treatise on Money* suivi de la célèbre *Théorie générale de l'emploi, de l'intérêt et de la monnaie*.

La monnaie est désirable pour elle-même, en effet les agents désirent et veulent de la monnaie, on parle de demande d'encaisse, pour trois motifs :

- **Précaution :** Keynes parlait d'incertitude radicale, les agents ignorent l'avenir, et donc dans le but de diminuer le risque face à l'incertitude, les agents demandent de la monnaie au cas où. C'est une des raisons de la constitution d'une épargne ;
- **Transaction :** les individus demandent de la monnaie afin d'échanger, c'est la demande classique que l'on peut rapprocher avec l'équation de Cambridge ;
- **Spéculation :** les agents sont amenés à spéculer. Keynes fait appel à une explication psychologique, un *animal spirit* (l'esprit vital, l'enthousiasme) du spéculateur doté d'une *abondante libido pour la liquidité* (théorie générale).

En cas de crise, les incertitudes poussent les agents à augmenter leur demande de monnaie (augmentation de l'épargne et spéculation négative), réduisent la demande de biens et l'investissement, augmentent les exigences de rentabilité (le taux d'intérêt, qui traduit l'arbitrage entre la détention actuelle ou future d'un capital), ce qui renforce la dépression et valide les anticipations négatives. Keynes attribue la Grande Dépression à l'insuffisance de la demande qui fait chuter l'économie dans un équilibre de sous-emploi. C'est une remise en cause fondamentale de l'équilibre général walrasien. La monnaie cesse d'être considérée comme neutre.

5.9.4.1. Les descendants de Keynes

Quelques années après la mort de Keynes (1947), William Phillips publie sa célèbre courbe en 1958 qui met en évidence (après analyse par Paul Samuelson et Robert Solow) une relation entre inflation et chômage. Cette relation va provoquer un réel engouement parmi les keynésiens qui se sont scindés en deux branches : les néo-keynésiens (école de la synthèse néo-keynésienne), et les postkeynésiens.

5.9.4.2. L'analyse de la synthèse néo-keynésienne

Les néo-keynésiens lient croissance, chômage, politique monétaire et inflation.

- La loi d'Okun est une loi empirique bien vérifiée qui lie croissance et chômage, avec le chômage qui baisse ou monte selon que la croissance est au-dessus ou en dessous d'un taux de croissance pivot (interprété comme celui qui absorbe l'augmentation de main d'œuvre et celle de la productivité) ;
- La courbe de Phillips est une relation empirique établie en 1958 qui lie inflation et chômage ;
- Les keynésiens y voyaient un arbitrage possible entre les deux. Malheureusement, des contre-exemples sont apparus (stagflation qui combine chômage et inflation, et inversement période de plein-emploi sans inflation) ;
- Le modèle IS/LM lie revenu, épargne et investissement, qui déterminent la croissance, au marché monétaire qui détermine l'inflation.

Grâce à cet enchaînement, le modèle keynésien explique les variations de l'emploi durant les années 1960 et permet de mener des politiques monétaires inflationnistes qui ont fait diminuer le chômage. On parle d'un arbitrage entre inflation et chômage.

Ce modèle montrera ses limites avec les chocs pétroliers, l'application des préconisations keynésiennes ne faisant qu'augmenter encore plus le chômage. Cela permettra l'ascension des monétaristes.

D'autres modèles néo-keynésiens, plus radicaux dans la remise en cause de l'équilibre général, vont tenter d'expliquer l'inflation ; un des modèles les plus modernes étant l'équilibre général avec rationnement mené par Robert Clower et Axel Leijonhufvud.

5.9.4.3. L'analyse postkeynésienne

Les postkeynésiens sont des économistes qui se situent dans la pure tradition keynésienne. Ils remettent en cause la théorie quantitative de la monnaie, car ils voient l'inflation comme indépendante de la création monétaire. Selon eux, l'inflation provient d'une tension sur le partage des revenus. Plusieurs raisons sont données :

- Lors d'une hausse des coûts de production (matières premières, salaires, prix), notamment lors des chocs d'offre pétroliers ;
- Lorsque les entreprises augmentent leurs prix pour conserver leurs marges. Cette inflation peut résulter notamment d'une trop forte concurrence internationale ;
- L'inflation s'avive quand la croissance s'accélère et que le chômage baisse, l'ajustement ne se fait plus par les quantités, mais par les prix sur le marché du travail. En effet, les salariés sont en mesure de mieux négocier leurs salaires, cela est net lorsque l'on est en plein-emploi.

5.9.4.4. L'analyse monétariste

Le courant monétariste a été initié par l'économiste américain Milton Friedman, prix Nobel d'économie 1976. Analysant lui aussi la Grande Dépression, Friedman estime qu'elle est due à une expansion déraisonnable du crédit, qui a provoqué une bulle spéculative dont l'éclatement marque le début de la crise, suivie d'un dégonflement tout aussi déraisonnable de la masse monétaire (réduite d'un tiers entre 1929 et 1933), qui a étranglé l'économie. Or, la première partie du cycle est exactement le genre de politique que préconise Keynes. La conclusion de Friedman est donc que la manipulation de la masse monétaire est effectivement active sur l'économie, mais seulement à court terme et dans un sens négatif, soit en stimulant artificiellement le système économique en cas d'excès, soit en l'étranglant en cas de défaut. À moyen terme, sur un cycle complet, pour le monétariste, la monnaie retrouve sa neutralité, liée aux caractéristiques économiques du pays (le niveau normal de préférence pour la liquidité par exemple).

Dans ce cadre, il considère que l'arbitrage entre inflation et chômage que la courbe de Phillips présente est un leurre : une réduction de chômage obtenue par hausse de l'inflation va rapidement conduire à une nouvelle hausse du chômage avec un niveau d'inflation plus élevé, poussant le pays vers la stagflation ou l'hyperinflation.

En opposition à la pensée keynésienne, la fonction de demande de monnaie est considérée comme stable, alors que la fonction de consommation keynésienne est estimée instable. La disparition de l'arbitrage inflation-chômage tient du fait des anticipations adaptatives des agents économiques : à court terme, lors de la négociation des salaires, ils ne connaîtront pas parfaitement l'inflation et feront de mauvaises anticipations de telle sorte que leur salaire réel va diminuer, et diminuera dans le même temps le chômage. Par contre, à long terme, ils changeront de cadre d'évaluation (au lieu des « prix », on s'intéressera au « pouvoir d'achat »), l'illusion monétaire sera identifiée et combattue par les agents économiques, les politiques monétaires expansionnistes seront identifiées comme trompeuses et deviendront inefficaces, le chômage reviendra à son niveau naturel.

Les monétaristes en déduisent qu'il ne faut pas jouer avec la monnaie, que la politique monétaire ne doit pas subir l'influence de la politique, et donc qu'elle ne doit pas être confiée au gouvernement, mais plutôt à des banques centrales indépendantes, et que ces dernières doivent appliquer des règles stables, claires et publiques visant une quasi-stabilité du niveau des prix. La Banque centrale européenne en est un bon exemple actuel.

5.9.4. La nouvelle école classique

Robert Lucas développera le principe d'anticipation rationnelle, c'est une critique des anticipations adaptatives de Friedman. L'anticipation rationnelle stipule que les agents vont agir en moyenne de façon à anticiper au mieux l'inflation. On peut donc considérer que les salaires vont être indexés sur l'inflation.

C'est une hypothèse très forte qui a pour conséquence le rejet de toute intervention de l'État dans sa lutte contre le chômage, et prouverait que la courbe de Phillips serait totalement erronée.

5.10. Inflation vaincue au quotidien en RDC

Après deux ans de stabilité du taux d'échange en RDC, une dépréciation très forte face au dollar américain frappe le pays depuis janvier, entraînant une inévitable hausse des prix.

En 2016, 1 dollar s'échangeait à 920 francs congolais. Aujourd'hui, le taux officiel a augmenté de 43 %, passant à 1 450 francs pour 1 dollar, voire 1 500 à 1 650 francs sur le marché noir.

La politique monétaire de la République démocratique du Congo a fait de la stabilité des prix son cheval de bataille, s'inspirant ainsi du courant monétariste qui stipule que l'accroissement de l'offre de la monnaie n'a pour effet à long terme que « l'inflation ». Dans cette perspective, l'inflation n'est qu'un phénomène monétaire par son origine, ses manifestations et sa propagation.

Pourtant, J. Nsomue illustre un fait remarquable concernant l'inflation congolaise qui avait atteint 526,6 % l'année 1999 contre 126,3 % une année plus tôt alors que pendant cette même année, la masse monétaire globale s'était… contractée de 36,0 %. Cet exemple, pris parmi tant d'autres, tend à prouver que l'inflation congolaise n'est pas seulement et toujours d'origine monétaire. Il faudrait, pour la maîtriser, la saisir sous toutes ses formes et en connaître les causes.

C'est dans ce même ordre d'idée que T. Kabeya estime que l'inflation congolaise est loin d'être seulement d'origine monétaire ; pour sa part, il dresse une liste des facteurs d'ordre structurels qui sont dus aux goulots d'étranglement et qui expliqueraient les *fluctuations* de l'inflation qui rendent celle-ci presque insaisissable.

Ces facteurs sont entre autres :

1. L'extraversion élevée de l'économie congolaise qui fait que celle-ci reçoit beaucoup plus des biens et services de l'extérieur et qui la rend très exposée à l'inflation importée ;

2. La diversité constante des circuits employés par l'économie pour s'approvisionner faisant que les conditions pour faire parvenir les produits sont également diversifiées ;

3. Une hyper fragmentation de l'espace économique national engendrant des écarts de prix phénoménaux à l'intérieur ;

4. L'étroitesse du secteur des échanges marchands caractérisé par une distribution « poissonnière » ; le climat des affaires délétère de la RDC induit que l'offre peine à émerger d'où une inflation par *manque d'offre et de concurrence* ;

5. Instabilité des modèles de consommation due au fait que les gens consomment beaucoup plus sur base d'un réflexe de survie à cause de la faiblesse du revenu ;

6.Éventail étroit de financement des déficits publics qui, souvent, tentent le gouvernement de céder à la séduction du financement monétaire qui, mal utilisé, n'est porteur que de germes inflationnistes.

Par ailleurs, il sied de noter que le processus *inflatoire* passe par 4 étapes, à savoir :

- L'inflation courte et cumulative avec un taux d'inflation allant jusqu'à 2 % l'an ;
- L'inflation rampante ou déclarée avec un taux de 3 % à 5 % pour les économies développées et 3 % à 20 % pour les pays sous-développés ;
- L'inflation déclarée ou ouverte avec un taux d'inflation de 20 % à 100 % ;
- L'inflation galopante ou hyperinflation qui est caractérisée par un taux d'inflation au-delà de 100 %.

L'inflation a connu en RDC une évolution phénoménale pendant les deux décennies passées et a donc transité par toutes les étapes du processus inflatoire : dans un tableau de K. Kabuya et M. Tshiunza, le taux moyen d'inflation s'est élevé à 60,6 % de 1980 à1988, 1887,3 % de 1989 à 2001. On pourrait bien se demander quelle serait l'origine de l'inflation congolaise pendant tout le processus inflatoire des années avant le XXIe siècle étant bien entendu qu'en dehors des causes monétaires, l'inflation peut également être causée par une insuffisance de l'offre, par la présence de coûts importants pour les entreprises qui les répercutent sur leur prix de vente (inflation par les coûts). Ou encore, comme le pense T. Kabeya, l'inflation peut être également causée par des distorsions et des goulots d'étranglements au sein de l'économie, sans oublier, élément majeur en Afrique, les guerres qui perturbent la circulation des biens des lieux de production vers les lieux de consommation.

Cependant, N. Ngonga *et al.* affirment que seule l'inflation d'origine monétaire peut franchir toutes les étapes jusqu'à l'hyperinflation, alors que l'inflation par les coûts et/ou structurelle s'arrête seulement au niveau de l'inflation modérée ou rampante.

Il est vrai que pendant la décennie 1990, la *principale* cause de l'inflation est restée le déficit budgétaire dont le financement se faisait par les avances de la Banque centrale au profit du Trésor qui conduisait à l'augmentation des prix intérieurs. Cette situation a perduré durant toute la décennie, quand bien même la Banque centrale s'était fixé un seul objectif, celui de lutter contre l'inflation. L'inflation congolaise a connu toutes les phases possibles jusqu'à l'hyperinflation avant d'être relativement maîtrisée en 2002 ; le taux d'inflation a été ramené de 511 % en 2000 à 135 % en 2001 et 15,8 % en 2002 suite à une cure (le programme intérimaire renforcé ou PIR) administrée à l'économie congolaise par les bailleurs internationaux comme condition préalable pour renouer avec eux.

Tableau n°1 : 1990-2010

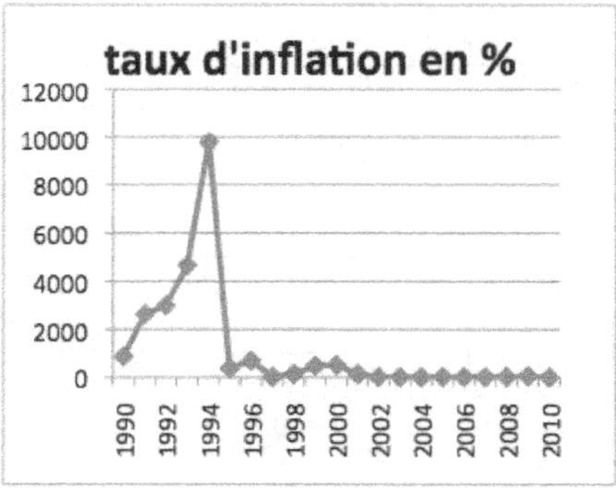

Tableau n°2 : 2002-2012

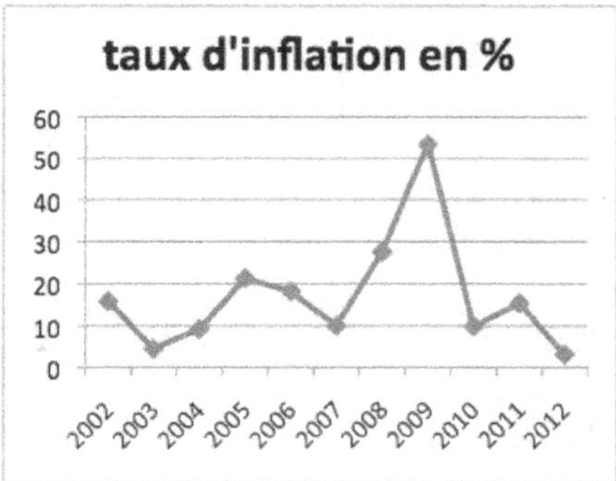

Par ailleurs, on peut constater, comme ceci a été le cas dans certains pays en développement qui souffraient d'hyperinflation, que le processus de réforme débouche parfois, une fois la crise passée, sur des taux de croissance bien supérieurs à ceux connus pendant la crise. C'est ainsi qu'après la réforme du PIR, la série de taux de croissance économique négatifs a été rompue, ces derniers passant à 2,1 % en 2001 ou 3,5 % en 2002.

Après avoir cassé l'hyperinflation, l'inflation, bien que faible, a adopté un comportement volatile qui continue de brouiller les anticipations des agents économiques. C'est donc désormais les causes non monétaires de l'inflation congolaise qu'il faut traiter.

L'histoire démontre que l'inflation congolaise est multidimensionnelle et non strictement monétaire. Elle est aujourd'hui plutôt due à d'autres facteurs dont la faiblesse du tissu entrepreneurial, du fait d'un climat des affaires peu favorable, rendant le pays dépendant aux aléas d'approvisionnement.

5.11. Évolution des facteurs de la liquidité bancaire

À la fin du premier semestre 2016, l'interaction entre les facteurs autonomes et institutionnels de la liquidité bancaire s'est traduite par une ponction de la liquidité au-delà du niveau programmé. En effet, la liquidité bancaire s'est contractée de 151,9 milliards de CDF, contre une ponction programmée de 53,9 milliards. Cette évolution est expliquée par des ponctions opérées tant par les facteurs autonomes qu'institutionnels.

Tableau d'évolution des facteurs de la liquidité (flux, en milliards de CDF)

	Décembre 2015-mars 2016			Décembre 2015-juin 2016		
	Programmation	Réalisation	Écart	Programmation	Réalisation	Écart
1. Facteurs autonomes hors circulation	21,6	24,3	2,7	41,8	-42,6	-84,4
2. Facteurs institutionnels	-24,3	42,9	67,2	95,7	109,3	13,6
Impact sur la liquidité (1-2) (*)	45,9	-18,6	-64,5	-53,9	-151,9	-98

Au premier trimestre, la même tendance était observée avec une ponction de 18,6 milliards de CDF contre une expansion programmée de 45,9 milliards de CDF. Toutefois, cette contraction est uniquement le fait de facteurs institutionnels, à hauteur de 42,9 milliards, alors que les facteurs autonomes ont injecté 24,3 milliards. Cette évolution se justifiait par les tensions observées sur le marché des changes, lesquelles ont entraîné un durcissement de la politique monétaire.

5.11.1. Facteurs autonomes

À la fin du premier semestre 2016, les facteurs autonomes ont entraîné une ponction de la liquidité alors qu'il était prévu son expansion. En effet, il a globalement été retiré de l'économie 42,6 milliards de CDF, contre une injection programmée de 41,8 milliards.

Ce comportement s'explique par une consommation des avoirs extérieurs nets de 237,8 milliards de CDF moins importante par rapport à la baisse prévue de 252,0 milliards. La baisse des avoirs extérieurs nets s'explique par des ventes des devises effectuées en vue de stabiliser le marché des changes dans le contexte de la faiblesse de leurs rentrées, suite à une conjoncture internationale défavorable.

Quant aux avoirs intérieurs nets hors Bon BCC et refinancements, ils se sont situés en deçà de la programmation, augmentant de 195,2 milliards de CDF, dégageant une marge de 98,6 milliards de CDF. Toutefois, il a été observé un dépassement de l'accroissement du crédit net à l'État de 21,3 milliards de CDF.

Au premier trimestre, en revanche, une évolution différente avait été notée. En effet, cette période avait été marquée par une injection de 24,3 milliards de CDF, contre une programmation de 21,7 milliards, la baisse des avoirs extérieurs nets ayant été quasiment compensée par la hausse des avoirs intérieurs nets. Ainsi, l'écart de 83,7 milliards de CDF enregistré au niveau des avoirs extérieurs nets a été contrebalancé par celui de86, 4 milliards des avoirs intérieurs nets. Toutefois, le crédit net à l'État a été contenu en deçà de la programmation, réalisant une hausse de 78,5 milliards de CDF contre celle programmée de 101,5 milliards.

La baisse des avoirs extérieurs nets s'explique par des ventes de devises effectuées en vue de stabiliser le marché des changes. Il a été observé un dépassement de l'accroissement du crédit net à l'État de 21,3 milliards de CDF.

5.11.2. Facteurs institutionnels de la liquidité

Les facteurs institutionnels de la liquidité bancaire ont opéré une ponction de 109,5 milliards de CDF, soit 13,6 milliards de plus que prévu. Ce dépassement est consécutif au comportement de l'encours de refinancement. En effet, ce dernier devrait croître de 19,3 milliards de CDF pour répondre au besoin de liquidité des banques. Suite à l'évolution défavorable de certains indicateurs pertinents de la conjoncture, une contraction du refinancement a été réalisée et son encours a enregistré une baisse de 51,8 milliards de CDF par rapport à fin décembre 2015.

La hausse du crédit net à l'État s'est accompagnée d'une consommation des réserves de change. Les facteurs institutionnels de la liquidité bancaire ont opéré une ponction de 109,3 milliards de CDF, soit 13,6 milliards de plus que prévu.

Par ailleurs, l'encours de Bon BCC n'a ponctionné que 3,0 milliards de CDF alors que la ponction attendue était de 8,0 milliards de CDF. La dépréciation de la monnaie nationale, dans le contexte de la constance du taux directeur, a réduit l'attractivité de ce titre.

Enfin, la réserve obligatoire a ponctionné moins que le niveau programmé, et ce, en dépit de la hausse de son coefficient intervenue au mois de février. La baisse des dépôts de la clientèle des banques, consécutive à la situation précaire de certaines banques locales, expliquerait cette situation.

Tableau d'évolution des facteurs institutionnels de la liquidité (en milliards de CDF)

	Décembre 2015-mars 2016			Décembre 2015-juin 2016		
	Programmation	Réalisation	Écart	Programmation	Réalisation	Écart
Facteurs institutionnels	-24,3	42,9	67,2	95,7	109,3	13,6
a) Encours bons BCC	11	36	25	8	3	-5
b) Réserves obligatoires	34,7	7,7	-27	107,2	54,5	-52,7
C) Encours refinancement	70	0,8	-69,2	19,5	-51,8	-71,3

Ainsi, le comportement des facteurs autonomes et institutionnels de la liquidité a entraîné une contraction de l'offre de monnaie.

Au premier semestre 2016, l'offre de la monnaie centrale a affiché une tendance globalement baissière, évoluant ainsi en deçà de son niveau programmé. À la fin juin, elle a décru de 8,2 % contre une hausse programmée de 1,2 %. En termes de niveau, elle s'est chiffrée à 1 170,2 milliards de CDF, soit une marge de 150,8 milliards par rapport à la programmation.

Cette contraction de la base monétaire est principalement expliquée par la baisse des avoirs extérieurs nets de 237,8 milliards de CDF.

L'analyse infra annuelle de la base monétaire au premier semestre 2016 révèle que son évolution mensuelle a été globalement baissière. Toutefois, suite à une hausse de 131,2 milliards des avoirs intérieurs nets au mois de mai, la base monétaire avait sensiblement grimpé de 59,2 milliards de CDF.

5.11.3. La masse monétaire

Contrairement à l'évolution de la base monétaire, la masse monétaire s'est accrue au premier semestre 2016. En effet, elle a augmenté de 3,4 % contre une hausse programmée de 2,7 %. À la fin juin, elle s'est établie à 4 506,4 milliards de CDF, soit un écart de 166,1 milliards par rapport à la programmation.

L'évolution de cet agrégat est expliquée essentiellement par la hausse des avoirs extérieurs nets contrebalancée par le recul des avoirs extérieurs nets. En effet, les avoirs extérieurs nets se sont accrus de 352,2 milliards, suite principalement aux effets combinés de la hausse du crédit au secteur privé et du crédit à l'État. Quant aux avoirs extérieurs nets du système bancaire, ils ont enregistré une baisse de 204,6 milliards de CDF, suite principalement à une décroissance de ceux de la Banque centrale pendant que ceux des banques commerciales ont enregistré une hausse de 33,3 milliards.

Suite à une hausse de 131,2 milliards des avoirs intérieurs nets au mois de mai, la base monétaire avait sensiblement grimpé de 59,2 milliards de CDF.

Contrairement à l'évolution de la base monétaire, la masse monétaire s'est accrue au premier semestre 2016.

L'évolution mensuelle de la masse monétaire laisse apparaître une forte contraction de 240,2 milliards de CDF au cours du mois de janvier à la suite d'un recul important des avoirs extérieurs et intérieurs nets. Par contre, pour les cinq mois suivants, la hausse de 387,9 milliards est consécutive à l'accroissement des avoirs intérieurs nets localisé au niveau de crédit au secteur privé et des créances nettes sur l'État.

Contrairement à l'orientation observée en 2015, la manipulation des instruments au premier semestre 2016 a été orientée dans le sens de ponction de la liquidité. Dans un contexte de contraction de l'offre des devises, cette action visait à contenir les pressions sur le marché des changes et maintenir ainsi la stabilité du cadre macroéconomique. En effet, bien que le taux d'intérêt directeur soit demeuré inchangé, l'instrument Bon BCC a permis de ponctionner de la liquidité. En outre, le coefficient de la réserve obligatoire appliqué sur les dépôts en devises a été revu à la hausse.

L'évolution mensuelle de la masse monétaire laisse apparaître une forte contraction au cours du mois de janvier.

La manipulation des instruments au premier semestre 2016 a été orientée dans le sens de ponction de la liquidité.

Le coefficient de la réserve obligatoire appliqué sur les dépôts en devises a été revu à la hausse.

Le taux d'intérêt directeur est demeuré constant à 2,0 %, au premier semestre 2016. Ce maintien a été consécutif à l'évolution de l'inflation qui s'est maintenue, en rythme mensuel, en deçà de sa cible de 0,35 %, et ce, en dépit de l'instabilité observée sur le marché des changes.

– Impact sur les taux moyens pondérés du Bon BCC

Le maintien constant du taux directeur n'a pas eu d'incidence majeure sur l'évolution des taux moyens pondérés du Bon BCC. Globalement, ces taux ont enregistré des hausses sur les maturités des 28 et 84 jours.

Ce comportement s'explique par l'augmentation des montants mis en adjudication visant à ponctionner la liquidité excédentaire et réduire ainsi les tensions sur le marché des changes.

Ainsi, la stratégie a consisté en des ponctions des avoirs des banques au moyen des titres de longue maturité. En conséquence, pour le Bon à 84 jours, le taux moyen pondéré est passé de 0,38 % à 1,38 % entre décembre 2015 et juin 2016.

Pour le Bon à 28 jours, son taux est passé de 0,51 % à 0,75 % et pour celui à 7 jours, de 0,47 % contre 0,25 % au mois d'avril. Par contre, aux mois de mai et de juin, les adjudications sur la maturité d'une semaine n'ont pas été organisées.

– **Évolution du refinancement**

Au premier semestre 2016, il a été noté un léger dynamisme au guichet de la Banque centrale tant au niveau des prêts à court terme qu'à celui des facilités permanentes.

Le guichet des prêts à court terme a été opérationnel alors qu'il était demeuré inactif au cours des années précédentes. Cette situation s'explique par les problèmes aigus de liquidité rencontrés par certaines banques locales. Ainsi, un refinancement global de 551,1 milliards de CDF a été accordé.

Pour ce qui est du guichet des facilités permanentes, en dépit du fait qu'il n'ait enregistré aucune opération entre avril et mai, un volume global de 1 837,8 milliards a été accordé contre 3 027,6 milliards de CDF à la période correspondante de 2015.

5.12. Monnaie : Zaïre et franc congolais

Le Congo a un long historique d'instruments monétaires depuis la période précoloniale : commençant par les coquillages (*quiranda, N'zimbu*) en passant par les tissus, les métaux et, pour terminer, les animaux domestiques. Aussitôt qu'elle entre en contact avec l'extérieur, d'autres instruments d'échange apparurent, dont les cauris, les tissus et les perles de fabrication européenne, le laiton d'origine européenne et... C'est avec l'indépendance qu'elle veut affirmer son autonomie en lançant sur le marché la monnaie fiduciaire.

Cette dernière, à l'heure actuelle, reste l'une des monnaies les plus instables du monde. D'apport parce qu'elle a été à plusieurs reprises démonétisée, et ensuite parce qu'elle a été dévaluée. Entre 1960 et 2007, diverses réformes monétaires ont été mises en place et la monnaie congolaise a été dévaluée quatorze fois. La dévaluation s'est imposée, à chaque fois, comme le principal instrument pour résorber les déséquilibres. Toutes ces dévaluations ont presque pour origine le déficit des finances publiques qui a dû être résorbé par la planche à billets.

Depuis l'indépendance, la RDC a adopté trois régimes de changes, à savoir :

- Régime de change fixe : 1960-septembre 1983 où la monnaie congolaise a été rattachée successivement au franc belge, au dollar américain et puis au DTS ;

- Régime de change contrôlé : septembre 1983-février 2001 ;
- Régime de change flottant : depuis février 2001.

De plus, dans la vie économique du Congo démocratique, il y a deux périodes où il est noté un véritable phénomène inflationniste de la nature de sous-développement. La première va de 1960 à 1967 et la seconde de 1990 à 1999. L'inflation de la première période « est une inflation du type institutionnel. Celle-ci trouve sa cause profonde dans la désarticulation de l'organisation politique dès l'accession du pays à l'indépendance. » La seconde est « caractérisée par des mutations politiques avec l'amorce du processus démocratique, mutations ayant les mêmes incidences économiques néfastes que durant 1960-1967, incidences liées à la faiblesse des gouvernements et à une gestion économique et budgétaire laxistes. »

Par ailleurs, l'histoire monétaire de la RDC se révèle être importante aux yeux des économistes dans la mesure où elle offre un champ d'études vaste et riche pour vérifier quelques théories de l'économie monétaire. Dans ce cadre, la réforme monétaire, par exemple, opérée le 22 août 1993 avec un changement de signes monétaires, illustre avec beaucoup d'évidence le rôle de l'élément confiance dans la monnaie. Suite au refus des deux provinces du Kasaï d'utiliser les nouveaux signes monétaires, il s'est créé, dans le pays, un nouvel espace monétaire où les anciens signes monétaires ont continué à circuler malgré leur démonétisation.

La masse monétaire doit être en équilibre avec la quantité des biens disponibles sur le marché. Pour protéger le niveau de vie de la population, l'État doit tout faire pour que la masse monétaire soit suffisante tout en assurant l'équilibre monétaire. Il faut harmoniser les deux (M et Q). Masse monétaire et Quantité des biens et services. Les autorités monétaires auront pour objectif essentiel de maintenir cette harmonie entre la masse monétaire disponible et la quantité des biens et services sur le marché. Leur travail consiste à adopter la quantité de monnaie à mettre sur le marché aux besoins réels exprimés. Ce principe doit être respecté en toute circonstance ; dans le cas contraire, il y aura déséquilibre et donc inflation.

5.13. Les institutions monétaires bancaires et financières

5.13.1. La Banque centrale

La situation de l'économie congolaise se reflète également dans ses politiques financières (de crédit et de change), dans les variations du crédit bancaire et dans ses indicateurs essentiels qui sont la valeur de la monnaie, le prix et le salaire et à travers eux, le niveau de vie de la population. Au moment de l'indépendance, la Banque centrale du Congo et du Rwanda-Burundi qui exerçait jusque-là les fonctions d'émission sera créée le 23 février1961, mais n'entrera en fonction que le 22 juin 1964. En 1972, elle prend la dénomination de la « BANQUE DU ZAÏRE ». Outre son rôle d'émission monétaire, elle est également responsable de la politique et de la réglementation du crédit et du change. Jusqu'à cette période, les crédits accordés par la Banque du Zaïre aux entreprises publiques non financières, aux entreprises particulières, sont extrêmement limités. C'est le crédit à l'État qui représente la plus grande partie de ses engagements. Ces engagements représentent environ 60 % du total jusqu'en 1973. Les mauvaises décisions de l'État ont fini par transférer la grande partie de la masse monétaire entre les mains de particuliers (consommateurs) et non dans les mains des producteurs. Les banques sont devenues liquides. La quantité de la masse monétaire détenue par les particuliers n'a fait qu'augmenter. Cette part s'accroît encore de manière vertigineuse en raison du financement monétaire du déficit budgétaire de l'État (90 % en 1978).

Les extérieurs finissent par disparaître. Cette tendance s'est encore aggravée depuis 1990 par la chute des exportations et l'absence quasi absolu de la production intérieure. L'indépendance statutaire de la Banque centrale s'impose comme le gage de succès d'un plan économique de la RDC. L'idée est de soustraire les autorités monétaires du libre arbitre gouvernemental pour lutter contre l'inflation.

Dans un pays comme la RDC, qui a une tradition de désordre monétaire séculaire couplé à l'instabilité politique, l'indépendance de la Banque centrale devrait s'inscrire dans la manière reconstitutionnelle. L'inscrire, comme c'est le cas actuellement dans la loi, nous paraît dérisoire et fragile face aux changements des majorités parlementaires.

Sur le plan organique, l'indépendance de la RDC doit être consacrée dans la procédure de nomination du gouverneur et de ses vices. Ceux-ci devraient être nommés et le cas échéant révoqués par le chef de l'État, sur proposition du gouvernement et après avis du sénat.

L'indépendance des banques centrales et le concept de crédibilité des autorités monétaires constituent des fondements de nouvelles politiques monétaires. Or, ce sont principalement ces deux fondamentaux qui ont fait longtemps défaut dans notre système d'organisation monétaire.

5.13.2. L'effondrement du système bancaire

Plusieurs éléments montrent qu'en dehors des banques de dépôt, les institutions financières non bancaires restent très peu développées. En 1990 par exemple, les dépôts bancaires ne représentaient que 10 % du PIB. Le système financier congolais s'est toujours caractérisé par une faible mobilisation de ressources. Or, un nombre croissant d'études montre qu'il est important de mettre en place un système financier solide et efficace pour assurer une croissance durable de l'économie.

Cependant, on constate que les banques commerciales, dont leurs missions principales restent la collecte des dépôts et la distribution des crédits, n'ont qu'insuffisamment attiré l'épargne du public : les dépôts à terme, gage de crédit d'investissement nécessaire à la croissance économique, ne représentent que moins de 10 % de liquidités intérieures et moins de 2 % du PIB.

La réparation géographique des institutions financières connaît un déséquilibre. Ainsi, les banques de dépôt sont toutes concentrées dans les zones urbaines et n'atteignent donc pas les populations rurales. À titre d'exemple, la région de la capitale, Kinshasa, compte à elle seule plus de 88 % des dépôts bancaires à terme et plus de 70 % de dépôts à vue. En 1987, le secteur bancaire dénombre 152 guichets permanents pour environ 33 millions d'habitants, soit un guichet pour 215,105 habitants par rapport à la superficie du territoire, cela équivaut à un guichet pour un peu plus de 1 542 km² (pour obtenir une idée, cela correspond presque à la superficie de l'État d'Hawaii aux USA).

La mobilisation des activités bancaires est cependant difficile compte tenu de la faible rentabilité qu'elle représente encore pour les banques. Le développement tentaculaire du système non officiel traduit également le fléau qui mue le système bancaire congolais. Plusieurs indicateurs montrent que ce secteur détient l'essentiel des ressources financières, tant en devises qu'en monnaie locale.

Notamment, la part relative de la monnaie hors banque dans le statut de la masse monétaire a atteint, selon la Banque centrale du Congo, 87,7 % (décembre 1995), soit 1 683 milliards de nouveaux zaïres sur un total de 1 927,9 milliards de nouveaux zaïres. Le grand défi pour le Congo sera de relancer la croissance. En effet, à aucun moment depuis 1980, le taux de croissance de l'économique congolaise n'a atteint le seuil critique de 4 % considéré comme minimum, au regard de la démographie galopante se traduisant par une diminution du revenu par habitant, -32,8 % entre 1990 contre seulement 1,5 % de la décennie précédente (1980-1990).

La portée générale des réformes indispensables pour remettre le pays sur le chemin d'une croissance équilibrée se décline sur le moyen et long terme. Cependant, il est possible dans le cadre d'un programme global d'urgence d'envisager quelques stratégies et mesures pour renverser la tendance et accroître ainsi l'offre des biens et services.

5.13.3. Les institutions financières spécialisées

Les institutions financières spécialisées au Congo sont l'ensemble des intermédiaires ayant pour rôle d'effectuer les opérations financières pour réaliser un gain. Ces institutions financières ont une vocation économique. Et ne rendent pas service comme les banques du fait qu'elles ne créent pas la monnaie et donnent seulement des crédits en long et moyen terme.

En RDC, on distingue sept institutions financières, à savoir :

La Société mobilière et immobilière (MOBIMO), la COFIKI (Compagnie financière de Kinshasa), la CADECO, l'INSS, la SONAS, la SOFIDE, la COCEC regroupant les COPEC.

5.13.4. Évolution de la monnaie, du dépôt et du crédit

Dès l'instant où une certaine division de travail apparut, sous la pression des circonstances, l'échange devint une nécessité.

À l'origine, il se faisait en nature (troc). Cependant, l'échange en nature entraînait des sérieux inconvénients qui se multipliaient à mesure que la population croissait en nombre et que la division du travail s'accroissait. Devenues marchandises (biens), la valeur d'échange parmi lesquelles, le fer, le bronze, le cuivre, l'ivoire, le bétail, le sel et les peaux ont rempli sans beaucoup de réussite les fonctions de monnaie ou valeur d'échange. Finalement, c'est l'or qui jouait le rôle de monnaie avec succès.

Ainsi, la monnaie est née d'une manière spontanée grâce aux échanges et elle n'est pas le produit d'une découverte ou d'une décision des autorités. Elle a tour à tour joué le rôle d'instrument de mesure de valeur, intermédiaire des échanges. Elle a été pièces d'or et d'argent, monnaie de banque papier monnaie et monnaie scripturale.

5.14. Politique du crédit et de change

Nous noterons que le crédit peut être : à court et à long terme, à la consommation et à la production, public et privé. Quant au change, deux opérations de change : celles du change sur place et celles du change titré. Le change sur place ou changement manuel consiste à échanger de la monnaie à la main, des pièces de monnaie étrangère ou des billets de banques étrangères contre la monnaie nationale ou inversement.

Le change tiré consiste à acheter ou à vendre dans un pays le droit de toucher à l'étranger une somme en monnaie étrangère. Ce droit est matérialisé soit par des effets de commerce tirés par les vendeurs de marchandises sur les acheteurs de marchandises aux vendeurs étrangers en paiement de leurs factures.

Le Congo, avec l'inflation qui a toujours frappé sa monnaie, après 1970, a vécu des moments difficiles où il ne pouvait plus opérer des transactions dans les chambres de commerce, c'est-à-dire que sa monnaie ne pouvait être cotée en chambre de commerce ou en chambre de compensation.

Notre politique de change mérite des correctifs. Dans le contexte de notre économie, caractérisée essentiellement par une pénurie structurale des réserves en devises, le régime de change flottant est le même approprié pour éviter systématiquement la surévaluation de la monnaie et maintenir les incitations correctes en ce qui concerne le commerce extérieur.

La stratégie pour la politique du taux de change consiste à :

- Assurer la stabilité du taux de change ;
- Garantir à terme l'unification des taux entre les marchés officiel et parallèle ;
- Réaliser la réunification des zones monétaires.

Toutefois, le taux d'échange n'améliore pas efficacement par lui-même la situation commerciale. Il doit être soutenu par le développement des capacités d'exportation et de substitution des importations grâce à des investissements accrus et à une amélioration de la technologie.

L'expérience congolaise a montré qu'il n'existe pas de taux de nature à équilibrer le marché, et les tentations faites pour en trouver ont débouché sur une spirale hyper inflationniste à travers un cercle vicieux.

La monétisation du déficit public, qui poussait l'inflation vers des niveaux très élevés, a été largement maîtrisée à partir de 2002. En même temps, la BCC (Banque centrale du Congo) était dotée de nouveaux statuts établissant son indépendance dans la conduite de la politique monétaire (même si ses hauts dirigeants sont nommés par le président de la République) et limitant les avances au Trésor. Le taux d'inflation, qui culminait à près de 900 % pendant la décennie 1990-2000 et 357 % en 2001, a ainsi été ramené à un taux à un chiffre depuis 2007 (9,9 %). Il est depuis peu ou prou, à ce jour, stable.

La maîtrise de l'inflation a permis à la BCC de diminuer progressivement son taux d'escompte, passé de 27 % en 2002 à 6 % au premier semestre de 2004, avant de remonter à 14 % en août 2004 du fait des tensions inflationnistes. Cependant, étant donné la faible bancarisation de l'économie et le mauvais fonctionnement du système bancaire, la manipulation des taux d'intérêt n'est pas un instrument efficace de régulation de la masse monétaire.

La BCC doit par ailleurs faire face à un fort accroissement de la demande de liquidités, en raison notamment d'un retour relatif à la confiance en la monnaie nationale, dans une économie très largement « dollarisée ». Les acteurs économiques effectuent l'ensemble de leurs transactions en espèces, en dépit de l'absence de grosses coupures.

La crédibilité des banques a été fortement ébranlée avec les faillites et le manque de liquidités. Le nombre de comptes bancaires est infime, environ 35 000. De façon générale, la couverture géographique du système bancaire reste très faible. Il n'y a qu'un guichet pour 2,4 millions d'habitants et il n'existe qu'une dizaine de banques commerciales dont l'essentiel des activités est concentré à Kinshasa. Les opérations du secteur bancaire sont limitées au financement du commerce et aux opérations de change.

Le montant des crédits à l'économie représentait moins de 1 % du PIB en 2003. Les crédits sont généralement octroyés en dollars, pour une période qui n'excède pas six mois. Il existe peu de transactions sur le marché inter bancaire en dépit de l'émission, depuis fin 2002, de BTR (Billets de trésorerie) par la BCC. Les banques ont fait l'objet d'un important programme de restructuration, de recapitalisation et de liquidation. En 2004, neuf banques avaient été liquidées, dont trois banques publiques, et sept sont en cours de restructuration.

Des signes encourageants se manifestent toutefois avec l'arrivée de capitaux étrangers dans le secteur (Citibank, Stanbic, Raw Bank, etc.).

Depuis quelque temps déjà, la Banque centrale du Congo pense à la création d'un système financier national. Jusqu'à maintenant, elle étudie les différentes modalités. Toutefois, la réalité est telle que la création d'un marché des capitaux ne laisse aucun expert différent. Malimungu Syosyo écrit que la plus grande crainte reste non seulement la faiblesse du volume de transaction, mais également le faible niveau du PIB, d'activité industrielle et commerciale qui ne permet pas de grandes perspectives de viabilité des échanges locaux.

5.15. Aperçu du système bancaire en RDC au cours des quinze dernières années

Les principales caractéristiques du système bancaire congolais au cours des quinze dernières années peuvent être résumées de manière suivante :

– Sous-bancarisation qui limite la couverture territoriale à quelques points d'exploitation ;

– Intermédiation bancaire peu développée avec comme conséquence la prédominance de la culture du cash ;

– Faible inclusion financière qui atteste de l'accès limité de la population à une gamme complète des services financiers de qualité, fournis à des prix abordables ;

– Prépondérance des banques de taille relativement petite ;

– Niveau élevé de dollarisation de l'économie qui constitue un obstacle majeur au bon fonctionnement du système bancaire ;

– Prédominance des dépôts et des crédits à court terme dans les transactions bancaires ;

– Secteur bancaire fortement affecté par le renchérissement des coûts d'exploitation ;

– Forte concentration des créances en souffrance au niveau des plus petites banques.

– Impact sur le taux du marché interbancaire et les taux débiteurs des banques

À l'instar de la période correspondante de 2015, le taux du marché interbancaire s'est situé en moyenne autour de 1,7 % et les taux débiteurs des banques en monnaie nationale autour de 19,0 %. Toutefois, par rapport aux taux des prêts interbancaires et celui du placement dans le Bon BCC, le taux du marché interbancaire a dégagé un spread particulièrement élevé. Ce comportement atteste de la prépondérance des risques dans l'octroi des crédits.

Par ailleurs, la rémunération des dépôts de la clientèle demeure largement supérieure à celle reçue des opérations en interbancaire. Ceci traduit la volonté des banques d'attirer des dépôts stables, propices au financement de l'économie.

5.15.1. Comportement des taux d'intérêt réels

Durant le premier semestre 2016, la Banque centrale a maintenu le principe de la positivité du taux directeur réel, dans un contexte d'une relative stabilité de l'inflation et de la surchauffe sur le marché des changes. Néanmoins, sa marge de positivité a fléchi, passant de 1,2 point de pourcentage à fin décembre 2015 à 0,4 point à fin juin 2016. Cette évolution est expliquée uniquement par le rythme de formation des prix observés sur le marché des biens et services ; le taux directeur étant resté constant à 2,0 %.

Quant au taux moyen pondéré réel sur le Bon BCC, sa variation est en grande partie restée négative en dépit de la marge positive observée au cours des deux premiers mois de l'année. En effet, le taux moyen pondéré réel s'est établi à -1,6 point de pourcentage pour la maturité de 7 jours, -0,9 point pour celle de 28 jours et à -0,2 point pour la maturité de 84 jours.

5.15.2. Comportement de la réserve obligatoire

Au terme du premier semestre, la réserve réglementaire a permis de neutraliser la liquidité à hauteur de 54,5 milliards de CDF contre 14,7 milliards à la période correspondante de 2015. Ce niveau de ponction est expliqué par le relèvement en date du 23 février du coefficient sur les dépôts en devises en raison des pressions sur la liquidité bancaire. Ainsi, les coefficients de la réserve obligatoire sur les dépôts à terme et à vue en devises sont passés respectivement de 7,0 % à 9,0 % et de 8,0 % à 10,0 %. Pour les dépôts en monnaie nationale, les coefficients ont été maintenus à 2 % et 0,0 % respectivement pour les dépôts à vue et à terme.

En conséquence, cette décision a eu le mérite de porter le flux de stérilisation annuelle à plus de 50,0 milliards de CDF à partir du mois de février alors qu'au mois de janvier, il était noté une injection de 1,5 milliard par rapport à fin 2015.

Par ailleurs, il convient de rappeler qu'en date du 22 juin, une nouvelle réforme sur le coefficient de la réserve obligatoire a été introduite. Selon cette réforme, le coefficient appliqué sur les dépôts en monnaie nationale de l'administration publique centrale est de 100 %, quel que soit la maturité des dépôts ou le régime qui leur est appliqué. Pour ceux en monnaies étrangères, les dispositions relatives aux dépôts du secteur privé restent d'application.

CHAPITRE SIXIÈME
LES RELATIONS ÉCONOMIQUES EXTÉRIEURES

6.1.Les exportations

Aucun pays ne peut vivre dans l'autarcie, dans l'autosuffisance, mais toujours en relation avec d'autres pays. Avec la mondialisation, tout pays devra accéder au marché international.

La situation économique du Congo est considérablement influencée par l'évolution de ses relations avec l'extérieur, c'est-à-dire avec les pays industrialisés : échanges commerciaux, flux financiers, coopération extérieure. En dehors de l'économie de subsistance, l'économie moderne du pays est quasi exclusivement axée sur les exportations. Ce sont les produits agricoles et miniers qui constituent l'essentiel de ces exportations. L'accession à l'indépendance et ses difficultés ont entraîné une forte régression des exportations.

La quasi-totalité des exportations se compose des produits agricoles et miniers, mais la diversité de ces exportations a longtemps distingué le Congo des autres pays africains ou des pays en voie de développement en général où les exportations d'un seul ou de quelques produits miniers ou agricoles sont à peu près la règle générale. À la fin de la période coloniale, les produits miniers représentaient 60 % des recettes d'exportations, les produits agricoles 40 %. Cette structure s'est modifiée par la suite au détriment de la gamme des produits exportés (variétés des produits exportés).

La part du cuivre dans les recettes des exportations (34 % en 1959), s'accroît évidemment et représente une forte part des recettes d'exportations. Oscillant entre 59 et 65 % de 1967 à 1964, en raison des progrès de la production, mais surtout de la hausse du prix du cuivre. Depuis 1990, l'exportation des matières précieuses rapporte l'essentiel des produits de nos exportations, ceci à cause de la chute ou des arrêts des productions des cuivres et autres produits associés (la faillite de la Gecamines).

Le total des exportations atteint 10 058 millions de francs en monnaies locales.

- Produits miniers83 %, cuivre 45,6 % du total des exportations (pétrole brut, cabolt, zinc, diamant et cassitérite) ;

- Produits agricoles 11 % (café, tourteau de palmistes, bois, quinquina, caoutchouc, huile de palmistes, cacao, palmiste) ;
- Produits industriels 4 % (ciment).

En ce qui concerne les importations (6 566 millions de francs en monnaies locales) :

- Biens d'équipement, appareils mécaniques électriques et de transport ;
- Biens de consommation, produits chimiques, engrais, produits de pêche et d'élevage, produits textiles, produits énergétiques (dont 89 686 t de pétrole brut et 714 559 t de produits raffinés) produits alimentaires (dont 134 000 t de farine de froment et 69 628 t de maïs), papier, etc.

6.2. Destination des exportations

Huit pays industrialisés interviennent pour environ 95 % des achats des produits congolais.

L'union économique belgo-luxembourgeoise vient en tête (46 % en 1976). Le cuivre intervient pour 77 % des importations belges au Congo, les autres minerais pour 7 % et les produits agricoles pour 9 %. L'Italie est le second importateur avec plus de 10 % au total, mais sa part diminue dès 1976 au profit des EU (15 %) en 1976. Il faudra noter que depuis une période récente (1992), ces exportations ont pris d'autres destinations, le marché s'étant ouvert aux pays asiatiques, Canada, Afrique du Sud pour une part importante des exportations.

6.3. Les prix des produits exportés

Le volume et la structure des recettes d'exportations sont très largement fonction des fluctuations des cours des matières premières sur les marchés internationaux. En général, les prix des produits exportés sont faibles pour les produits des PVD (tiers monde) et ceci pour de multiples raisons.

6.4.Les importations

Le volume des produits importés n'a cessé de croître depuis 1913 jusqu'à 1959 et le taux de croissance est de plus de 20 %.

- Les tonnages importants tombent en dessous du million les premières années de l'indépendance et reviennent à environ 1,2 million de tonnes de 1962 ;
- En 1964, alors qu'elles étaient à 1,7 million de tonnes en 1955, il faudra noter que diverses réglementations ont influencé à différentes époques les volumes importés selon que le gouvernement avait une politique restructurée ou incitative. Il n'est pas sans intérêt de signaler que l'accroissement des importations congolaises au cours des années 1970 a été considérablement encouragé par les pays industrialisés qui accordaient systématiquement d'importants crédits fournisseurs à leurs entreprises qui étaient sur les marchés congolais.

C'est ainsi que le total de l'endettement commercial extérieur direct de l'État congolais passe de 4,2 millions de zaïres en 1960 à 145 millions de zaïres en 1976, les recettes extérieures (ressources) interviennent de plus dans le financement des importations en même temps que le financement privé prend le dessus sur les financements publics.

Le Congo s'épanouira en une grande nation s'il comprend que le problème de développement est avant tout un problème « moral »... Et s'il prend vraiment au sérieux dans le cœur la tête et les mains de chacun de ses citoyens. Car disons-le, il faut conduire le pays avec la tête et pas avec le cœur.

6.5. La structure des importations

Nous sommes devenus incapables d'importer les produits nécessaires pour le développement et nous nous contentons des produits de première nécessité.

Les statistiques congolaises ne permettent pas de ventiler parfaitement les groupes d'utilisation des importations. On peut néanmoins estimer que le Congo consacre en gros un quart de ses dépenses à l'import, donc pour plus de la moitié (17 %) des produits alimentaires (viande, poisson, farine de blé, riz, maïs, produits laitiers, sel, sucre...).

Notons que ces infos portent sur l'année 1978 ; mais aujourd'hui, ces statistiques ont totalement changé et les importations des produits de consommation constituent plus de 80 % des importations du pays. Les différents produits alimentaires occupent la plus grande part.

En ce qui concerne les équipements, le Congo dépend à concurrence de 90 à 95 % des importations. Les seuls biens d'équipement fabriqués sur place se situent dans la construction d'embarcation fluviale, les constructions métallurgiques et l'assemblage automobile à partir des pièces importées.

En matière d'approvisionnement, plus de 2/3 des approvisionnements étaient importés par les secteurs d'extractions minières et de transformations manufacturières…

Les investissements faits dans le cadre du code des investissements de 1960 ont eu pour effet de renforcer la dépendance du Congo à l'égard de l'extérieur. Cette dépendance s'est manifestée en amont comme en aval.

6.6.Provenance des importations

Les huit pays importateurs des produits du Congo lui vendent également 85 % de ses importations, c'est-à-dire sans que le classement entre eux soit exactement le même. Nous citerons entre autres la Belgique, la France, l'Allemagne, les EU, l'Italie, le RU, les Pays-Bas et le Japon.

Signalons que les statistiques établies par le FMI récemment font apparaître la RDS et d'autres pays asiatiques comme de grands fournisseurs du Congo.

6.7. Les termes de l'échange et la balance des paiements

Prix des exportations/Prix des importations = termes de l'échange

Les termes de l'échange international sont défavorables (faibles) à plusieurs pays sous-développés. Depuis l'indépendance, les termes de l'échange du Congo n'enregistrent pas l'évolution significative, ils ont observé plusieurs stades de stagnation après quelques petites (légères) hausses. L'importance, la variété et le dynamisme des exportations du Congo étaient traditionnellement tels que la balance commerciale se trouvait systématiquement positive, ce qui est assez remarquable pour un pays en développement.

Notons ci-après dans un tableau les principales divisions et subdivisions de la récapitulation globale de la balance des paiements :

Première partie : biens, services et paiements	Deuxième partie : mouvements des capitaux et de l'or
A. Biens et services (1 à 8)	A. Capitaux et or monétaire
1. Marchandises	1. Capitaux privés (institutions monétaires exclues) à LT (y compris tous les investissements directs)
1.1. Exportation FOB Importation	1.1. Investissements directs
1.2. Autres marchandises (nettes)	1.2. Capitaux dans les entreprises associées
2. Or non monétaire	1.3. Autres actions ordinaires
3. Frais de transport et d'assurance sur expéditions internationales	1.4. Titres des gouvernements centraux étrangers
3.1. Frais transports	1.5. Autres titres
3.2. Assurances	1.6. Autres prêts et crédits commerciaux
4. Autres transports	1.7. Autres avoirs et engagements
4.1. Transports des passagers	2. Capitaux privés (institutions monétaires exclues) à CT (autres que les investissements directs)
4.2. Affrètement à temps	2.1. Monnaie et dépôt bancaire
4.3. Dépenses portuaires	2.2. Titres des gouvernements centraux étrangers
4.4. Divers	2.3. Crédits commerciaux
5. Voyages	2.4. Autres avoirs et engagements
6. Revenus des investissements	3. Gouvernements locaux (institutions monétaires exclues)
6.1. Investissements directs	3.1. Émission à l'étranger
6.2. Autres dividendes	3.2. Autres titres
6.3. Divers	3.3. Autres avoirs et engagements
7. Transactions gouvernementales (non repris ailleurs)	4. Gouvernement central (institutions monétaires exclues)
7.1. Transactions militaires	4.1. Émission à LT à l'étranger
7.2. Transactions non militaires	4.2. Autres titres à LT
8. Autres services	4.3. Titres à LT
8.1. Assurance autre que sur marchandises	3.4. Prêts à LT
8.2. Divers	4.5. Autres avoir et engagements à LT
B. Paiement des transferts (9 plus 10)	4.6. Autres avoirs et engagements à LT
1. Privés (tous les résidents autres que le gouvernement central)	5. Institutions monétaires centra
1.1. À destination et en provenance des gouvernements étrangers	5.1. FMI
1.2. Divers	5.2. Avoirs négociables

2. Gouvernementaux	5.3. Dépôt
2.1. Intergouvernementaux	5.4. Prêt
2.2. Divers	5.5. Autres avoirs et engagements extérieurs
	5.6. Or
	6. Autres institutions monétaires
	6.1. Avoirs négociables
	6.2. Dépôt
	6.3. Prêt
	6.4. Autres engagements extérieurs
	6.5. Or

La balance de paiement est un ensemble de comptes destinés à un enregistrement systématique des opérations d'échange entre États pour une période donnée :

a) Les flux des ressources réelles, y compris les services des facteurs initiaux de production entre l'économie intérieure d'un pays et le reste du monde ;

b) Les variations des avoirs et engagements extérieurs de ce pays qui résultent de transactions économiques ;

c) Les paiements de transfert qui sont la contrepartie des ressources réelles ont des créances financières fournies au reste du monde (ou reçues de lui) sans aucune contrepartie.

Équilibre d'une balance de paiement :

Si cd= Consommation des produits domestiques

Cm= Consommation des produits exportés

Id = Investissement domestique

S= Épargne

X= Exportation

M= Importation.

Supposons que M se compose uniquement des biens de consommation, si en même temps l'investissement domestique est réalisé uniquement avec l'utilisation des produits nationaux (Id =I), on aboutira à :

$I+X = S+M$ ou $X-M = S-I$

On sait que pour le flux réel, en économie ouverte :

1re formule : Y= C+Id +X-M

D'autre part, 2e formule : Y+ Cd +S+M

Les hypothèses simplificatrices permettent d'écrire :

Y= Cd +Id+X tandis que l'on peut toujours poser (2e formule) :

Y= Cd+S+M

Cécile Daubrée (dans *Marchés parallèles et équilibres économiques, expériences africaines*) donne l'éclaircissement suivant sur la balance courante officielle.

Pour elle, la balance courante est constituée des éléments suivants :

- Exportation des produits mineurs................................u
- Exportation des autres produits..................................x°
- Exportation vers le reste du monde...........................X^w
- Import officiel...M^w
- Transfert officiel des capitaux des entrepreneurs du secteur informel vers le reste du monde EMI° la balance courante officielle a donc pour équation :

  B.P.= ewqu

  BP ewq^u+eoqn x°+ewq^w.Xw-eop^n-M°-ewp^w. Mw-EMF-EM°I

La balance des paiements, quant à elle, évolue de manière positive ou négative en fonction d'autres facteurs, les apports et revenus des capitaux (intérêts des dettes, remboursements des capitaux) notamment, réserves en or et en devises s'ajoutent à elle. Cette situation se trouve désormais complètement changée, et le Congo est depuis longtemps entré dans période de crise chronique de paiements extérieurs.

Un aspect sectoriel particulièrement déplorable est le déficit de la balance commerciale des produits alimentaires.

D'abord, fournir à manger pour le pays (base de développement) : être capable de produire tous les produits alimentaires dont la population du pays a besoin pour se nourrir.

6.8. Les flux financiers extérieurs

Origine géographique des investissements étrangers (1969-1974) au bénéfice du code des investissements et des prêts financiers (31/12/1977) des étrangers (en %)

Origine géographique	*Prêts financiers*	*Investissement*
Belgique	8,3	26
RU	12,7	20
RFA	18	5,5
EU	35,5	14
France	17,0	10
Autres pays	10,1	12
Multinationales	10,9	– (2)
TOTAL	**100**	**100**

Sources : Chiffres calculés à partir du professeur LUKUSA DIA BONDO, *Financement extérieur d'origine publique : Le rôle de l'aide liée*

– Office de la Gestion de la Dette publique (OGEDEP)

Avant 1960, l'économie moderne du Congo dépendait presque totalement des investissements étrangers, principalement belges. La colonie détenait des participations qui lui auraient permis de contrôler l'appareil de production en laissant la gestion au groupe privé. À la veille de l'indépendance, les investissements étrangers principalement belges étaient estimés à plus de 100 millions (100 milliards de francs belges). Les 10 dernières années de la période coloniale avaient connu une croissance particulièrement vive de l'investissement (13 %).

Au cours de cette période, outre la consolidation du secteur d'exportation, il se développe un secteur manufacturier substituant sa production aux importations et accédant au marché local de consommation à tel point qu'à la fin de la période coloniale, la RDC était incontestablement le pays le plus industrialisé de l'Afrique noire.

L'indépendance va ruiner ce flux d'investissement et ralentir la croissance économique. La situation politique et sociale troublée dès les premières années de l'indépendance, les décisions politiques et économiques malveillantes de l'époque mobutienne limitent les entreprises.

6.9.L'entendement extérieur

L'importante contribution de l'État et des entreprises publiques dans le financement des activités de production se solde par un endettement public énorme vis-à-vis de l'étranger, la tendance à la réduction des investissements étrangers directs et par l'augmentation de la dépendance indirecte par l'intermédiaire des capitaux financiers (prêts). Tout cela se retrouve dans la plupart des pays en voie de développement, mais est exagéré au Congo, sans être compensé par la mise en place d'un appareil de production autocentrée. Les entreprises étaient toutes presque nationalisées et le pays devrait s'endetter auprès des étrangers.

6.10. La coopération extérieure

Nous devrions noter que la coopération extérieure du Congo a connu des hauts et des bas. Son évolution a suivi le rythme de la croissance économique du pays (on aide ou on ne prête qu'aux riches). Cette aide a pris diverses formes : l'aide publique sous forme d'assistance publique, l'aide aux importations, l'aide aux projets… Mais il faudra noter que, quelle que soit l'importance de ces aides, leur impact reste discutable. Le durcissement des conditions d'octroi des aides et la liaison de l'aide ne vont pas sans causer de sérieux problèmes (depuis la crise mondiale, l'aide est devenue conditionnée : taux d'intérêt, échéance, acheter tout chez le créancier, montant à prêter ; c'est l'AIDE LIÉE. Nous n'évoluons pas sur un marché de concurrence internationale parfaite.

Nous citerons entre autres la cherté de prix des produits, des transports… Ces entreprises étrangères nous imposent aussi la faible coordination entre les diverses sources d'aide, la dispersion des projets, la concentration de l'aide sur des projets marginaux ou non rentables.

Enfin, l'aide ne répond pas seulement à des impératifs économiques intéressés par les pays donateurs, mais aussi à des préoccupations d'ordre politique.

Le mouvement des capitaux à long terme et la balance des paiements

On retiendra ici que le niveau des investissements extérieurs a diminué sensiblement au Congo. Ils sont pour la plupart d'origine extérieure et donc tournés vers l'extérieur. Cette situation limite l'impact ou leur effet d'entraînement en amont comme en aval sur les autres secteurs de l'économie.

De sorte que tous les bénéfices vont vers l'extérieur (étranger), que ce soit en termes d'intérêts créés, en termes d'approvisionnement en équipements ou en fournitures, en termes de main d'œuvre utilisée et de salaires payés ; l'aide extérieure profite plus aux pays donateurs de ces investissements. Cette situation d'autant plus lamentable met le pays dans une situation d'endettement exagéré de sorte que les chances ou les possibilités du pays pour le remboursement sont quasi impossibles.

CHAPITRE SEPTIÈME

LES POLITIQUES ÉCONOMIQUES CONGOLAISES & LE RÔLE DE L'ÉTAT

7.1. Implication directe dans l'économie

En 1966, les puissantes industries minières du Kasaï et du Katanga ont été nationalisées. C'est alors l'âge d'or du Congo, maintenant indépendant : en 1967, 1 franc congolais vaut alors 2 dollars américains, les écoles publiques se développent et l'exode rural s'accélère.

À partir de1973, le pays est touché par une crise économique aiguë, due à l'effondrement des cours de cuivre et au crash pétrolier.

La corruption se généralise et l'inflation devient galopante, tandis que Mobutu privatise de nombreuses entreprises à son nom ou aux noms de ses proches (étant donnée l'insuffisance de préparation de nouveaux propriétaires de biens économiques et financiers, on assiste à une véritable hécatombe : les entreprises connaissent le *lock-out* les unes après les autres). Ce sombre tableau se verra complété par des grèves régulières et un climat d'insécurité généralisé qui ne va commencer à s'estomper qu'au début du nouveau millénaire.

Ces multiples et diverses causes vont pousser les nouvelles institutions (gouvernement de transition) à penser à de nouvelles formes d'intervention de l'État pour renverser la vapeur. Parmi les structures enfantées par celles-ci, avec l'appui de leurs partenaires, on retrouve COPIREP, BCECO, et autres.

Le Comité de Pilotage de la Réforme des Entreprises publiques (COPIREP), structure mise en place aux termes des décrets n° 136/2002 du 30 octobre 2002 et 04/47 du 20 mai 2004, est le conseil du gouvernement, chargé de conduire la politique de la réforme des entreprises publiques (surtout dans les secteurs considérés comme rentables pour l'État : mines, énergie, transports, télécommunications et finances).

L'action offensive du gouvernement se traduit par une recherche permanente de ressources et de partenariats pour ainsi combler, mieux répondre efficacement aux besoins de son économie. De ce fait, après la Chine, le pays se rapproche des autres pays dits émergents, notamment le Brésil et l'Inde.

La situation économique et financière de la République démocratique du Congo qui a prévalu, à la fin du siècle dernier, a conduit à amener l'économie à une très profonde dégradation.

Aucun pan de l'économie n'y a échappé. Un taux de croissance négatif (atteignant même -4,3 % en 1990 à -11,4 % en 2000) et un taux d'investissement qui s'élevait à 8,5 % en 1997 sont tombés à 4,5 % en 2000.

L'inflation est demeurée très vive, atteignant, par exemple, 3 642 % en 1991, 9 796,9 % et, plus récemment, 511 % en 2000. Les finances publiques se sont soldées constamment par d'importants déficits couverts essentiellement par les avances de la Banque centrale du Congo.

La monnaie nationale a perdu l'essentiel de sa valeur sur le marché des changes ; en dépit de multiples réformes monétaires. L'hyperinflation et la dépréciation monétaire, consécutives à l'expansion inconsidérée des liquidités intérieures, ont inexorablement contribué à l'effritement du pouvoir d'achat des ménages.

Confronté aux déséquilibres macroéconomiques, à la montée considérable de l'endettement et à la dépression, le pays s'est vu être contraint, dans les décennies 1970 et 1980, à adopter une gamme de politiques recommandées par le Fonds monétaire international et la Banque mondiale. Des politiques de stabilisation mêlées aux mesures de régulation conjoncturelles, n'ayant pour fin que le rétablissement des équilibres budgétaires et des paiements extérieurs, ont été appliquées dans les premières années, avant d'être complétées, plus tard, par des politiques structurelles d'ajustement. Visant toute la sortie du pays dans la récession dans laquelle elle s'est plongée.

Quelle que soit l'analyse faite, les approches monétaires de la balance des paiements et de l'absorption se rejoignent pour désigner, au Congo, comme cause principale du déséquilibre externe, le financement monétaire de l'État à l'occasion de ses déficits budgétaires récurrents et importants. Ici, les impératifs de stabilisation économique et financière ne sont devenus vraiment apparents que lorsque les déséquilibres extérieurs ont été profondément rompus. La dévaluation s'est imposée, à chaque fois, comme le principal instrument pour résorber les déséquilibres.

En dépit de la succession des programmes de stabilisation, force est de constater que le recul de la production et l'aggravation des déséquilibres interne et externe ont persisté. Ce qui soulève, bien entendu, la question pertinente tant de l'opportunité que de l'efficacité de ces programmes. Sur ce dernier point, certains analystes ont soutenu que le peu de succès rencontré par les programmes de stabilisation dans les années 1970 et 1980 tiendrait au caractère fragile et irréaliste de leurs objectifs, car ils étaient « axés essentiellement sur le rétablissement des équilibres financiers et accessoirement sur la relance de l'appareil de production ».

Depuis déjà des années, le gouvernement a pris de nouvelles orientations à travers une gamme de mesures d'ajustement économique portées successivement par le Programme intérimaire renforcé (PIR) et le Programme économique du Gouvernement (PEG), mesures mises en œuvre respectivement en 2001 et 2002. Ses différentes politiques macroéconomiques augurent des perspectives prometteuses. Le changement de la contre-performance économique de la décennie 1990 en performance économique, le retour sur le sentier de la croissance, la relative stabilité des prix et du taux de change sont tant d'éléments à enregistrer dans le compte de ces politiques. Et « progressivement, on y assiste à la reprise de la coopération structurelle avec ses principaux partenaires au développement ; en même temps qu'arrivent de plus en plus d'investisseurs potentiels désireux de s'installer dans le pays ». Pour certains économistes congolais, cette situation positive est à la fois le résultat de la stabilité macroéconomique, conjuguée avec les effets des réformes structurelles ainsi que les dividendes de la paix retrouvée.

En revanche, la situation économique de la RDC demeure encore précaire, comme peuvent en témoigner des déficits budgétaires du dernier trimestre de l'année passée. Et le pays occupe, en 2008 selon la Banque mondiale, la 178e position, c'est-à-dire la dernière place sur la liste des pays du monde considérés d'après leurs capacités à offrir de réelles facilités de faire des affaires.

7.2. Lutte contre la corruption

Indice de perception de la corruption : la RDC occupe en 2007 la 168e place sur 179 avec un score de 1,9 sur 1050.

L'économie de la RDC souffre de plusieurs problèmes, notamment la corruption. Le rapport de l'ONG Transparency International attribue chaque année de mauvaises notes à la République démocratique du

Congo. Pour l'année 2006, elle a été considérée comme le 6e pays le plus corrompu de la planète et le 3e de l'Afrique.

Cependant, la situation n'a pas toujours été ainsi. Ce n'est que quelques mois après l'âge d'or du Congo, c'est-à-dire à partir de 1973, quand le pays est touché par une crise économique aiguë, que la corruption se généralise, principalement à cause de la privatisation par Mobutu de nombreuses entreprises à son nom ou aux noms de ses proches (zaïrianisation) et des politiques de grands travaux (éléphants blancs). De manière générale, les nouveaux propriétaires de biens économiques et financiers n'étaient pas suffisamment préparés pour assurer une gestion à moyen et à long terme de l'outil de production. Ceux qui n'ont pas fait faillite ont placé d'immenses investissements en Occident. Mobutu détourne les devises d'État de telle façon qu'en 1984, il est un des hommes les plus riches de la planète avec 4 milliards de dollars, l'équivalent de la dette extérieure du pays.

Par ce mouvement, la corruption élit domicile dans toutes les structures du pays. À l'arrivée de Laurent Désiré Kabila, vinrent aussi les politiques impopulaires et une nouvelle impulsion, qui justement, vont temporiser cette vague.

Le gouvernement de transition n'a pas ébauché de projets efficaces pour combattre la corruption.

D'ailleurs, avec le « 1 + 4 », la corruption atteint de nouveaux sommets. En revanche, l'avènement de la Troisième République témoigne de la volonté de tourner la page en changeant l'image du pays.

Ainsi, on sent une « ferme volonté » d'éradiquer la corruption.

En1997, le gouvernement congolais s'est lancé dans la campagne de « changement des mentalités ». Une campagne qui a été fortement critiquée en raison de sa courte durée.

7.3. Perspective d'avenir & structures politiques en RDC

Le gouvernement Mobutu, caractérisé par la grande débâcle économique, a été fortement contesté.

La mise à disposition de fonds commerciaux et de patrimoines économiques a également constitué un relais du clientélisme entretenu par le pouvoir. Le clan entourant le chef de l'État a ainsi pu bénéficier des fruits de la politique de nationalisation, tout comme ceux qui dans les différentes régions du pays faisaient allégeance au régime en échange d'un commerce ou d'une propriété foncière.

De nombreux pays occidentaux ont signé des conventions avec la RDC afin de procéder à l'indemnisation des parties spoliées, mais dans la très grande majorité des cas, ces accords n'ont jamais été appliqués.

Une crise économique est une dégradation brutale de la situation et des perspectives économiques. Elle amène à une période de ralentissement économique ou, plus grave, à une récession économique. La crise correspond à l'une des phases du Cycle Juglar.

Une telle crise comporte systématiquement une chute soutenue des valeurs boursières. Elle a des répercussions sur le niveau des salaires, provoque des faillites, accroît les tensions sociales.

7.4. Les causes de l'échec économique

Une crise économique peut être provoquée par :

- Une politique monétaire erronée (taux directeurs devenus trop faibles, ayant provoqué une bulle économique de surinvestissement ou de mal investissement) ;
- Une crise financière ;
- Des changements majeurs du contexte politique (guerre, révolution) ou des erreurs de politique économique (par exemple, la mise en place d'une politique protectionniste, les nationalisations massives, le déficit public excessif, provoquant une chute de confiance des investisseurs) ou une confiance trop grande dans le caractère auto-régulateur du marché.

La théorie des cycles économiques considère que les crises économiques sont des évènements récurrents de l'histoire économique. Ce point de vue n'est pas consensuel.

7.5. Effets économiques et développements

La notion de crise économique revêt des caractéristiques multiformes.

Elle peut concerner un ou plusieurs secteurs de l'économie ou, par extension, son intégralité qu'elle peut gagner par « effet de contagion ».

Les crises immobilières ont des conséquences assez importantes, car plusieurs canaux facilitent les répercussions sur l'activité économique totale : effet richesse des ménages, secteur de la construction intensive en main-d'œuvre.

Du fait de la financiarisation des pays développés, une crise du secteur financier peut avoir des répercussions fortes sur le reste de l'économie, via les canaux du crédit.

Causes de l'échec : pas de plan de développement (coupure à cause de l'indépendance), troubles et mutineries (insécurité généralisée). Les étrangers sont rapatriés chez eux, une nouvelle classe de bourgeoisie émerge (consommateurs supérieurs aux producteurs, l'État va recourir au financement monétaire, d'où l'inflation), parce qu'il fallait couvrir le déficit (consommation élevée, mais les recettes de l'État sont trop faibles).

7.5.1. Période de 1966 à 1973

Avec le nouveau régime issu du coup d'État de novembre 1965, la politique prend une orientation nouvelle. Le nouvel État accroît ses moyens financiers et ses capacités de négociation avec les différents partenaires économiques. Sur le plan financier, une forte diminution des salaires réels augmente les profits des entreprises d'exportations, suite à la réduction de l'écart entre le taux de change officiel et libre de la monnaie.

En même temps, survient une conjoncture particulièrement favorable sur le marché du cuivre à laquelle correspond un accroissement des exportations de ce métal. Ces évolutions favorables procurent à l'État des ressources considérables. Cette situation donnera à l'État un très large accès au capital financier extérieur. Le renforcement politique, la concentration du pouvoir et l'élargissement de ces moyens financiers donnent à l'État une position de négociation nettement plus solide face aux partenaires économiques nationaux, mais surtout étrangers, ainsi qu'une efficacité sensiblement plus grande que celle de la période précédente, où la désorganisation et les luttes politiques privaient l'action de l'État de toute consistance.

La corruption, loin de s'atténuer, s'institutionnalise et devient un des mécanismes du système. L'État prend effectivement possession des participations ayant appartenu à l'État colonial. La Loi BAKAJIKA affirme ces droits fonciers, forestiers et miniers et son pouvoir de concession. Elle est suivie d'une loi foncière qui en précise les modalités d'application. Une série de renégociations et de nationalisations s'ensuit et conduit à un contrôle beaucoup plus large par le secteur public de la valeur ajoutée nationale.

L'exemple le plus frappant est la nationalisation de l'UMHK (Union minière du Haut Katanga), mais ces participations de l'État dans le secteur public ne sont pas de la « nationalisation » dans le sens d'une véritable socialisation des moyens de production. La gestion des entreprises reste confiée directement ou indirectement au secteur privé, largement dépendant de l'extérieur aux plans commercial, financier et technique.

L'État promulgue à cet effet en 1969 un code des investissements extrêmement favorable aux investisseurs étrangers. Le renforcement économique de la nouvelle bourgeoisie d'État procède, à la fois de la différenciation des rémunérations nettes effectives de la fonction publique en faveur des fonctionnaires supérieurs et surtout, de son accès beaucoup plus large aux diverses formes de profils.

7.5.2. Période de 1974 à 1980

Le cours du cuivre sur le marché international baisse à cause du choc pétrolier de 1974, les recettes baissent (cours du cuivre) et les dépenses augmentent (cours du pétrole élevé) car le pétrole est une nécessité pour toutes les économies des pays du monde.

Le point de rupture dans la politique économique de la RDC est la « zaïrianisation » des entreprises de novembre 1973, ces effets désastreux ne vont pas manquer de se faire sentir au moment même où se manifeste par ailleurs une grave crise économique directement répercutée au niveau national sur l'économie zaïroise.

Par la « zaïrianisation » des entreprises, l'État prend le contrôle de toutes les sociétés étrangères dans les secteurs agricole, commercial et des services, pour les transférer à des nationaux. Un an après, en raison de la mauvaise gestion des entreprises et peut-être aussi à cause de la bourgeoisie d'affaires, l'État prend le contrôle direct des entreprises zaïrianisées, c'est la « radicalisation ». Et étend ses contrôles à une nouvelle série d'entreprises manufacturières principalement. Ces mesures ne pouvaient de toute évidence pas réussir, dans le contexte zaïrois de l'époque. Elles furent effectivement un échec complet. Les activités agricoles et de transport s'en trouvèrent gravement affectées et les circuits commerciaux perturbés.

À partir de 1975, la crise économique et financière éclate au grand jour. Elle se trouvera aggravée par les hostilités au Katanga et par la rupture des communications ferroviaires avec le port de Lobito.

La situation des finances politiques devient désastreuse. L'endettement extérieur est excessif et comporte une part beaucoup trop importante de crédits commerciaux à court terme. L'échec patent de la zaïrianisation, la radicalisation et la crise profonde qui marquent toute l'économie, font repasser l'endettement d'abord à 40 %, ensuite à 60 %, dans certains cas jusqu'à 100 % aux anciens propriétaires.

7.5.3. Période de 1980 à nos jours

Cette période de crise chronique se caractérise par toute une série de mesures de politiques économiques entreprises par l'État pour parer les effets de la crise. Il s'avère que les causes multiformes de la crise n'ont pas permis aux autorités de l'État de pouvoir trouver des mesures appropriées de lutte. La faiblesse de l'État et la détérioration trop avancée de l'appareil de l'État à avoir les moyens de sa politique créent un environnement non propice à l'application de toutes les politiques de développement.

- *Nationalisation puis*

- *Zaïrianisation puis*

- *Radicalisation puis*

- Rétrocession.

Tout plan économique nécessite une organisation, une coordination, un commandement, un contrôle et la décision.

7.6. La planification économique

Pour que son plan puisse réussir, il faut être capable de bien concevoir le plan, de connaître ses moyens (les inventorier), d'être bien informé sur les réalités du pays (afin de prendre des décisions opportunes à des moments opportuns). Et les principes fondamentaux de la planification n'ont pas été respectés par les différents plans de développement qui se sont succédé au Congo. Cette défaillance est à la base des échecs enregistrés.

À la fin de la période coloniale, l'administration du Congo belge avait élaboré un plan d'expansion économique et sociale qui devait faire suite au plan décennal (1950-1960) pour la période 1960-1970. Ce plan proposait une stratégie assez différente à celle qui a été mise à l'œuvre dans le plan précédent. En insistant notamment sur l'agriculture paysanne, sur les transports intérieurs et les routes en particulier et sur une plus grande intervention du pouvoir public dans le secteur industriel en vue d'assurer la transformation sur place des matières premières du pays, pour éviter les importations et augmenter l'emploi.

Le plan est resté totalement lettre morte. Après l'indépendance, il y a eu une conférence de planification dont les propositions n'ont jamais été appliquées. Peu après l'accession de Mobutu au pouvoir, plusieurs organes de planification voient le jour : le Haut-commissariat au Plan et la Reconstruction rattaché directement à la présidence et assisté par un groupe des conseillers. Celui-ci échouant pour diverses raisons : conflits de compétences avec certaines organisations et ministère, et manque de personnel compétent.

Chômage en ville, misère   Hausse du chômage, baisse du PIB, baisse des revenus et de la consommation, hausse du nombre de faillites

Conséquences indirectes : Emeutes rurales et urbaines Crispation des relations internationales.

7.7. Théorie économique

Partant de l'observation des dépressions économiques qui avaient périodiquement affecté l'économie européenne depuis 1825, Karl Marx décrivit la crise comme un dispositif historiquement inévitable. Selon Marx, ces crises étaient des « crises de surproduction ».

Pour l'école autrichienne d'économie, les crises sont essentiellement dues à l'accumulation de défauts d'ajustement de l'appareil de production à la demande réelle. En tentant d'empêcher ou de retarder ces ajustements par la réglementation ou la création monétaire, l'État ne fait qu'accumuler les problèmes qui devront tôt ou tard se résoudre en une crise, qui aurait pu être évitée, ou être moins grave, en laissant les ajustements se produire progressivement.

Le mot crise fait directement référence au concept de cycle. La théorie du cycle la plus connue de cette école est sûrement celle de Hayek (Cycle de Hayek), liée au taux d'intérêt.

La théorie marxiste a vu dans le libéralisme un système générateur de crises en lui-même, essentiellement à cause des conflits d'intérêts entre patrons et ouvriers. C'est ce que l'on a appelé, en termes politiques, la « lutte des classes », conception portée encore par les partis de gauche jusque dans les années 1980).

À l'inverse, les économistes libéraux voyaient dans le système la possibilité de s'autoréguler.

Adam Smith, au XVIIIe siècle, s'en est fait l'ardent défenseur et partisan (il a parlé de l'intervention de la « main invisible du marché »). La majorité des économistes contemporains estiment qu'il est nécessaire de réguler certains marchés. Ce rôle est alors dévolu à l'État, par la mise en œuvre de mesures gouvernementales, notamment d'incitation (subventions ou dégrèvements fiscaux) et de taxation supplémentaire (par exemple une taxe sur le carbone ou l'émission de CO_2 dans l'atmosphère).

Le keynésianisme estime que l'État doit intervenir pour « relancer » l'économie pendant les périodes de crise.

La notion de crise économique a aussi permis de mettre en évidence le fait suivant : l'économie dépend pour beaucoup de phénomènes d'anticipation, c'est-à-dire, pour une grande part, de la confiance que les individus peuvent avoir dans l'économie et dans leur avenir. À l'inverse, la perspective de périodes troublées ou d'anticipations négatives peut déclencher une crise économique ou bien en accélérer les effets.

Liste des crises monétaires et financières :

- 1929-1937 : Grande Dépression (dont Grande Dépression en France) ;
- 1973 et 1979 : crise provoquée par les chocs pétroliers ;

- 1993 : crise liée en partie à la crise du système monétaire européen (SME) ;
- 1994 : crise économique mexicaine (provoquée par une dévaluation du peso mexicain) ;
- 1997 : crise économique asiatique (Asie du Sud-Est) ;
- 1998 : crise financière russe de 1998 ;
- 1998-2002 : crise économique argentine ;
- Vers les années 2000-2001, la bulle internet s'est dégonflée et a provoqué un ralentissement économique ;
- 2002 : crise turque (dévaluation de la lire turque) ;
- À partir de fin 2007 : crise économique de 2008-2009 liée à la crise financière de 2007-2009. Elle touche depuis février 2007 l'immobilier américain et, par ricochet, le financement immobilier et le système financier international.

CHAPITRE HUITIÈME

FINANCES PUBLIQUES EN RÉPUBLIQUE DÉMOCRATIQUE DU CONGO

8.1.Généralités

Le budget est largement dépendant des ressources extérieures sous forme de dons et de prêts qui, depuis 2003, dépassent les recettes propres de l'État. Pour l'année 2004, l'appui direct au budget s'élève à plus de 240 millions de dollars, provenant de la Banque mondiale et de la BAD (Banque africaine de développement). Les recettes fiscales, qui avaient plafonné à 6,9 % du PIB en 2003 (exerçant de fortes pressions sur le budget de l'État), auraient atteint 7,9 % du PIB en 2004 grâce à un effort ciblé sur les grands contribuables et l'administration des douanes.

Le gonflement des dépenses budgétaires est principalement lié à la mise en place des institutions de la transition politique et au coût du maintien de la paix. Dans ce contexte, l'État a dû maîtriser ses autres dépenses, notamment les charges communes comme le carburant, et réduire le gaspillage.

Les subventions et les exonérations en matière de produits pétroliers ont notamment été supprimées, l'augmentation des cours mondiaux du pétrole étant répercutée sur le prix à la pompe et sur le prix du transport par l'application d'un mécanisme automatique. Le montant des arriérés accumulés, notamment avant l'année 1997, demeure un problème important. Certains fonctionnaires ne sont plus payés depuis des années.

Actuellement, les dépenses de santé, d'éducation et d'infrastructures économiques de base dépendent exclusivement des financements extérieurs.

La dette extérieure est très élevée (12,6 milliards de dollars ou près de 200 % du PIB à la fin 2004). En ce qui concerne la dette bilatérale, la RDC a signé en septembre 2002 un accord de restructuration avec le Club de Paris et a bénéficié d'un allègement de 67 % du service de la dette.

Ensuite, dans le cadre de l'initiative PPTE (Pays pauvres très endettés), l'allègement a été porté à 90 % et représentait 100 millions de dollars en 2003, 200 millions de dollars en 2004 et à partir de 2005, entre 200 et 400 millions de dollars par an. Plusieurs pays ont indiqué leur volonté d'effacer la dette dès que le pays aura atteint le point d'achèvement, et même dès à présent (pour la Suisse). La Belgique donne chaque année200 millions d'euros à la République démocratique du Congo, une ancienne colonie belge.

Dans le contexte, les stratégies des réformes pour stabiliser le cadre macroéconomique visent principalement le rétablissement des grands équilibres, notamment budgétaires, économiques, financiers et monétaires.

Notre ambition devrait se traduire par une gestion macroéconomique performante et crédible caractérisée par :

- Une politique budgétaire rationnelle : se traduisant par des aspects faibles ;

- Une politique monétaire prudente : qui permet de réduire les taux annuels d'inflation en deçà de la barre de 10 %, c'est-à-dire à un chiffre.

Les mesures de stabilisation telles que nous les concevons consistent à s'assurer que la demande intérieure globale reste alignée sur l'offre globale. Elles visent également à stimuler l'offre de manière à accroître son efficacité à long terme. Elles concernent donc :

- L'amélioration de sa gestion des ressources publiques par la rationalisation des dépenses publiques et, dans une moindre mesure, l'augmentation des recettes publiques par l'ajustement des droits et taxes ;
- Le redressement de la politique monétaire via la régularisation de la masse monétaire et l'encadrement du crédit ;
- La consécration du change flottant, avec l'ambition d'unifier les taux de change (marchés officiel et parallèle) ;
- La restriction du système financier ;
- La gestion des ressources publiques.

La mauvaise gestion des ressources publiques est une des causes essentielles des résultats économiques et financiers insuffisants obtenus par notre pays depuis les années 1980. Le Congo a longtemps :

- réduit les crédits à l'éducation, à la santé, à la gestion économique, à l'infrastructure de base et à l'administration régionale pour préserver, voire accroître, les dépenses pour la défense, la sûreté publique, la présidence et les institutions publiques, etc. ;
- utilisé les ressources budgétaires par des activités autres que le développement par un recours accru aux budgets annexes et aux procédures budgétaires d'exception.

Pour son avenir, notre pays ne peut pas réaliser son potentiel sans améliorer la gestion de ses ressources publiques. Notamment par une meilleure administration fiscale et l'allocation et la question des dépenses. Les réformes de structure sont essentielles pour accroître la mobilisation fiscale. Elles portent principalement sur :

- L'élargissement de l'assiette fiscale ;
- La simplification et la consolidation du système fiscal.

Cependant, compte tenu des désordres et des incohérences qui caractérisent notre système fiscal actuel et en attendant d'envisager des réformes d'envergure dans le sens d'une meilleure adaptation de la fiscalité aux besoins de la croissance et du développement économique, l'urgence est de dégager les moyens indispensables pour le fonctionnement des rouages essentiels de l'administration publique. Dans le cadre de ce programme, nous proposons donc les mesures d'urgence suivantes :

- Suppression de toutes les exonérations, exemptions et autres suspensions de droits et taxes qui ne reposent pas sur une base légale précise ;

- Lancement d'une campagne intensive de lutte contre la fraude et l'évasion fiscale. Le programme de cette campagne sera doté de moyens financiers et humains nécessaires pour doubler en valeur réelle les recettes de l'État ;

- Aucune réforme des impôts et taxes perçues par la Direction générale des impôts (DGI) et l'Office des douanes et accises (DGDEA) ne devrait être engagée avant la restauration d'une efficacité suffisante de ces régies dans l'application de la législation fiscale existante ;

- Révision des taxes fiscales en vue de leur rationalisation. Pour une meilleure efficacité budgétaire, ces réformes ne devront être entreprises que lorsqu'une meilleure gestion des dépenses aura été solidement établie.

8.2. Relancer la croissance par le renforcement de la capacité institutionnelle et économique

Parmi les chocs majeurs qui affectent notre pays ces dernières années, celui qui présente un frein à toute politique de croissance économique, c'est la guerre civile. Dans la perspective du retour à la paix, les mesures d'ordre institutionnel et socioéconomique suivantes présentent au plan économique une priorité absolue.

- Éviter de recourir au contrôle de prix ;
- Alléger au maximum les formalités administratives qui freinent les initiatives des agents économiques et favorisent la corruption ;
- Améliorer les possibilités de transport des personnes et des biens et les moyens de communication ;
- Unifier les zones monétaires et alimenter de façon adéquate l'économie en liquidité monétaire ;
- Assurer la sécurité des personnes et des biens ;
- Sécuriser l'environnement économique en définissant un cadre juridique judicieux pour les affaires ;
- Garantir la libre circulation des personnes et des biens sur toute l'étendue du pays et améliorer les conditions de transport ;
- Unifier les zones.

À cela, les mesures complémentaires suivantes peuvent être proposées :

- Réprimer tout acte de pillage ou de tracasserie ;
- Éviter l'usage des mesures coercitives à l'encontre des productions à des commerçants ;

- Orienter les aides extérieures d'urgence au-delà des biens de nécessité et qu'elles portent aussi sur les biens indispensables à l'activité économique du pays.

8.3.Les recettes

L'État se procure des ressources par divers moyens : revenus du domaine et des services, impôts, taxes, parafiscalité, emprunts, moyens de trésorerie et procédés monétaires.

➢ **Les ressources domaniales**

Les ressources domaniales comprennent :

- Les revenus que l'État tire de ses biens : location et vente d'immeubles, vente de bois de forêts, droits de chasse ou de pêche, droit de stationnement sur le domaine public ;
- Les revenus du portefeuille de l'État, c'est-à-dire les dividendes et les intérêts des actions et des obligations que l'État possède dans les sociétés privées ;
- Les revenus des entreprises publiques proprement dites, qu'elles soient industrielles ou commerciales.

➢ **Les taxes administratives et parafiscales**

La taxe administrative est le prix acquitté par l'usage d'un service public en contrepartie des prestations ou avantages qu'il tire de ce service. Tel est le cas de l'affranchissement du courrier. La taxe administrative se distingue de l'impôt à deux points de vue selon C. Van Lierde :

- Elle comporte une contrepartie. Il y a équilibre entre le prix payé et le service rendu. Le paiement de l'impôt se fait sans aucune contrepartie ;
- Elle est facultative parce qu'on est libre de payer la taxe, mais l'impôt est obligatoire.

S'agissant des taxes parafiscales, ce sont des prélèvements opérés sur les usages par certains organismes publics ou semi-publics, économiques ou sociaux par les employeurs et travailleurs à l'INSS, ou des cotisations payées par les travailleurs à leur syndicat. La taxe parafiscale se rapproche de la taxe administrative par le fait que, dans les deux cas, il y a existence d'une contrepartie. Les différences importantes qu'on peut noter sont les suivantes :

- Les redevances sont obligatoires : personne ne peut refuser les avantages de service ;

- Il n'y a pas équilibre entre le prix payé et le service rendu. Les avantages sociaux ne sont pas accordés en fonction du montant des cotisations payées par l'affilié, mais à ses besoins.

La fiscalité s'est développée du fait que l'État fait face à des charges toujours plus lourdes dues à ses interventions multiples dans l'économie et le social, cherche à trouver des ressources supplémentaires et notamment en dehors du budget. En effet, l'État se décharge du financement de certains services en permettant aux organismes rendant ces services de se financer auprès des contribuables.

➢ **Les impôts**

Généralement, l'impôt est la contribution pécuniaire exigée des personnes physiques ou morales, par voie d'autorité, à titre définitif et sans contrepartie visible en vue de couvrir les charges publiques, et de permettre à l'État d'effectuer certaines interventions dans les domaines économique et social.

De ce qui précède, il ressort que l'impôt présente ces trois caractéristiques :

- Il est pécuniaire, forcé et sans contrepartie directe. Ainsi, les impôts cités ci-dessous sont généralement perçus dans un pays ;
- Impôt direct et impôt indirect : le premier frappe directement les revenus des contribuables (son revenu professionnel et locatif, son mobilier, sa fortune, son capital, c'est-à-dire biens fonciers, véhicules et succession). Le second, par contre, frappe la dépense ou la consommation. Le revenu et la fortune du contribuable sont frappés lors de leur emploi, c'est le cas de la contribution sur le chiffre d'affaires (TVA) ;
- L'impôt réel et l'impôt personnel. L'impôt réel frappe seulement la matière imposable sans tenir compte de la personne du contribuable ni de sa situation ou de son degré d'aisance. L'impôt personnel est un impôt dont le taux varie en

fonction de la situation personnelle et familiale du contribuable ;

- L'impôt progressif varie en fonction du volume de montants imposables et de la capacité de l'activité ou des affaires ;
- L'impôt de répartition et de qualité.

L'État fixe à l'avance le montant global à répartir et le répartit ensuite entre différentes divisions administratives du pays, des provinces aux territoires, lesquelles répartissent alors entre les contribuables le montant qui leur incombe. Il arrive aussi parfois qu'il détermine à l'avance le taux et non pas le montant.

> ➢ **Les emprunts**

De nos jours, le recours à l'emprunt est chose normale et permanente. On recourt à cette pratique pour couvrir les dépenses tant ordinaires qu'extraordinaires. C'est à ce titre qu'actuellement les termes dettes et aides bilatérales et multilatérales deviennent courants. Contrairement à l'impôt qui est versé et perdu pour le contribuable, le montant de l'emprunt doit être remboursé.

Beaucoup d'économistes estiment qu'en période de crise, l'État doit augmenter les dépenses en accélérant et en développant les investissements tandis qu'en période de prospérité, il doit diminuer les dépenses et veiller ainsi à freiner l'endettement général. En d'autres termes, la politique financière de l'État doit être opposée à celle pratiquée par un privé.

En période de crise, l'emprunt est préférable à l'impôt, car celui-ci risque d'accentuer encore la crise et d'empêcher la reprise, tandis que l'épargne restée inactive peut facilement être épongée et utilisée. Pendant la période d'extension, l'impôt passe mieux que l'emprunt. Car il permet d'éviter la hausse de la demande et par conséquent celle des prix.

Selon qu'il emprunte à tel ou tel autre moment et selon l'ampleur de l'emprunt, l'État influence donc bien la conjoncture économique.

➢ **Planche à billets**

Une dernière façon pour l'État de se procurer de l'argent est d'imprimer de nouveaux billets. Plusieurs économistes et financiers mettent en doute ce moyen de se procurer des ressources par l'État, étant donné qu'il suffirait que l'inflation ne soit pas contrôlée pour plonger le pays dans le gouffre. Ce sont là les cas malheureux que nous ayons connus en République démocratique du Congo.

8.4.Les dépenses

Généralement, cette classification se fait en se référant aux classifications administratives et économiques.

➢ **Les classifications administratives**

Pour comprendre cette notion, nous tâcherons de parler de la classification organique et formelle ainsi que de la classification fonctionnelle.

❖ La classification organique :

Cette forme de budget tient compte de l'ensemble de services publics dépendant des ministères.

Chaque service établit un budget à soumettre à la direction dont il dépend. L'application de cette classification du budget fut critiquée par plusieurs spécialistes du fait que certaines institutions n'ont pas de ministères dont ils dépendent, telles la présidence et les assemblées, que les classiques considéraient dans le temps comme « pouvoirs publics ».

❖ Les classifications formelles : elles sont basées sur la diversité de réglementation juridique de la dépense (distinction entre services votés et dépenses nouvelles, dépenses du budget général, dépenses des budgets annexes et dépenses des comptes spéciaux, et la distinction entre dépenses définitives et dépenses provisoires, prêts et avances ; ainsi que la distinction entre les annuelles et les dépenses autorisées pour plusieurs années, etc.) ;

❖ La classification économique : cette dernière est en soi une classification administrative quand les fonctions de l'État qui lui servent de base sont établies d'après les diverses sortes d'activités économiques : industries, agriculture, transport, hôtellerie, tourisme et conservation de la nature, etc., pour mieux appréhender cette notion, la classification économique est subdivisée en deux autres sous-classifications, à savoir :

❖ Dépenses administratives et dépenses de transfert : à l'instar des particuliers, il arrive à l'État de consommer des biens et services qu'il ne produit pas. Il doit les acheter (machine à écrire, mobilier). Il dépense également une partie de son budget en payant les salaires à ses fonctionnaires, au personnel de diverses entreprises publiques, etc. Il doit en plus rémunérer les fonds empruntés aux créanciers et transférer de l'argent d'un secteur à un autre, bien entendu sans qu'il s'ensuive un prélèvement de fonds, car il ne s'agit pas d'un service rendu, mais d'une redistribution.

➢ **Dépenses de fonctionnement et dépenses en capital**

Les dépenses de fonctionnement sont des dépenses courantes et nécessaires à la bonne marche des services publics ainsi qu'à la vie de l'État, tels que le paiement du personnel, l'entretien du matériel, les fournitures de bureau, etc.

La classification fonctionnelle :

Celle-ci tient compte de diverses fonctions dont doit jouer l'État avec son budget.

On distinguera par exemple : l'administration générale et les pouvoirs publics, la justice et la police, les relations internationales, l'armée, l'action économique, l'action culturelle et l'enseignement, l'action sociale, l'urbanisme et habitat, les travaux publics et l'aménagement du territoire, etc. La loi financière de la République démocratique du Congo de 1983 détermine les charges de l'État de la façon suivante :

- Les dépenses courantes qui sont regroupées en quatre titres ;
- Les charges de la dette publique ainsi que de la dette viagère ;
- Les dotations des organes politiques ;
- Les dépenses du personnel et de fonctionnement de service ;
- Les interventions de l'État en matière économique, sociale et culturelle ;
- Les dépenses en capital qui sont groupées sous trois titres :
- Les investissements exécutés par l'État ;
- Les subventions d'investissement accordées par l'État ;
- Les prises de participations ;
- Les prêts et avances.

La loi budgétaire ou les décisions budgétaires comportent deux sortes de crédits : les crédits pour les dépenses courantes et les crédits pour les dépenses en capital.

Pour les dépenses courantes : les crédits prévoient les montants des dépenses qui peuvent être engagées, liquidées, ordonnancées et payées pendant l'année budgétaire.

Pour les dépenses en capital : les autorisations d'engagement relatives aux dépenses d'investissements qui nécessitent un délai d'exécution supérieur à un an, prévoient les montants et les obligations, qui peuvent être contractés pendant la durée de l'exécution du budget.

Les crédits de paiement prévoient les montants des dépenses qui peuvent être ordonnancées et payées en vue d'apurer les obligations contractées soit pendant l'année budgétaire, soit au cours des années antérieures, si les engagements sont reconduits ou si les obligations sont nées dans les autorisations d'engagement précédemment autorisées.

Le coût projeté du programme en millions de $ pour le gouvernement de transition tel qu'adopté à SAN-CITY se présente comme suit (son budget malheureusement n'a pas produit d'effets) :

	Source ou rubrique	Année 1	Année 2	Année 3	Total
Sources internes		711,3	739,8	780,5	2231,6
	Budget d'investissement en millions de $	11,6	121,4	128,1	362,2
	Privé (en millions de $)	80,0	100,0	100,0	280,0
Sources externes	Banque mondiale	192,6	192,6	192,6	577,8
	Autres partenaires	274,3	274,3	274,3	822,9
	Total	1 394,9	1 548,1	1 924,5	4 868,5

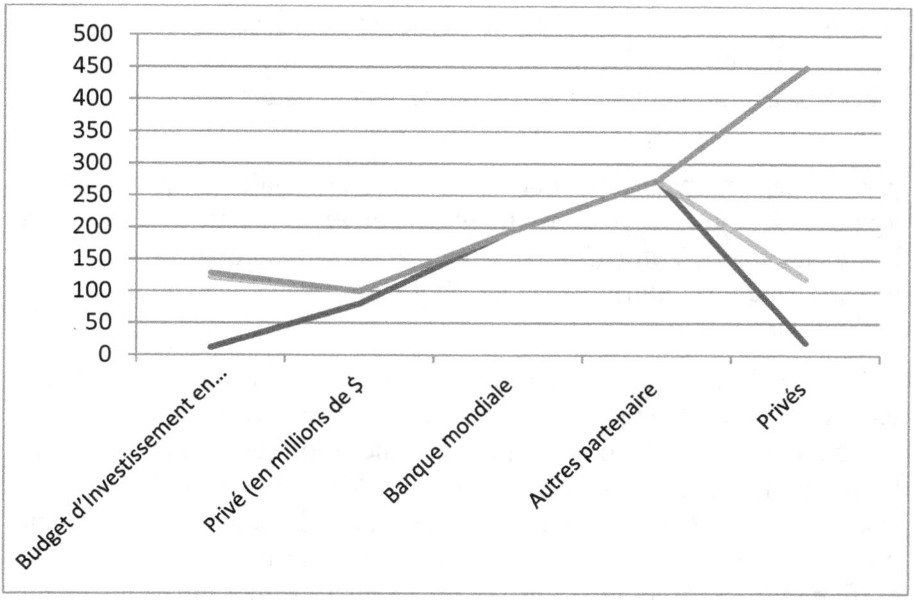

Tel est le programme économique et social réaménagé tel que discuté à San City en 2002 pour un avenir meilleur de notre population. Les pays pauvres s'endettent de plus en plus et leurs dettes s'accumulent davantage. Ils ne seraient plus en mesure de rembourser et les bailleurs de fonds refusent de prêter de nouvelles dettes aux pays pauvres. Leur développement est hypothétique, car ils n'investissent rien. Le gouvernement congolais a dû donc recourir à la fois au financement interne (monétaire) et au financement externe (endettement).

De 1970 à 1973, le financement extérieur ne progresse que de 45 %, c'est-à-dire son pourcentage dans le total des recettes passant de 25 à 19 %. L'année 1973 est donc une année charnière après laquelle la quasi-stagnation du financement extérieur, qui avait abouti à l'endettement public extérieur excessif que nous avons signalé, oblige l'État à recourir de manière croissante au financement monétaire dans la mesure où ses recettes fiscales semblent de moins en moins capables de couvrir des dépenses.

Ces financements monétaire et bancaire constituent le facteur principal de l'importante inflation que le pays connaît au cours de ces dernières années. Un souci de bonne gestion financière aurait dû inspirer aux responsables des finances de l'État congolais un mécanisme de mise en réserves et de compensation entre la période des vaches grasses et des vaches maigres de façon à atténuer les conséquences désastreuses d'une conjoncture fiscale incontrôlée des dépenses du cuivre, on aurait tout ou moins dû imposer des choix judicieux au moment où les ressources abondantes leur permettaient d'investir largement.

Dès l'indépendance alors que l'État colonial était centralisé et très organisé, le nouveau gouvernement se trouve confronté à la mutinerie de l'armée. Son autorité s'en trouve très fortement affaiblie et ses moyens d'action réduits à peu des choses, notamment dans le domaine de l'économie.

De ce fait, la dégradation de l'économie est très rapide. L'insécurité résultant des troubles politiques et sociaux, l'incertitude généralisée et l'absence d'une volonté politique et d'une politique économique bien définie se traduisent par le rapatriement des capitaux, la baisse de la production et des exportations, des déficits de la balance de paiement, le déséquilibre chronique des budgets sous l'influence conjuguée du gonflement des dépenses pour les rémunérations des fonctionnaires et de la diminution des recettes, l'inflation sanctionnée par une dévaluation. À cette époque, se manifestent déjà les phénomènes qui accompagnent toute crise politique et économique, à savoir la dégradation du réseau de transport, réduisant l'activité agricole commercialisée. Compromettant ainsi à la fois l'approvisionnement vivrier des villes et l'apport des matières premières agricoles aux industries agricoles et provoquant la hausse des prix sur les marchés urbains.

Dans le secteur commercial, l'enrichissement le plus rapide concerne les commerçants qui ont accès aux licences d'importation et aux devises grâce à leur relation politico-administrative. En résumé, on n'enregistre au cours de cette période aucune politique cohérente de développement. Tout se fait par opportunisme. Il se crée une classe de bourgeoisie économique nationale. Cette classe s'approprie une grande part du revenu national alors qu'elle n'est pas liée ou engagée dans la production, ceci se fait au détriment des ouvriers et des paysans. Il se produit en effet une répartition autre du PIB, au sein duquel la formation du capital (investissements) se réduit alors que la consommation publique et privée augmente.

CHAPITRE NEUVIÈME

LE BUDGET EN RÉPUBLIQUE DÉMOCRATIQUE DUCONGO

À travers ce chapitre, nous présentons les réalisations budgétaires du gouvernement central de la République démocratique du Congo pour la période allant de 2005 à 2012, afin de visualiser son évolution à travers le temps.

9.1. Contexte

Le budget de l'État est un document retraçant l'ensemble de ses recettes et de ses dépenses pour une année civile.

Ce budget concerne l'État au sens strict, c'est-à-dire ses administrations centrales (les ministères). Sont exclues du budget de l'État : les ressources et les dépenses des collectivités locales (régions, départements et communes) ainsi que celles des organismes de sécurité sociale.

En revanche, il existe chaque année un budget social de la nation, document qui récapitule l'ensemble des ressources et des dépenses en matière de protection sociale (prestations et cotisations sociales des organismes de sécurité sociale, recettes et dépenses sociales de l'État et des collectivités locales). Ce document constitue un indicateur de « l'effort social de la nation ».

On emploie aussi le terme « budget » pour désigner les ressources et les dépenses d'un ministère (le budget de l'Éducation nationale, par exemple).

Enfin, l'expression générale « finances publiques » désigne l'ensemble des éléments qui se rapportent aux budgets des différentes administrations publiques (État au sens large), le budget de l'État est préparé par le gouvernement et voté par le parlement.

Ce sont les différents ministères et administrations qui préparent, avec l'aide du ministère des Finances, un projet de budget « projet de la loi de finances ». Le budget est ensuite voté par le parlement à partir de mi-septembre à octobre qui précède l'année civile de son application.

Ce sont les représentants de la nation et non les fonctionnaires ou les ministres qui décident des recettes et des dépenses affectant les citoyens.

Dans tout État, le budget est l'expression chiffrée de la politique économique et sociale du gouvernement. À peine sortie d'une guerre particulièrement meurtrière et destructrice, notre pays devait s'atteler à rétablir les grands équilibres sociaux, économiques et politiques du reste clairement définis en cinq objectifs de la transition.

Il se fait que le projet de budget déposé au parlement est à l'opposé de cette préoccupation centrale. Il est plutôt la traduction d'une idéologie : celle d'un État patrimonial au service d'un petit groupe de nationaux dont la logique est la prédation, la mendicité internationale et le pillage des richesses nationales...

Les dépenses de l'État sont aussi appelées charges budgétaires ou dépenses publiques. Nous distinguons généralement les dépenses publiques ordinaires (rémunérations des fonctionnaires, aides à l'emploi ou aux agriculteurs...) et les dépenses publiques en capital (investissements). Certaines dépenses d'investissement doivent cependant être financées sur plusieurs années ; le gouvernement soumet alors au parlement des autorisations de programme afin d'obtenir son accord sur une opération dont les dépenses et le financement dureront plusieurs années.

Il est présenté souvent d'une autre façon les dépenses publiques, à partir de leur fonction. Il s'agit là de connaître la destination des dépenses par grands secteurs. On dispose alors d'un budget fonctionnel (voire par exemple le budget du gouvernement central de 2006 repris dans le tableau suivant).

Prévisions budgétaires de la République démocratique du Congo de 2006 en francs congolais

N°	FONCTION	PRÉVISION	RÉALISATION	ÉCART	%
1	Administration centrale publique	50,506,280,761	34,301,516,908	-16204763853	67.92
2	Défense	85,523,690,667	121,944,780,013	36421089346	142.59
3	Ordre et sécurité	44,818,365,278	37,694,320,181	-7124045097	84.10
4	Affaires économiques	16,499,759,199	88,135,352,909	71635593710	534.16
5	Protection de l'environnement	5,997,297,099	7,761,508,503	1764211404	129.42
6	Logement et équipement collectif	41,064,526,391	21,587,116,290	-19477410101	52.57
7	Santé	56,387,709,646	24719152704	-31668556942	43.84
8	Religion, culture, sport et loisir	5,187,523,630	6284773081	1097249451	121.15
9	Enseignement	97,551,655,519	60327628794	-37224026725	61.84
10	Protection sociale, affaire sociale	32429832158	12021796919	-20408035239	37.07
TOTAL		435,966,640,348	414,777,946,302	- 21,188,694,046	1274.65

Graphique n° 1. Présentation graphique du budget de la RDC en francs congolais par grandes fonctions

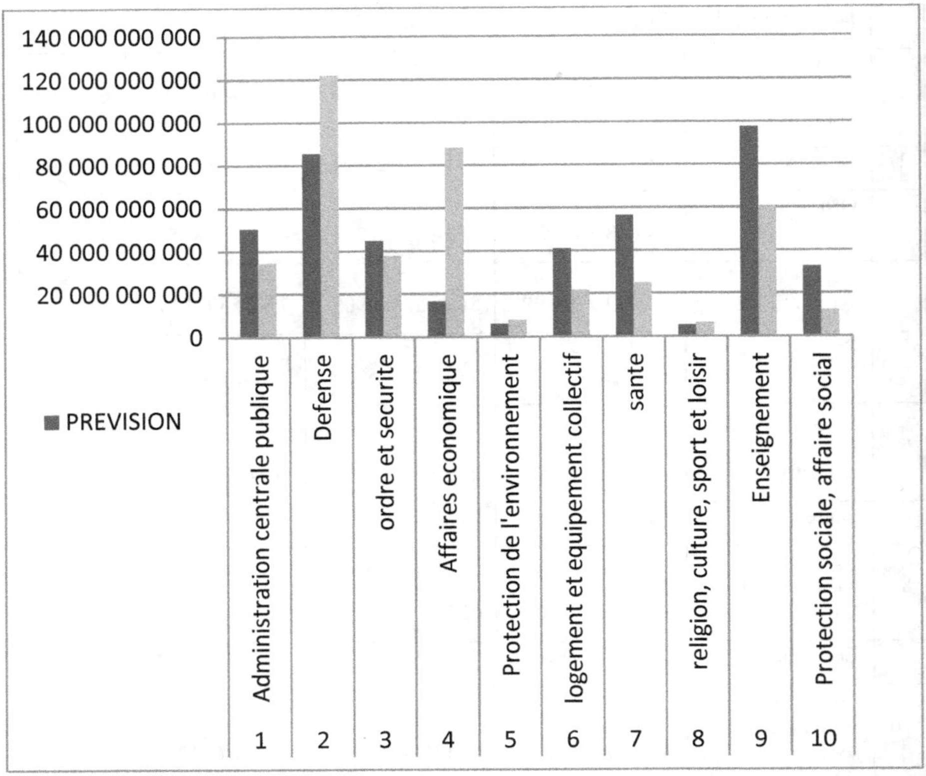

Les dépenses publiques représentent la principale forme d'intervention de l'État dans la vie économique. Mais l'État n'est pas libre de disposer de la totalité des recettes publiques. Une partie importante du budget, appelée les « services votés », car ils sont votés en une seule fois, correspond aux dépenses nécessaires au fonctionnement des administrations. Les services votés sont automatiquement reconduits d'une année à l'autre. Le parlement se prononce de façon détaillée sur les seules mesures nouvelles.

Les recettes réelles peuvent se révéler moins importantes que prévu (rentrée d'impôts plus faibles si la conjoncture se dégrade), tandis que des dépenses nouvelles peuvent apparaître. C'est par exemple le cas lorsqu'un nouveau gouvernement, apparu en cours d'année, souhaite modifier la loi de finances (afin d'augmenter les dépenses ou de les répartir différemment). Le parlement est alors amené à voter une loi de finances rectificatives ou « collectif budgétaire ».

Le projet de budget tracé par le gouvernement congolais de 2006 ne traduit même pas l'obligation des résultats que l'on était en droit d'attendre de la transition avant d'aller aux élections, à savoir :

- La réunification, la pacification, l'instauration de l'intégrité territoriale et le rétablissement de l'autorité de l'État sur l'ensemble du territoire national ;
- La réconciliation nationale ;
- La formation d'une armée nationale, restructurée et intégrée ;
- L'organisation des élections dans la perspective d'en finir avec l'État patrimonial et prédateur la mise en place des structures devant aboutir à un nouvel ordre politique.

La liste civile du président de la République, par exemple, est une pratique héritée des pays monarchiques comme la Belgique et copiée par feu le président Mobutu. Elle n'a aucun fondement dans une République.

Par ailleurs, en Belgique, le montant de cette liste civile est dérisoire comparé aux budgets colossaux affectés à la sûreté belge ou à la sécurité sociale pour ne citer que ces deux secteurs.

À l'égard de cette hégémonie politique et financière, la RDC a tenté plusieurs alternatives pour arrêter l'hémorragie dans les entreprises publiques, le « Groupe d'Action de la Société civile pour la Surveillance de la Transition » (GAT) avait, au lendemain de la publication dans la presse du rapport d'audit de quelques-unes d'entre elles, exigé l'application immédiate des mesures conservatoires suivantes :

- Soumettre toute opération d'achat de fournitures et autres biens d'équipement à la procédure d'appel d'offres non restrictives ;
- Mettre sur pied une sorte de centrale d'achat au service de toutes les structures ou services étatiques et para étatiques ;
- Encadrer, de façon stricte, les émoluments, jetons de présence et autres avantages à accorder aux mandataires ;
- Procéder, sur cette base, à la récupération du « trop-perçu » et engager des poursuites judiciaires là où il y a eu détournement ou abus de biens sociaux.

Quatre mois après, plus rien de tout cela n'a été amorcé, comme pour confirmer que l'État congolais aujourd'hui est effectivement un État oligarchique qui se contente de redistribuer, à quelques privilégiés, une rente de plus en plus mince.

Alors, quoi de plus normal que de chercher à renvoyer à plus tard les élections des organes délibérants, et de prolonger indéfiniment la transition ? C'est regrettable que dans les entités territoriales décentralisées, à part la province, les organes délibérants n'aient jamais été votés ni institués, ce qui contredit la constitution de la RD du Congo.

Elles sont caractérisées par l'absence d'un processus de programmation et de budgétisation rationnelle, l'absence de programmation pluriannuelle. Le budget d'investissement dans un processus normal de gestion publique du développement constitue l'année 1 du Programme d'Investissements publics (PIP). Le programme pluriannuel d'investissement public constitue la charnière entre l'action immédiate matérialisée par le budget d'investissement et le plan à moyen terme de développement économique et social.

Le programme pluriannuel, souvent triennal, constitue la matérialisation de la politique d'investissements publics de l'État et permet de dépasser l'horizon budgétaire, généralement limité à 12 mois et par conséquent inadapté à la durée du cycle des projets.

Dans ce pays, il n'y a pas de programme d'investissement public unique, chaque bailleur de fonds impose en arrivant son programme (il y a à ce jour environ 26 programmes différents).

Comment est-on arrivé à élaborer un budget d'investissements publics fiable, matérialisant l'action immédiate de l'année 2005 ?

Nous nous trouvons ainsi face à un document alibi, dont les partenaires ne peuvent que se moquer parce que ces derniers savent que : les efforts fournis par le PNUD aujourd'hui pour réhabiliter un processus de planification à moyen terme et aboutir à l'élaboration d'un PIP (Programme d'Investissements publics) intégrant tous les programmes disséminés à gauche et à droite n'ont pas encore abouti.

Le noyau de cadres capables d'accompagner ce processus dans l'administration est encore symbolique. L'État congolais n'a manifesté aucun effort à former des planificateurs et évaluateurs des projets.

Nulle part on ne prévoit dans le budget un fonds de pré-investissement destiné à préparer les projets à inscrire dans le PIP et dans un budget d'investissement digne de ce nom.

L'information financière globale sur tous les programmes n'est pas vraiment maîtrisée par le gouvernement. Sans plan à moyen terme et sans un PIP (Programme d'Investissements publics), le budget d'investissement présenté est une simple liste d'idées de projets avec des coûts approximativement imaginés et ne mérite pas d'être dénommé budget d'investissements publics.

Même l'objectif d'élaboration d'un document pour la consommation extérieure est raté. Le budget d'investissements est financé à 98 % sur fonds extérieur. Les acteurs politiques, plus soucieux de s'octroyer chacun leur part de la rente, n'ont aucun souci à se faire sur la préparation de l'avenir du pays par des investissements dont l'impact sur l'environnement économique et social est maîtrisé grâce à des études préalables.

Même la mise en place des antennes de la CEI, aujourd'hui CNI, est placée sous la responsabilité de l'étranger puisqu'elle n'apparaît pas dans le budget de dépenses octroyé à la CEI. L'appui au processus électoral, soit 161 millions de dollars d'origine étrangère, est insuffisant. Il reste 120 millions pour boucler les besoins du processus électoral, et pendant ce temps l'on privilégie l'alimentation des caisses parallèles des principaux animateurs.

Les dépenses d'investissement sur les ressources propres concernent uniquement la police nationale et la structure militaire intégrée, soit environ 2 % de l'ensemble du budget d'investissement du pays !

La reconstruction et le développement sont totalement tributaires de la bouffée d'oxygène extérieure.

Si les élections ne changent rien à cette tendance historique aliénante de l'indépendance et de la souveraineté nationale, on aura perdu du temps et de l'argent et surtout des vies humaines pour rien.

Comment comprendre par exemple que les cabinets des ministres des Finances et du Plan soient chargés en lieu et place de l'administration de gérer des projets, si ce n'est pour perpétuer la logique de l'État patrimonial ?

Comment va-t-on gérer tous ces contrats d'études qui inondent le budget d'investissements si ce n'est dans la logique de l'État patrimonial : un partage équitable entre acteurs publics et bailleurs de fonds serait plus souhaitable.

9.2. L'initiative PPTE

C'est ici le lieu de dire également un mot sur « l'Initiative PPTE » (ou Initiative Pays Pauvres Très Endettés). Un mécanisme dénommé « Initiative PPTE » a été mis en place par les principaux créanciers pour permettre aux pays bénéficiaires d'affecter aux secteurs sociaux nationaux des montants originellement destinés au service de la dette.

Mais nous savons par ailleurs que la décision d'annuler la quasi-totalité de la dette de ces pays a été prise en grande partie parce que ces derniers n'arrivaient plus à faire face à cette contrainte.

Comment dès lors tabler sur le seul fait qu'une fois soulagés de cette contrainte, les pays débiteurs commenceraient tout d'un coup à réaliser de meilleures performances pour dégager des sommes qu'ils ne pouvaient pas réunir avant ? Certes, à la demande des créanciers, les pays débiteurs peuvent facilement établir la liste des bénéficiaires de ces crédits d'un nouveau genre.

Mais entre l'intention d'accorder des subventions et la mise à disposition effective desdites subventions, il y a un pas que nous nous gardons de franchir.

C'est l'heure du bon choix pour les parlementaires. Ils doivent choisir leur camp, d'abord en renonçant à la petite part de fonds spéciaux qui leur est octroyée qui ne représente que 6 000 $ par personne et par an et en désignant le mal par son nom.

Ils doivent refuser de voter un tel budget et procéder à son réaménagement en tenant compte de la priorité à accorder aux objectifs de la transition et au volet social.

9.3. Les grands maux des finances publiques congolaises

Les finances publiques en République démocratique du Congo souffrent depuis l'indépendance de 1960 de certains comportements des décideurs publics qui font qu'elles se portent généralement mal d'une part, et d'autre part, elles entraînent des effets déstructurant sur l'ensemble des variables macroéconomiques.

Dans la gestion des dépenses publiques, il est toujours constaté qu'il y a conflits de compétences entre plusieurs services financiers dans la gestion du compte général du Trésor qui est logé à la Banque centrale du Congo (BCC).

En principe, ce compte ne peut être actionné que sur instruction expresse et directe du ministre ayant les finances dans ses attributions. Souvent, ce compte est ponctionné sans l'aval de ce ministre et surtout, c'est à son insu que l'argent sort des caisses publiques. Car, en effet, la Présidence de la République, la Primature, les Forces armées, les services de sécurité et la Banque centrale du Congo débitent le compte général du Trésor sans respecter la procédure légale en vigueur en matière d'exécution des dépenses publiques.

C'est ce que nous appelons la multiplicité des centres d'ordonnancement. Ce poly-ordonnancement des dépenses publiques est un grand fléau qui a toujours creusé les déficits publics en RD du Congo. Les services publics, selon leur accointance et puissance, se font payer directement à la Banque centrale qui est le caissier de l'État, et cette dernière ne fera que faire constater les dégâts au ministère des Finances.

En outre, selon la procédure budgétaire et la chaîne de la dépense publique instituée pour en assurer le contrôle, aucune dépense publique ne peut être payée sans bon d'engagement à l'exception des dépenses urgentes (frais de déplacement des autorités, frais nécessitant la continuité des services publics). Et ce bon d'engagement doit être contrôlé par le contrôleur des dépenses engagées de la direction du contrôle budgétaire pour s'assurer de l'existence des crédits et des pièces justificatives conformément au règlement général de la comptabilité publique. Après vérification, les bons d'engagement conformes sont soumis à la signature du ministre du Budget qui les transmet à son collègue des finances qui, selon son plan de trésorerie, autorise la sortie des fonds c'est la phase d'ordonnancement. Une fois ordonnancés, la direction du Trésor et de l'Ordonnancement les envoie à la direction des fonds publics de la Banque centrale du Congo pour paiement. Après le paiement, la BCC devrait renvoyer les listings informatisés. Mais en réalité, les choses ne se passent pas souvent ainsi. C'est la procédure d'exception qui est souvent la règle. La majorité des dépenses étant exécutées en urgence et sans bons d'engagement.

Ce manque de discipline et d'orthodoxie budgétaires qui fait que les dépenses des ministères et autres services publics, communément appelées dépenses courantes ou de fonctionnement, s'accaparent la part importante des dépenses publiques, contrairement aux dépenses en capital ou d'investissement.

9.4. Le laxisme dans le contrôle de l'exécution des dépenses

En effet, le contrôle administratif assuré par la hiérarchie et l'Inspection générale des finances (IGF) est inopérant. En réalité, l'IGF n'est compétent que pour contrôler les actes des comptables publics. Mais il se fait qu'en RD du Congo, c'est le ministre (ordonnateur des dépenses) qui s'occupe de la gestion des crédits alloués à son ministère.

Toutes les violations de la loi des finances ainsi relatées sont faites par le ministre et relèvent de la gestion de fait. Les inspecteurs des finances ne peuvent pas contrôler les actes des ministres. Voilà le sanctuaire de l'impunité et des dérapages chroniques des finances publiques. Par ailleurs, le contrôle juridictionnel est inexistant.

En effet, la Cour des comptes est sans budget, sans moyens avec des agents mal payés. Ils sont systématiquement affamés pour qu'ils ne fassent pas leur travail. Quant au contrôle politique assuré par le parlement, il se caractérise par le clientélisme, le tribalisme et la corruption. Les ministres et les mandataires publics graissent souvent la patte aux membres des commissions parlementaires pour éviter les griefs de ces derniers lors d'un contrôle ou d'une interpellation au parlement.

Concernant le portefeuille de l'État, il est de notoriété publique que les experts du Conseil supérieur du Portefeuille et les cadres de ce ministère vivent aux dépens des entreprises qu'ils sont censés contrôler. En outre, ils sont pour la quasi-totalité commissaires aux comptes et administrateurs dans ces entreprises. Il y a là un conflit d'intérêts, car étant juges et parties à la fois.

Quant aux régies financières (la Direction générale des Impôts, la DGRAD et DGDA), elles souffrent de plusieurs maux.

Pour mettre un terme aux difficultés d'exécution et de réalisation des budgets en RDC, soulignons avec Henri MOVA SAKANYI ce qui suit :

Créer un super ministère des Finances qui chapeautera les finances, le budget, le plan à cause des dépenses d'investissement et le portefeuille. On nommera des ministres délégués auprès de ce ministre pour coordonner la gestion des finances publiques et des entreprises publiques.

Le rôle de caissier de l'État doit être ôté à la Banque centrale du Congo qui s'attellera à sa mission première qui est d'émettre la monnaie, d'en assurer la stabilité et de servir de prêteur de dernier ressort du système bancaire.

Le gouvernement doit, pour une bonne administration des finances publiques :

- Créer un guichet unique qui servira de caissier de l'État, qui centralisera la chaîne de la dépense publique en son sein et dont dépendront tous les comptables publics ;
- Doter des moyens conséquents les organes de contrôle afin qu'ils soient motivés à assurer leur travail ;
- Verser des salaires décents aux agents des régies financières pour éviter la tentation ;
- Mettre en examen tout gestionnaire qui se rendrait coupable des détournements de l'argent public.

Nous sommes fermement convaincus qu'aussi longtemps que ne seront pas entreprises des réformes structurelles et « structurantes » destinées à opérer une véritable révolution de gouvernance et d'éthique au niveau de la chose publique, nous continuerons à subir les affres d'une gouvernance au rabais et que toutes les questions de fond, comme celles que l'analyse de ce projet de budget vient de mettre en lumière, seront toujours abordées de façon évasive, légère et superficielle par nos gouvernants, assurés de jouir d'une sorte d'impunité implicite, une impunité non écrite parfois, bien qu'effective et réelle.

Nous avons donc l'obligation de nous organiser autrement si nous tenons à ce que notre pays devienne une vraie République (*Respublica*) fondée sur une citoyenneté réellement responsable, éveillée et exigeante, gage d'une participation effective du peuple à l'exercice du pouvoir d'État. Le budget de l'État étant l'expression chiffrée de la politique du gouvernement, il faut repenser les orientations politiques du gouvernement en fonction des objectifs de la transition.

Il faut sortir de la logique de l'État patrimonial légué par la colonisation et consolidé par les différents régimes jusqu'à ce jour.

Pour nous en rendre compte, présentons les budgets des dépenses du gouvernement central de la République démocratique du Congo de 2005 à 2012.

La réalisation des budgets de la République démocratique du Congo pour les exercices 2005 à2012.

Budget des dépenses du gouvernement central de la République démocratique du Congo de 2005 à 2012 en francs congolais

Années	Prévisions	Réalisations	Écarts	Taux d'exécution en %
2005	806169426001	723491598478	-82677827523	89.74
2006	435966640348	414777946302	-21188694046	95.14
2007	1370309606010	1125761864268	-244547741742	82.15
2008	1781415163097	1542373368329	-239041794768	86.58
2009	2150157475304	1780107325048	-370050150256	82.79
2010	5607517614775	2816936194403	-2790581420372	50.23
2011	6746324098494	1524521047462	-5221803051032	22.60
2012	6609171209773	3675149678801	-2934021530972	55.61

Comme nous l'avions souligné au chapitre sur la décentralisation, il convient de rappeler qu'en RDC, le gouvernement central cède une partie de son pouvoir et de ses décisions aux ETD pour une meilleure coordination et gestion de la chose publique.

De la façon dont la décentralisation est gérée en RDC, nous constatons que la gestion autonome est reconnue aux provinces, qui par le biais du gouvernement provincial coordonne la gestion des Entités territoriales décentralisées ainsi que celles déconcentrées.

Bien que la province, le district, la mairie, la chefferie et le secteur soient toutes des ETD, notons que la province représente automatiquement le gouvernement central. Elle a le devoir de rétrocéder une partie de son pouvoir aux autres ETD qui lui sont inférieures.

Ainsi, dans cette étude, pour avoir une idée d'ensemble sur la gestion budgétaire des ETD du Sud-Kivu, nous allons présenter les budgets du gouvernement central, ceux de la province du Sud-Kivu, ceux de la mairie de Bukavu et plus loin ceux de trois communes de la ville de Bukavu.

Présentation graphique du budget des dépenses du gouvernement central de la République démocratique du Congo de 2005 à 2012 en francs congolais

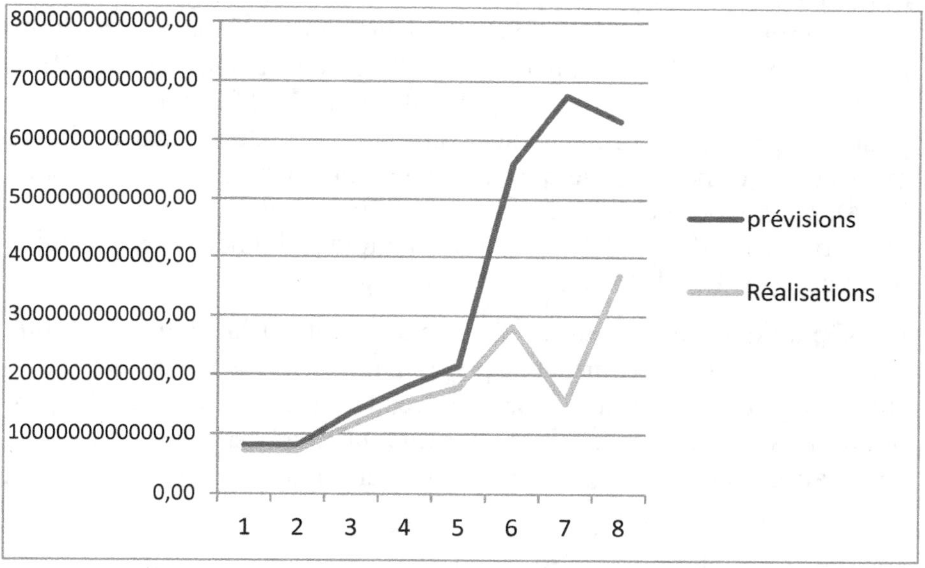

Depuis 2006, la République démocratique du Congo s'est engagée dans la mise en œuvre du Document de la stratégie de croissance et de réduction de la pauvreté (DSCRP). Un Programme d'actions prioritaires (PAP) pour la mise en œuvre de ce DSCRP a été réalisé en 2007 et constitue la première étape dans la marche vers la reconstruction du pays à travers les cinq chantiers de la RDC, le programme du gouvernement, le contrat de gouvernance et le cadre d'assistance pays (CAP) des partenaires au développement. La République démocratique du Congo a un revenu national brut (RNB) par habitant de 720 USD en parité de pouvoir d'achat (PPA), selon le rapport World Développement de 2006. Son taux de croissance démographique a été en moyenne de 2.8 % par an entre 2000 et 2006, ce qui est largement au-dessus de la moyenne des pays à faible revenu (1.8 %).

Du point de vue des Objectifs du Millénaire pour le Développement (OMD), le rapport national2007 montre que la République démocratique du Congo serait en mesure de promouvoir l'égalité et l'autonomie des femmes (objectif 3), de combattre le VIH/sida, le paludisme et autres maladies (objectif 6) et d'assurer un environnement durable (objectif 7), si quelques changements étaient opérés. La République démocratique du Congo a souscrit à la Déclaration de Paris sur l'efficacité de l'aide. La question de l'efficacité de l'aide dans ce pays, qui sort d'une longue période de guerre civile, préoccupe la communauté internationale. En 2006, l'Aide publique au développement (APD) nette consentie à la RDC s'est élevée à 2 056 millions USD, soit 25.2 % du RNB. Ce pourcentage très important indique une très forte dépendance à l'aide extérieure, qui ne diminue que faiblement au fil du temps (29.1 % en 2004). Ce chapitre a été établi à partir d'informations fournies par le gouvernement de la RDC et par quatorze donneurs, à l'origine d'environ 96 % de l'APD octroyée au pays.

La République démocratique du Congo a obtenu la note D en 2007 comme en 2005. Les mesures prises par le pays sont en effet trop récentes pour se traduire par une réelle amélioration de l'appropriation. Après une décennie de conflits, la RDC est pourtant en voie de réaliser des progrès importants en matière institutionnelle, économique et sociale.

Depuis 2006, le pays s'est engagé dans la mise en œuvre d'un Document de stratégie de croissance et de réduction de la pauvreté (DSCRP). L'objectif ultime visé à travers cette stratégie nationale est l'amélioration durable et effective des conditions de vie des populations des 26 provinces projetées dans la nouvelle constitution. La stratégie adoptée par le gouvernement repose sur cinq piliers (promouvoir la bonne gouvernance et consolider la paix, consolider la stabilité macroéconomique et la croissance, améliorer l'accès aux services sociaux et réduire la vulnérabilité, combattre le VIH/sida et appuyer la dynamique communautaire) recensés par la population lors de consultations participatives auprès des communautés de base, et conformes aux objectifs du Millénaire pour le développement.

En concertation avec ses partenaires du développement, le gouvernement a pris la décision d'élaborer un Programme d'actions prioritaires (PAP) pour la mise en œuvre du DSCRP sur la période initiale allant de juillet 2007 à décembre 2008. Le PAP élaboré n'est cependant pas chiffré. Les quelques chiffres présents ne reposent pas sur une analyse détaillée des besoins sectoriels, mais sur des estimations incomplètes des engagements financiers des donneurs. Par conséquent, le budget national n'est pas en mesure de prévoir ces investissements. Le DSCRP prévoit une allocation budgétaire pour chaque secteur prioritaire, mais toutefois cela ne sert pas de base à l'élaboration des tranches annuelles du budget national. Ceci devrait être résolu par l'élaboration d'un Cadre de dépenses à moyen terme (CDMT).

Les principaux indicateurs macroéconomiques sous-tendant les prévisions budgétaires de l'exercice 2015 du pouvoir central se déclinent comme suit :

- Taux de croissance de PIB : 10,4 %
- Déflateur du PIB : 3,3 %
- Taux d'inflation moyen : 3,6 %
- Taux d'inflation fin période : 3,5 %
- Taux de change moyen : 936,5 CDF/USD
- Taux de change fin période : 943,9 CDF/USD

La Loi de Finances de la RDC pour l'exercice 2015 est présentée en équilibre, en recettes et en dépenses, à 8 496,3 milliards de CDF, soit 23,4 % du PIB et un taux d'accroissement de 2,7 % par rapport à la Loi de Finances de 2014 arrêtée à 8 273,4 milliards de CDF.

- **Recettes**

Les recettes de l'ordre de 8 496,3 milliards de CDF sont constituées des recettes du budget général évaluées à 7 586,2 milliards de CDF, des recettes des budgets annexes arrêtées à 535,0 milliards de CDF et des recettes des comptes spéciaux chiffrées à 375,1 milliards de CDF.

Les recettes du budget général comprennent les recettes internes essentiellement courantes de l'ordre de 6 004,2 milliards de CDF et les recettes extérieures fixées à 1 582,0 milliards de CDF.

Les recettes courantes représentent 70,7 % des recettes totales, une pression fiscale de 16,5 % et un taux d'accroissement de 9,6 % par rapport aux assignations de 2014 arrêtées à 5 480,4 milliards de CDF, ce qui est justifié par la prise en compte de l'impact du cadrage macro-économique 2015, l'intégration de nouvelles mesures fiscales ainsi que l'effort de service à déployer par les administrations fiscales et les services d'assiette.

Elles sont constituées des recettes des douanes et accises de l'ordre de 2 579,3 milliards de CDF, des recettes des impôts de 2 374,8 milliards de CDF, des recettes non fiscales encadrées par la DGRAD de l'ordre de 622,5 milliards de CDF et des recettes des pétroliers producteurs d'un niveau de 427,5 milliards de CDF.

Les recettes extérieures représentent 18,6 % des recettes totales, 4,4 % du PIB et un taux de régression de 19,6 % comparativement à celles prévues en 2014 arrêtées à 1 968,6 milliards de CDF, consécutivement essentiellement à la baisse des dons projets. Elles comprennent les recettes d'appuis budgétaires de l'ordre de 50,9 milliards de CDF et celles de financement des investissements d'un montant de 1 531,0 milliards de CDF.

Les recettes d'appuis budgétaires de l'ordre de 50,9 milliards de CDF proviennent du contrat désengagement-désendettement conclu après l'atteinte du point d'achèvement de l'initiative PPTE.

Les recettes de financement des investissements, de l'ordre de 1 531,0 de CDF, comprennent essentiellement les dons projets provenant des divers partenaires bilatéraux et multilatéraux de la République.

Les recettes des budgets annexes sont constituées des recettes propres : d'une part, des universités et instituts supérieurs et, d'autre part, des hôpitaux généraux de référence répertoriés dans le cadre du budget de l'exercice 2015 pour des montants respectifs de l'ordre de 125,1 milliards de CDF et de 409,9 milliards de CDF.

Les recettes des comptes sociaux sont constituées des prélèvements obligatoires effectués par différents fonds, offices et entreprises répertoriés pour l'exercice budgétaire 2015, à concurrence de 375,1 milliards de CDF.

➢ **Dépenses**

Au même titre que les recettes, les dépenses de l'exercice 2015 sont réparties en budget général pour un montant de 7 586,2 milliards de CDF, en budgets annexes à concurrence de 535,0 milliards de CDF et en comptes spéciaux pour un niveau de 375,1 milliards de CDF.

Les dépenses du budget général sont ventilées par nature économique de la manière suivante :

- Dette publique en capital : 236,8 milliards de CDF, soit 3,1 % des dépenses du budget général et un taux de régression de 8,4 % par rapport à son niveau de l'exercice 2014 situé à 258,4 milliards de CDF. La régression constatée est essentiellement influencée par l'impact de l'annulation et du rééchelonnement de la dette après le point d'achèvement de l'initiative PPTE ainsi que par la politique d'endettement concessionnel requérant un délai de grâce avant le remboursement de nouvelles créances contactées ;
- Frais financiers : 104,5 milliards de CDF, soit 1,4 % des dépenses du budget général et un taux de régression de 5,6 % par rapport au crédit voté de 2014 fixé à 110,7 milliards de CDF, justifié par la baisse des intérêts sur les créances titrisées de la Banque centrale du Congo ;
- Dépenses de personnel : 1 960,7 milliards de CDF, soit 25,8 % des dépenses du budget général et un taux d'accroissement de 14,8 % par rapport à leur niveau de l'exercice 2014 situé à 1 707,6 milliards de CDF, justifié par la prise en compte de l'impact de la politique de rationalisation, de la mécanisation de nouvelles unités des secteurs prioritaires ainsi que de la correction de certains barèmes et tensions salariales ;
- Biens et matériels : 268,2 milliards de CDF, soit 3,5 % des dépenses du budget général et un taux d'accroissement de 7,4 % par rapport à l'enveloppe retenue en 2014 de l'ordre de 249,7 milliards de CDF provenant notamment des charges de fonctionnement courant des nouvelles structures créées dans le cadre de la réforme de l'armée et de la police ainsi que du système judiciaire ;
- Dépenses de prestations : 413,3 milliards de CDF, soit 5,4 % des dépenses du budget général et un taux de régression de 8,8 % par rapport à l'enveloppe retenue en 2014 de l'ordre de 453,1 milliards de CDF, consécutif notamment aux prestations supplémentaires requises dans le cadre de la mise en place de nouvelles structures ;
- Transferts et interventions de l'État : 1 833,8 milliards de CDF, soit 24,2 % des dépenses du budget général et un taux d'accroissement de 0,6 % par rapport au crédit du budget 2014 de l'ordre de 1 822,6 milliards de CDF, dû en grande partie à

l'augmentation du transfert aux provinces et ETD au titre de fonctionnement et à la TVA remboursable ;

- Équipements : 1 669,2 milliards de CDF, soit 22,0 % des dépenses du budget général et un taux d'accroissement de 1,3 % par rapport à l'enveloppe retenue en 2014 chiffrée à 1 646,9 milliards de CDF, justifié par la prise en compte des efforts de mobilisation des recettes, notamment la certification des ressources naturelles ;
- Construction, réfection, réhabilitation, addition d'ouvrages et d'édifices, acquisitions immobilières : 1 099,7 milliards de CDF, soit 14,5 % des dépenses du budget général et un taux de régression de 8,4 % par rapport à l'enveloppe retenue en 2014 plafonnée à 1 199,9 milliards de CDF, justifié par les travaux de modernisation du pays et de désenclavement des provinces.

Les dépenses courantes sont composées des titres ci-après :

– Dette publique en capital arrêtée à 236 806 650 000 CDF (deux cent trente-six milliards huit cent six millions six cent cinquante mille francs congolais) ;

– Frais financiers évalués à 104 494 876 000 CDF (cent quatre milliards quatre cent quatre-vingt-quatorze millions huit cent soixante-seize mille francs congolais) ;

– Dépenses de personnel arrêtées à 1 960 684 885 873 CDF (mille neuf cent soixante milliards six cent quatre-vingt-quatre millions huit cent quatre-vingt-cinq mille huit cent soixante-treize francs congolais) ;

– Biens et matériels chiffrés à 268 227 155 776 CDF (deux cent soixante-huit milliards deux cent vingt-sept millions cent cinquante-cinq mille sept cent soixante-seize francs congolais) ;

– Dépenses de prestations arrêtées à 413 282 261 199 CDF (quatre cent treize milliards deux cent quatre-vingt-deux millions deux cent soixante et un mille cent quatre-vingt-dix-neuf francs congolais) ;

– Transferts et interventions de l'État évalués à 1 833 835 744 286 CDF (mille huit cent trente-trois milliards huit cent trente-cinq millions sept cent quarante-quatre mille deux cent quatre-vingt-six francs congolais).

Les dépenses en capital sont constituées de titres VII et VIII, réparties de la manière suivante :

– Équipements arrêtés à 1 669 199 557 619 CDF (mille six cent soixante-neuf milliards cent quatre-vingt-dix-neuf millions cinq cent cinquante-sept mille six cent dix-neuf francs congolais) ;

– Construction, réfection, réhabilitation, addition d'ouvrage et d'édifice, acquisitions immobilières chiffrées à 1 099 687 832 675CDF (mille quatre-vingt-dix-neuf milliards six cent quatre-vingt-sept millions huit cent trente-deux mille six cents).

Réalisation budgétaire

NO	RECETTES	BUDGET 2013 EXÉCUTÉ (EN CDF)	BUDGET 2014 VOTÉ (EN CDF)	BUDGET 2015 VOTÉ (EN CDF)
A	BUDGET GÉNÉRAL	4 652 594 689 249	7 449 004 345 919	7 586 218 963 428
1	RECETTES INTERNES	4 066 031 165 216	5 480 395 169 919	6 004 190 458 794
2	RECETTES EXTÉRIEURES	586 563 524 032	1 968 609 176 000	1 582 028 504 634
B	BUDGETS ANNEXES	100 678 312 174	516 429 915 000	535 021 391 940
C	COMPTES SPÉCIAUX	253 796 646 076	307 999 348 335	375 109 512 016
	RECETTES TOTALES	5 007 069 647 498	8 273 433 609 254	8 496 349 867 384
NO	**DÉPENSES**	**BUDGET 2013 EXÉCUTÉ (EN CDF)**	**BUDGET 2014 VOTÉ (EN CDF)**	**BUDGET 2015 VOTÉ (EN CDF)**
A	BUDGET GÉNÉRAL	4 757 443 424 987	7 449 004 345 919	7 586 218 963 428
1	DETTE PUBLIQUE EN CAPITAL	219 397 922 976	258 382 619 000	236 806 650 000
2	FRAIS FINANCIERS	160 326 626 746	110 685 171 000	104 494 876 000
3	DÉPENSES DE PERSONNEL	1 449 104 567 352	1 707 597 426 298	1 960 684 885 873
4	BIENS ET MATÉRIELS	165 658 396 003	249 747 663 241	268 227 155 776
5	DÉPENSES DE PRESTATIONS	146 126 941 675	453 097 413 128	413 282 261 199
6	TRANSFERTS ET INTERVENTIONS DE L'ÉTAT	1 502 964 347 127	1 822 557 425 272	1 833 835 744 286
7	ÉQUIPEMENTS	747 166 184 396	1 646 990 863 900	1 669 199 557 619
8	CONSTRUCTIONS, RÉFECTIONS, RÉHABILITATIONS	366 698 438 712	1 199 945 764 080	1 099 687 832 675
B	BUDGETS ANNEXES	100 678 312 174	516 429 915 000	535 021 391 940
C	COMPTES SPÉCIAUX	253 796 646 076	307 999 348 335	375 109 512 016
	DÉPENSES TOTALES	5 111 918 383 236	8 273 433 609 254	8 496 349 867 384
	SOLDE	-104 848 735 738	0	0

SYNTHÈSE DES RECETTES DU BUDGET GÉNÉRAL

NO	RECETTES	BUDGET 2013 EXÉCUTÉ (EN CDF)	BUDGET 2014 VOTÉ (EN CDF)	BUDGET 2015 VOTÉ (EN CDF)
A	RECETTES INTERNES	4 066 031 165 216	5 480 395 169 919	5 480 395 169 919
1	Recettes courantes	4 066 031 165 216	5 480 395 169 919	5 480 395 169 919
1.1	Recettes des douanes et accises	1 713 957 715 871	2 456 599 330 291	2 579 343 267 599
1.2	Recettes des impôts	1 513 451 000	1 958 643 743 484	2 374 764 594 071
1.3	Recettes non fiscales	442 616 833 467	654 717 096 144	622 544 376 946
1.3.1	DGRAD	368 425 027 757	565 977 985 144	622 544 376 946
1.3.2	AUTRES	74 191 805 710	88 739 111 000	0
1.4	Recettes de pétroliers producteurs	396 005 615 878	410 435 000	427 538 220 178
1.4.1	DGI	161 220 485 231	169 520 668 000	184 505 121 293
1.4.2	DGRAD	234 785 130 647	240 914 332 000	243 033 098 885
B	RECETTES EXTÉRIEURES	586 563 524 032	586 563 524 032	1 582 028 504 634
I	Recettes extérieures d'appuis budgétaires	32 459 003 909	197 373 288 000	50 985 200 233
1.1	Dons budgétaires	32 459 003 909		
1.1	Ressources PPTE		40 373 288 000	50 985 200 233
1.2	Ressources allègements IADM		157 000	
II	Recettes extérieures de financement des investissements	554 104 520 123	1 771 235 888 000	1 531 043 304 401
2.1	Dons projets	489 613 073 155	1 587 193 316 000	1 531 043 304 401
2.2.	Emprunts projets	64 491 446 968	184 042 572 000	
	RECETTES TOTALES	4 652 594 689 249	7 586 218 963 428	7 449 004 345 919

Afin d'établir un diagnostic commun, d'organiser la coordination des programmes d'aide et de fournir des matrices communes de suivi des résultats, un Cadre d'assistance pays (CAP) a été établi par les partenaires du développement. Le CAP, permettant de construire une base solide pour l'harmonisation des approches et des programmes, doit faciliter le principe de l'appropriation. En janvier 2008, le gouvernement, en collaboration avec les donneurs, a également mis en place 15 groupes thématiques de travail conjoints, répartis sur les 5 piliers du DSCRP. Enfin, un programme national de renforcement des capacités est en cours de finalisation au ministère du Plan, afin de soutenir les administrations nationales dans leurs capacités à identifier les besoins, à les hiérarchiser, à établir les programmations correspondantes et à en assurer le suivi-évaluation. Des DSCRP et des PAP provinciaux sont aussi en cours d'élaboration pour certaines provinces ou en cours de finalisation pour d'autres.

Toutefois, ces réformes sont encore trop récentes pour produire déjà les résultats escomptés. Certains obstacles restent par ailleurs à surmonter, tels que la faible opérationnalité du système de suivi-évaluation du DSCRP, l'insuffisante quantité et qualité des données statistiques, le caractère inachevé de la décentralisation ou encore le peu d'appropriation des stratégies nationales par les populations.

Plusieurs facteurs permettent d'expliquer la sous-évaluation notable de l'aide dans le budget. Ceux-ci sont liés à la fois aux comportements des donneurs et aux dysfonctionnements des systèmes nationaux. Du côté des donneurs, d'une part leurs interventions ne prennent pas suffisamment en compte les priorités nationales, de l'autre les informations qu'ils transmettent sont parfois incompatibles avec la nomenclature budgétaire nationale, rendant notamment difficile la démarcation entre l'APD au secteur public et la totalité de l'aide extérieure. Du côté des systèmes nationaux, l'absence de politiques et stratégies sectorielles limite l'alignement de l'aide sur les priorités nationales. Des facteurs techniques empêchent également l'inscription des aides décaissées dans le budget : faiblesse des capacités, implication insuffisante dans le processus d'identification, de préparation et de mise en œuvre des projets, voire même difficultés à arrêter les comptes chaque année en raison de l'État du réseau des comptables publics, etc.

Comme nous venions de le dire, la RDC a obtenu la note D en 2007 comme en 2005. Le pays a connu peu de progrès dans l'utilisation des cadres d'évaluation des performances permettant d'effectuer le suivi des programmes et projets. Le dispositif de suivi-évaluation et les cadres d'évaluation, prévus par le DSCRP, ne sont pas encore opérationnels. Des initiatives sont cependant prises pour inverser ce constat avec la réactivation de la Commission interministérielle de la Stratégie nationale de lutte contre la pauvreté (CI-SNLP) et la mise en place de 15 groupes thématiques en janvier 2008, articulés autour des piliers du DSCRP et associant donneurs et administrations nationales.

Leur objectif est de créer un cadre formel de concertation et de dialogue continu entre les ministères sectoriels, les organisations de la société civile, les organisations non gouvernementales (ONG), le secteur privé et les partenaires au développement dans la recherche d'un consensus et des voies et moyens pour un développement concerté et durable en RDC.

Parallèlement, des efforts sont menés par le gouvernement pour améliorer les capacités statistiques du pays : la Stratégie nationale de développement de la statistique est en cours d'élaboration au niveau de l'Institut national de la statistique (INS) et des enquêtes et études sont réalisées de manière ponctuelle pour évaluer les résultats. Ceux de l'enquête statistique ont par exemple permis la constitution de bases de données sur la pauvreté aux niveaux national et provincial et ont généré des analyses sectorielles relativement complètes.

La RDC est un État fragile qui sort à peine d'une longue période de guerre. Cela signifie que l'atteinte des objectifs cibles pour 2020 par la RDC sera plus difficile que pour un « État non fragile » et qu'elle ira probablement au-delà du terme globalement fixé pour tous les pays signataires.

Bien que des mesures très appréciables aient été prises entre les deux enquêtes de la Déclaration de Paris (notamment en matière d'appropriation), d'importants défis restent encore à relever au niveau de l'amélioration de l'efficacité de l'aide. Dans le domaine de l'alignement, les résultats obtenus indiquent que s'il y a globalement alignement politique des donneurs sur le DSCRP et sur quelques stratégies sectorielles (santé, enseignement primaire), celui-ci est en réalité encore peu opérationnel du fait des carences des systèmes nationaux. Du point de vue de l'harmonisation, le faible développement des approches programmes empêche le gouvernement d'exercer le leadership dans la conduite des opérations relatives aux programmes financés par les donneurs.

Enfin, en dépit des efforts pour améliorer les capacités statistiques des pays, il n'existe pas encore de véritable cadre d'évaluation des performances permettant d'effectuer le suivi des programmes et projets en RD Congo pour espérés des résultats performants.

CHAPITRE DIXIÈME

LES ACTIONS THÉRAPEUTIQUES POUR UNE BONNE RÉALISATION D'UN BUDGET DES ENTITÉS TERRITORIALES DÉCENTRALISÉES

Le présent chapitre se fixe de proposer une série de suggestions alternatives pour améliorer les finances publiques depuis la conception, la réalisation, jusqu'au contrôle.

Nous proposons dans ce chapitre un cadre de travail susceptible de répondre dans une certaine mesure aux règles d'une gestion orthodoxe. Cette démarche permettant au gestionnaire de découvrir et de maîtriser l'espace physique des ressources financières, humaines et autres. C'est par la combinaison optimale de toutes ces ressources que les gestionnaires pourront espérer redéfinir les stratégies nouvelles en matière de gestion financière propre aux Entités territoriales décentralisées de la RDC.

10.1. Attitudes d'un responsable budgétaire

Le responsable budgétaire doit :

- veiller au respect des dispositions de la loi financière en identifiant et en responsabilisant sans équivoque les principaux responsables de la gestion financière : l'ordonnateur du budget et le gestionnaire des crédits. Chacun doit jouer sans faille son rôle dans l'exécution d'un budget ;
- mettre tout en œuvre pour la mise en place d'une structure de gestion des dépenses faisant office d'un centre d'ordonnancement. Sa mission sera celle lui assignée par la loi financière 83-003 du 23 février 1983 ;
- assurer la mise en route d'un certain nombre d'outils de gestion financière, dont le plan de trésorerie hebdomadaire, qui prévoit les recettes à réaliser et les dépenses à engager ; le tableau de bord qui permet de mesurer, à des périodes fixes, la progression vers les objectifs repris dans le plan de trésorerie ;
- procéder à des améliorations de la tenue d'une comptabilité de la commune par le recours à un certain nombre d'instruments de gestion budgétaire et comptable, notamment les livres auxi-

liaires et l'outil informatique devant permettre une meilleure saisie, une exploitation d'un canevas budgétaire plus élaboré, tant pour les recettes que pour les dépenses en vue de l'identification de la nature et de la catégorie de chaque type d'opération. Ce canevas jouerait alors le rôle d'un tableau de bord. Il importe également d'initier la tenue des fiches budgétaires d'engagement des dépenses ;

- respecter scrupuleusement les directives du règlement général de la comptabilité publique sans oublier cependant que l'exécution du budget est un processus flexible aux exigences d'une méthodologie rigoureuse, elle peut allier les impératifs d'une gestion souple ;
- renforcer le recouvrement des recettes par la mise en place d'une structure plus opérationnelle de perception alliant l'amélioration du rendement à l'efficacité, grâce à l'augmentation de la productivité et la réduction des coûts. En vue de respecter au mieux la réglementation en la matière, il y a lieu d'avoir recours de plus en plus aux services qui sont censés être spécialisés, notamment : la Brigade de vérification de budget et de comptabilité ;
- mettre sur pied, pour une meilleure coordination des actions du programme, une cellule dite « cellule de décentralisation » chargée de centraliser la documentation de suivi pour le compte de l'exécutif communal, les actions de développement initiées ici et là sur toute l'étendue de la commune, et de servir de relais entre l'autorité communale et les services ainsi que les organismes de planification privés ou publics, nationaux, internationaux ou non gouvernementaux qui opèrent dans cette juridiction ;
- mettre en place une politique permettant de sensibiliser les cadres et notables de la commune pour que chacun, en ce qui le concerne, joue le rôle d'agent de développement en contribuant à la réalisation du budget ;
- organiser des réunions périodiques et multiplier des rencontres avec les opérateurs économiques, notamment les membres de la Fédération des Entreprises du Congo (FEC) et tous les contribuables dans le cadre de l'éducation et de la

sensibilisation pour le paiement des impôts et taxes dus à l'État et aux Entités territoriales décentralisées.

Le respect des points susmentionnés pourrait constituer un pas de géant dans la recherche incessante de la mise sur pied du management dans le fonctionnement de la commune. Dans cette perspective, la loi n° 86-001 du 7 mars 1986 portant approbation du premier plan quinquennal 1986-1990 de développement économique et social de la République du Zaïre à l'époque, aujourd'hui République démocratique du Congo, s'était fixée comme objectifs :

- La réhabilitation des infrastructures économiques et sociales ;
- L'amélioration de la gestion administrative ;
- La promotion des activités sociales ;
- La croissance du produit intérieur brut (PIB) de 4 % en moyenne par an.

L'article 15 de la même loi souligne qu'au niveau de la gestion administrative, le plan visait :

1. La réhabilitation de l'administration du territoire ;

2. La transformation de l'administration publique en un instrument de développement ;

3. La réalisation de l'autonomie et de la rentabilité du portefeuille de l'État ;

4. La transformation du secteur public en un élément dynamique d'intégration économique.

En soulignant les idées de Bagenda Balagizi et Rigobert M., nous admettons que les dirigeants de demain sont des acteurs politiques qui se distingueront par leur comportement, leur langage, leur honnêteté, leurs compétences et leur dévouement pour le peuple. Ce sont des hommes dont la communauté locale, provinciale ou nationale ne reproche rien et qui symbolisent aujourd'hui, sur le plan moral et humain, l'image d'un Congo uni et à reconstruire par des hommes responsables, pour que l'intérêt général passe avant l'intérêt privé.

La République démocratique du Congo a plus besoin d'hommes qui doivent conduire le pays à son apogée, où le principe de « l'homme qu'il faut à la place qu'il faut », avec la concrétisation du principe de « à travail égal salaire égal », doit être la devise du développement.

Nous avons besoin d'hommes qui renaissent avec de nouvelles habitudes, caractéristiques, mœurs, une conscience solide et des mentalités nouvelles.

Un choix responsable s'impose, il faut opérer une véritable loi dans la classe politique et découvrir des hommes nouveaux.

Le choix à faire est extrêmement capital et relève de la conscience de chacun, un choix qui ne doit être ni monnayé, ni dicté par quelques affinités partisanes, qu'elles soient d'ordre familial, tribalo-ethnique ou régionaliste.

Devons-nous affirmer que les hommes politiques qui aspirent à diriger demain doivent désormais se convaincre de cette réalité et s'engager en conséquence ? Ils doivent être aussi des hommes de la base, des leaders vivant au sein de la population.

Prise en compte d'un budget comme plan de développement.

Au regard des constats relevés dans les budgets des exercices dont il est question dans ce travail, il nous revient de proposer douze éléments à prendre en compte dans l'avenir par le responsable des Entités administratives territoriales pour l'élaboration des prévisions budgétaires. Nous estimons sans prétendre être exhaustifs que ces éléments proposés seraient une base pour établir des budgets réels et réalistes.

10.2. Des taxes et dépenses justes rationnellement réparties

En analysant les données statistiques des budgets étudiés au chapitre précédent, nous avons constaté que les taxes ne sont pas rationnellement réparties. D'autres ont été créées sans référence à une sensibilisation régalienne, d'où l'absence de la mission pédagogique ; ce qui justifie que plusieurs taxes prévues ne sont jamais perçues.

Les concepteurs des budgets, qui sont à la fois des exécutants et bénéficiaires, gonflent l'enveloppe des recettes tout en sachant dès le départ qu'ils ne les percevront pas. Ils les prévoient quand même pour établir seulement un équilibre entre recettes et dépenses.

Certaines recettes et dépenses, bien que figurant au budget, ne sont jamais engagées. Elles sont d'office fictives, mais constituent un bienfait pour les responsables de la commune qui en profitent pour créer des dépassements au détriment de ces postes.

En vue d'un avenir meilleur, il est nécessaire de fixer des taxes et des dépenses rationnellement réparties pour ne pas créer de discrimination entre contribuables.

10.3. Les taux raisonnables et conséquents

Certaines taxes atteignent un écart très significatif entre les prévisions et les réalisations ou entre les prévisions et les dépenses engagées. Cela est dû au fait qu'aucune évaluation des budgets antérieurs n'est faite avant d'établir de nouveaux budgets, ce qui conduit les services ayant dans leurs attributions l'élaboration des nomenclatures à fixer des taux sans tenir compte des réalisations antérieures et des commentaires de poste à poste afin de dégager les causes des écarts (positifs et négatifs).

Comme mesures palliatives, nous proposons qu'il soit institué une commission de suivi et évaluation interne du budget de la commune capable de proposer des solutions durables aux décideurs hiérarchiques pour éviter les erreurs du passé.

Pour ce faire, il est nécessaire de programmer des sessions de formation et recyclage de tous les intervenants au budget à tous les niveaux.

Des autorités responsables, honnêtes et connaissant leurs devoirs

Notre société nous a inculqué une mentalité : l'autorité est considérée comme une personne placée au-dessus des autres, c'est elle qui décide tout et les autres exécutent. Certains responsables prétendent tout connaître et veulent tout faire. Cela inhibe la créativité et le dynamisme de la communauté. Nous pouvons aussi prétendre servir la communauté par une activité qui ne répond pas aux besoins réels de la société pour mieux la servir. Telle est donc aussi notre approche à ce propos.

10.4. Des taxateurs et percepteurs éduqués

Pour une meilleure réalisation des budgets, il importe de choisir des taxateurs éduqués et capables de faire comprendre aux marchands le bien-fondé de la taxe qu'ils paient, capables d'exploiter et d'expliquer la nomenclature des taxes, matière première de leur travail.

Soulignons que le comportement des taxateurs peut influer positivement ou négativement sur la réalisation du budget en recettes. Dans ces conditions, il faudra des hommes dignes, responsables et vraiment engagés à la cause de la collectivité.

L'ancienne habitude, selon laquelle les taxateurs sont des hommes analphabètes ou quasi analphabètes et n'ayant pas l'obligation de servir la communauté, devrait prendre fin pour la cause majeure du développement.

10.5. Des budgets réalistes et participatifs

Plusieurs budgets sont complaisants et par conséquent non réalistes. C'est pour cette raison que bien des budgets ne sont jamais réalisés sur le plan de recettes prévues et restent toujours déficitaires.

Nous recommandons pour cette fin que chaque responsable à son niveau soit chargé de fournir des éléments des prévisions qu'il sera appelé à défendre et à réaliser plus tard.

Généralement, pour une bonne réalisation des budgets, il faudrait que tous les responsables des services soient associés dans son élaboration, son exécution, son contrôle et son évaluation afin qu'ils se sentent plus concernés à tous les niveaux.

C'est justement pour affirmer cette idée que Jean Meyer écrit, pensons-le, que le budget peut être considéré comme un contrat passé entre le responsable et les instances supérieures. Ce contrat porte soit sur des objectifs à atteindre, soit sur des niveaux maximums des moyens à réaliser.

10.6. Des actions de développement visibles

Le budget devrait être traduit en actes et ne pas négliger la part allouée à l'investissement. Il serait souhaitable qu'au début de chaque année, un plan d'action soit présenté et que l'évaluation soit faite à la fin de l'exercice pour se rendre compte du niveau de son exécution.

Malheureusement, au lieu que ce soit ainsi, tous les plans sont embellis par de bonnes phrases, mais qui ne se traduisent jamais en actes après l'approbation des budgets y relatifs. Un autre effet pervers est que ceux-là qui approuvent le budget n'assurent pas son contrôle d'exécution.

En vue d'un avenir meilleur, il conviendrait que seules des actions concrètes et réalisables fassent l'objet du budget.

10.7. Des organes de contrôle

Le contrôle est nécessaire pour découvrir les failles. Il permet de bâtir sur ses forces et corriger ses faiblesses. D'autres gens, au contraire, le considèrent comme une police derrière eux.

Notons que la création d'une brigade de suivi des recettes et contrôle des dépenses serait très indispensable. L'absence de ces organes dans la gestion est à la base de plusieurs abus et détournements constatés régulièrement dans l'administration publique.

Des sanctions conséquentes

L'impunité a longtemps caractérisé certains responsables et a conduit conséquemment aux antivaleurs. Afin de bâtir un Congo meilleur, il est nécessaire de sanctionner tous les coupables et cesser de considérer des personnes appartenant à certaines classes intouchables.

Les services publics de l'État doivent être assurés à tous sans discrimination. En même temps, l'État doit faire en sorte que le revenu de ses administrés leur permette d'accéder à tous les services publics.

Pierre de Quirini pense que les fonctionnaires doivent réaliser des services d'intérêt public.

L'administration a pour fonction d'encadrer les citoyens en vue de les encourager à améliorer leurs conditions de vie, assurer la paix et la tranquillité de la nation.

Une bonne administration doit avoir comme qualités :

- Le traitement égal pour tous les citoyens ;
- La gratuité des services ;
- La légalité des fonctions ;
- Le respect des personnes.

C'est pour parer à cette situation que l'ordonnance-loi n° 82-006 du 22 février 1982 reconnaît aux citoyens le contrôle des intérêts locaux, au niveau de la commune et des chefferies. C'est la décentralisation qui, malheureusement, s'applique encore très mal dans notre pays.

10.8. Le respect des droits et devoirs

La loi 82-006 du 22 février 1982 définit deux entités territoriales de base les plus proches de la population : la commune urbaine et la chefferie rurale étant donné que leurs bureaux et leurs dirigeants ainsi que leurs agents sont bien connus par cette population. Ici, nous proposerons à tous les territoires de fournir un effort pour faire l'itinérance de façon à écouter plus la base, que celle-ci soumette dans les mêmes circonstances ses difficultés.

Le développement souhaité pour une Entité territoriale décentralisée se déroule bien en ayant à sa tête des autorités responsables prenant en compte, pour la gestion rationnelle, des biens meubles, immeubles et de toutes les ressources mises à leur disposition.

Une distinction doit être faite entre les biens privés des responsables et ceux de l'Entité territoriale décentralisée.

Afin de compléter cette assertion qui se veut primordiale pour éviter les abus, escroqueries et détournements qui caractérisent ces derniers, le mandat du bourgmestre doit être prédéfini. Ce mandat doit être ponctué d'évaluations (contrôle) en cours et à la fin de chaque exercice.

10.9. Intériorisation du contrôle dans la gestion

Pour mettre un terme aux multiples abus que l'on a constatés dans la gestion des entités décentralisées, nous proposons l'institutionnalisation des contrôles internes et externes au sein de la commune, car c'est avec une structure organisée et une gestion transparente que cette cellule de base pourrait bénéficier de nombreux appuis.

Il est donc nécessaire de former les agents qui doivent s'occuper de la noble tâche des finances et du budget en particulier, et qui se chargeront de présenter régulièrement la photographie de l'entité sur tous les plans (social, économique, administratif et politique).

La planification doit être une méthode de gestion pour accompagner le budget et constituer d'office un moyen de faire atteindre les objectifs qu'elle s'assigne. Une évaluation ou un contrôle doit marquer la fin de chaque période (mois, trimestre, année, etc.). C'est la planification qui fera respecter les étapes budgétaires de la conception en passant par le vote (défense), l'exécution jusqu'au contrôle tel que prévu par la loi budgétaire.

10.10. Quelques recommandations pratiques

➢ **Au plan national**

Afin de rendre plus réaliste le budget de l'entité décentralisée, il importe que les autorités hiérarchiques ayant les finances publiques dans leurs attributions et la tutelle administrative veillent à ce que la gestion des budgets des entités décentralisées suive notamment les normes suivantes :

- Mettre à jour la nomenclature des taxes autorisées avant le vote du budget en session d'octobre de chaque année ;
- Adapter cette nomenclature aux besoins (problèmes) et réalités de la population ou de l'entité concernée. Cette adaptation doit être précédée d'une étude minutieuse des ressources disponibles et des besoins réels ;
- Assurer un contrôle du budget et réprimander toutes les défaillances qui en découlent, mais aussi encourager de meilleurs résultats ;
- Prendre des mesures nécessaires pour lutter contre l'inflation et stabiliser le taux de change sur le marché des biens et services ;
- Assurer une rétrocession permanente et allouer des fonds de péréquation aux entités administratives décentralisées ;
- Concevoir un plan de développement intégratif et réalisable pour assurer une croissance et un progrès de la République démocratique du Congo à partir des entités de base.

Il n'y a pas encore eu de véritable plan comptable public dans les pays en développement en général, et en particulier en République démocratique du Congo, mais dans l'optique d'une comptabilité publique qui deviendrait à partie double et dont le plan comptable serait inspiré du plan comptable congolais utilisé par les entreprises, il faudrait imaginer par exemple que le budget soit un compte de résultat qui regrouperait l'ensemble des opérations budgétaires.

L'introduction d'une comptabilité publique fondée sur une nouvelle base, selon un nouveau plan comptable dont les classements seraient différents, nécessiterait des aménagements pour qu'on puisse continuer de vérifier la conformité aux prévisions et autorisations budgétaires des recettes et des dépenses décrites dans la comptabilité.

L'on pourra ensuite envisager de créer, par exemple à l'occasion de l'élaboration de la nouvelle nomenclature des investissements, une classe de la nomenclature par nature pour les opérations budgétaires en capital, mais l'urgence ne se justifie pas. Ceci ne veut nullement dire qu'il faut considérer les dépenses en capital comme des dépenses de fonctionnement.

Toutefois, durant cette période de réforme, des changements successifs sont à éviter, car il faut expérimenter les nouvelles structures et les nouvelles rubriques sur plusieurs cycles budgétaires (au moins deux, ou trois de préférences). À la fin de cette période, la réforme opérée doit être définitive et ne plus subir des modifications avant la période recommandée.

➢ **Au plan social**

L'exécution du budget requiert les recommandations suivantes :

- Procéder au recensement de tous les opérateurs économiques concernés par le budget avant la conception du budget de l'exercice suivant ;
- Présenter un budget réel et réalisable dans lequel tout le monde tire son profit (opérateurs économiques, fonctionnaires et toute la population en général) ;
- Recycler les intervenants dans le budget pour permettre une action efficace ;
- Assurer un suivi et un contrôle quotidien pour permettre la réalisation satisfaisante du budget ;
- Présenter au début de chaque année un plan d'actions et de gestion ;
- Mener une analyse rétrospective des budgets antérieurs et tirer les conséquences des écarts en y apportant des remèdes ;
- Faire participer tout le monde dans la gestion de la chose publique pour éviter les abus et la discrimination ;

- Informer la gestion.

À ces deux niveaux, les actions à mener doivent se compléter simultanément. Cependant, le plan local serait l'aspect le plus important et dont il convient d'en tenir compte toute planification ; tout en ayant à l'esprit qu'il est complété par le plan national qui donne au plan local les possibilités d'une extension plus large et d'une croissance économique du développement.

Pour parer aux différents problèmes inhérents au déroulement des opérations d'exécution des lois financières, nous proposerons avec BIGAU le modèle suivant, qui est une synthèse de différentes étapes d'exécution des dépenses et des recettes.

Le tableau des opérations comptables et budgétaires

	Dépenses	Recettes
	1. Engagement – Juridique (création droit) – Comptable (évaluation) – Un contrôle financier 2. Liquidation – Constatation du service fait – Calcul du montant exact de la dette – Visa contrôle financier 3. Ordonnancement Emission d'un visa d'ordre de paiement	1. Survenance du fait générateur – Percepteur d'un revenu par exemple – Contrôle par l'ordonnateur de la survenance réelle du fait et de la légalité de l'imposition 2. Liquidation – Détermination de la matière imposable – Détermination du taux applicable – Détermination du montant de l'impôt 3. Emission d'un visa d'ordre de paiement
Phase comptable Compétence du comptable : a) Contrôleur b) Payeur c) Caissier	4. Le paiement – Contrôle de régularité budgétaire et administrative de l'ordre de payer – Opposition du visa (vu bon à payer) – Exécution matérielle de la dépense	4. Le recouvrement a) Prise en charge : dans les écritures constantes : – Réception de l'ordre des recettes – Sa régularité b) Recouvrement matériel

		– Amiable – Force (avec éventuellement exercice de poursuite).

Analyse faite de ce modèle de Bigaut, nous constatons que le comptable combine en même temps le rôle du mandataire de budget et de l'ordonnateur ainsi que celui du gestionnaire de crédit. Ce qui est anormal, car il faut mettre les deniers publics à l'abri de tout détournement. Ces étapes, qui doivent se compléter successivement, visent à freiner tout mécanisme de dilapidation des deniers publics. Ce modèle présente néanmoins comme avantage le fait de séparer l'action comptable de celle qui est administrative.

Nous relevons en outre qu'il a omis d'énumérer le paiement dans la phase comptable en ce qui concerne les recettes.

À l'issue de ce chapitre, nous sommes arrivés à proposer une série de recommandations permettant d'améliorer positivement les finances publiques du gouvernement central de la République démocratique du Congo en général et des entités territoriales décentralisées en particulier.

CONCLUSION

L'économie de la RDC nécessite une restructuration capitale, car son état actuel ne correspond pas à ses richesses. Il importe à tous et à chacun des citoyens congolais de tenir les choses en main pour redonner au pays son image d'autant.

À cet effet, plusieurs maux nécessitent une correction curative, d'autres un réajustement économique, tandis que d'autres encore une planification.

Tous les plans de redressement de l'économie de la RDC n'aboutissent jamais aux résultats réels, quoiqu'embellies par de belles phrases, les mesures d'encadrement et d'exécution font toujours défaut et la prise de décision s'étouffe à mi-chemin.

1. Constats généraux sur l'économie congolaise

Les grandes lignes du programme d'action du gouvernement constituent la politique économique basée sur la stabilisation et la relance de l'économie, l'amélioration des conditions de vie de la population et la sécurisation des personnes et de leurs biens.

Il n'est de secret pour personne que la situation économique et financière de la République démocratique du Congo connaît depuis deux ans représente une dégradation prononcée qui se manifeste notamment par le repli du taux de croissance, passé de 6,9 en 2015 à 2,4 en 2016, une augmentation du niveau des prix intérieurs par la dépréciation continue du franc congolais sur le marché des changes et par la baisse des réserves de change. Cette dégradation de la situation économique est consécutive à la conjonction de plusieurs chocs, tant internes qu'externes.

➢ **Au plan externe**

Au plan externe, la faiblesse des cours de principaux produits de base exportés par la RDC a induit une contraction des recettes d'exportations du pays et des marges bénéficiaires des entreprises. Conjuguée à la réduction des entrées des capitaux, cette évolution a conduit à :

- Un déséquilibre persistant de la balance des paiements, dans un contexte de tarissement des financements extérieurs ;

- Une baisse des investissements et un ralentissement prononcé de l'activité économique intérieure ;
- L'érosion de la base imposable et la contraction des recettes publiques, avec comme conséquence la détérioration de la situation financière de l'État ;
- La chute drastique de l'offre des devises et des réserves internationales de la Banque centrale, dans un contexte de quasi-rigidité de la demande des devises tenant aux importations des biens de première nécessité notamment, qui conduit à la dépréciation continue du taux de change ;
- L'accélération de l'inflation ;
- La détérioration significative des conditions de liquidité et de solvabilité du système bancaire national, la baisse de la liquidité des banques les exposant à une crise de confiance majeure, qui pourrait avoir des conséquences économiques, financières et sociales négatives.

➢ **Au plan interne**

Au plan interne, la dégradation de la situation s'explique essentiellement par les faiblesses structurelles de l'économie nationale qui est caractérisée, d'une part, par la prédominance des exportations des produits de base, dont les performances sont tributaires de la volatilité de leurs cours sur les marchés internationaux et, d'autre part, par la forte dépendance du pays, faute d'une production nationale conséquente, des importations des biens de grande consommation et des matières premières et intrants à l'industrie locale, qui exigent des sorties massives des devises.

➢ **Effets d'entraînement**

À ce déséquilibre de la structure de l'économie nationale, s'ajoutent les faiblesses du système fiscal qui, en dépit des modifications introduites par la politique budgétaire, ne permettent pas une forte mobilisation des ressources internes. Mais, en plus de ces facteurs essentiellement économiques et financiers, il y a lieu d'épingler les appréhensions et autres incertitudes liées à la situation politique préélectorale qui incitent les investisseurs et autres opérateurs économiques à un certain attentisme, tout en nourrissant des anticipations dans le chef de nombreux d'entre eux et des ménages.

Il reste vrai que les efforts d'ajustement budgétaire déployés depuis le début de cette année pour éviter ou limiter les déficits de la trésorerie publique ne peuvent à eux seuls inverser la situation, et ce malgré les résultats positifs obtenus.

Bien plus, cette situation économique entraîne une aggravation du chômage, surtout des jeunes, une hausse de la délinquance juvénile et de la criminalité, l'abandon des investissements dans les secteurs sociaux, tels que l'éducation et la santé.

Aujourd'hui, plus que jamais, le gouvernement doit mener des actions pour rétablir les équilibres du cadre macroéconomique et entreprendre résolument la relance de la production nationale. Un programme urgent des réformes s'avère donc nécessaire pour stabiliser rapidement l'économie nationale et créer les conditions d'un redressement progressif. C'est dans ce cadre que le gouvernement d'union nationale entend initier et appliquer les réformes et actions ci-après, pour réaliser ces objectifs.

2. Absence des mesures d'encadrement de politiques économiques du gouvernement

➢ Absence de maintien de la discipline budgétaire

Ainsi, le gouvernement compte, avant tout, maintenir la discipline budgétaire actuelle qui a permis de limiter et d'éviter des déficits de trésorerie, sources de financements monétaires, bannis par la loi sur les finances publiques et surtout, facteurs accélérateurs de la dépréciation de la monnaie et de l'inflation.

La politique d'ajustement budgétaire menée depuis le début de l'année sera poursuivie, en accordant la priorité dans les dépenses publiques à celles relatives à la préparation des élections, aux rémunérations des agents et fonctionnaires de l'État, des FARDC et de la police nationale, au paiement du service de la dette extérieure, sans oublier les dépenses qui concourent à l'amélioration des conditions de vie générales de la population.

➢ Au plan économique

Les principales réformes et actions du gouvernement ont échoué au plan économique, essentiellement sur les domaines suivants :

- La mobilisation des ressources internes et externes au rabais ;

- La relance de la production intérieure sans effets escomptés ;
- Absence de souci d'améliorer le climat des affaires.

➢ **Au plan fiscal, moindre souci de la mobilisation des ressources internes**

S'agissant de la mobilisation des ressources internes et externes, les efforts dans ce domaine se rétrogradent et se font sentir par les aspects suivants :

- Système fiscal moins attractif avec multiplicité des taxes ;
- Absence de mesures d'unification pour plus d'efficacité. En attendant cette unification, il y aura la mise en place d'un système de gestion informatisé des contribuables moins accéléré, permettant l'interconnexion de toutes les administrations financières et d'autre part, l'instauration d'une chaîne informatisée des recettes publiques, à l'instar de celle des dépenses ;
- L'accélération de l'évaluation de la réforme de la TVA et la lutte contre les antivaleurs comme la fraude fiscale et douanière, le trafic d'influence, la contrebande et les détournements des recettes publiques, qui continuent à plomber la maximisation des ressources publiques internes, constitueront des priorités pour le gouvernement.

D'autres actions en vue de la mobilisation des ressources concerneront :

- L'accélération de l'adoption du code minier révisé ;
- L'harmonisation de la nomenclature des impôts et taxes à l'initiative du gouvernement central et des provinces ainsi que des entités territoriales décentralisées ;
- L'adoption du décret sur le marché des titres et des bons du Trésor ;
- L'assouplissement des conditions de confessionnalité de financement des projets des infrastructures et des PME ;
- L'ouverture par la Banque centrale du Congo des comptoirs d'achat des matières précieuses dans les provinces productives et l'installation des unités de raffinage de ces matières ;

- L'accélération de l'élaboration des textes d'application de la loi sur la libéralisation des assurances en vue de permettre aux investisseurs intéressés de commencer à exercer.

➢ **Au plan du partenariat stratégique**

En dehors de ces mesures de mobilisation interne, le gouvernement va également structurer son partenariat stratégique avec certains pays amis et renforcer le dialogue avec les institutions de Bretton Woods.

Par ailleurs, il sera exigé à la Banque centrale du Congo de transférer vers le compte général du Trésor tous les soldes créditeurs de l'État dans les banques commerciales non liées à des projets spécifiques. De même, la BCC devra veiller au strict respect par les exportateurs des délais et des montants de rapatriement des devises issues des exportations.

➢ **Au plan de la relance de la production interne**

Concernant la relance de la production intérieure, l'objectif du gouvernement est de diversifier l'économie nationale, en exploitant davantage d'autres secteurs créateurs des richesses et des emplois, tels l'agriculture, l'industrie et le tourisme, et ce dans le but de réduire la dépendance de notre économie vis-à-vis des exportations des matières premières et de rendre la croissance plus inclusive.

Les actions suivantes seront dans ce domaine, à savoir :

- Soutenir le secteur privé productif, en l'occurrence les petites et moyennes entreprises œuvrant dans l'agro-industrie et engagées dans le cadre des chaînes de valeur, et ce à travers des financements à des conditions concessionnelles ;
- Soutenir, en les finançant à des conditions concessionnelles, des projets initiés par des Congolais dans le secteur agricole, notamment dans l'agriculture vivrière, la pêche et l'élevage, l'agroforesterie, l'agro-industrie, sans oublier le transport et l'évacuation des produits agricoles ;
- L'adoption rapide des dispositions modifiées de la loi agricole ;
- L'application de la loi pour la sauvegarde de l'industrie nationale en péril et la prise de mesures efficaces pour éviter la fermeture des entreprises ;

- La promotion de l'entrepreneuriat local, notamment par la mise en œuvre rapide de la loi sur la sous-traitance ;
- La création des zones industrielles et des parcs agro-industriels, cette fois-ci sous forme de partenariat public-privé ;
- L'évaluation des contrats de partenariat conclus dans le cadre du New DAIPN, de l'usine d'engrais installée à Boma et du Centre de démonstration des techniques agricoles installé à N'Sele ;
- L'identification des projets de production dans les secteurs miniers et des hydrocarbures et la recherche de nouveaux investisseurs ;
- Le lancement et la poursuite des projets de réhabilitation et de modernisation du réseau routier et ferroviaire, en mettant un accent particulier sur les routes de desserte agricoles ;
- L'application de la loi sur l'électricité en favorisant le lancement des projets de construction ou de modernisation des mini-barrages hydroélectriques ;
- La mise en œuvre du Plan national d'investissement agricole (PNIA) ;
- L'adoption de la loi sur le partenariat public-privé ;
- L'examen de la possibilité d'assouplissement des conditions d'octroi, dans certains cas, de la garantie souveraine pour couvrir les emprunts ou garantir les investissements destinés aux infrastructures de base.

➢ **Au plan de l'amélioration du climat des affaires**

Pour ce qui est de l'amélioration du climat des affaires, le gouvernement s'emploiera à :

- Lutter contre les tracasseries administratives et fiscales en mettant en place un dispositif d'éducation et d'information des opérateurs économiques sur le système fiscal ;
- Appliquer sans atermoiement le décret fixant à quatre le nombre des services aux frontières ;
- Sanctionner sévèrement, tant au plan administratif que judiciaire, tous les responsables politiques, militaires ou autres

qui, par leurs interventions, favorisent ou couvrent la fraude et la contrebande.

Amélioration des conditions de vie de la population

Les difficultés et les souffrances quotidiennes de nos populations sont bien connues et inacceptables. Il n'est donc pas nécessaire de les décrire davantage dans le cadre de ce programme. Il suffit de noter que dans le domaine social, l'ambition du gouvernement est de :

➢ **Baisse du chômage de masse**

Cette baisse le chômage de masse, en particulier celui des jeunes, vise à améliorer le capital humain, la qualité des prestations sociales et étendre la couverture de la protection sociale à tous.

Ainsi, les actions suivantes seront entreprises :

- Soutenir l'autonomisation financière des femmes et jeunes filles dans toutes les provinces, avec notamment le concours financier de la Banque africaine de développement, par l'octroi d'un kit de 300 dollars américains et d'un petit équipement pour encourager l'entrepreneuriat féminin ;
- Mettre en œuvre les travaux à haute intensité de main-d'œuvre ;
- Etendre le programme « jeunes diplômés » en cours d'expérimentation dans l'administration publique aux entreprises du portefeuille de l'État, et ce, dans le cadre de leur plan de redressement ;
- Poursuivre le processus de rajeunissement de l'administration publique ;
- Mettre en place les incubateurs des PME et PMI en vue de relancer la classe moyenne ;
- Appliquer la préférence nationale, en faveur des entreprises qui recrutent les jeunes congolais, dans l'attribution des marchés publics conformément à la loi en vigueur ;
- Renforcer le capital humain par l'amélioration de la qualité de l'éducation et des prestations de services de santé pour tous ;
- Renforcer les capacités des professionnels de la santé en vue de leur permettre d'offrir à nos populations des services et des soins de santé de qualité ;

- Réhabiliter et équiper les infrastructures sanitaires, les hôpitaux et les centres de santé de référence dans les chefs-lieux des provinces ;
- Rendre disponibles les médicaments et produits de santé de qualité, prioritaires et vitaux ;
- Améliorer la gouvernance des structures de santé de l'État ;
- Mobiliser les ressources budgétaires nécessaires pour lutter contre les maladies endémiques, notamment le paludisme, le VIH/SIDA, la tuberculose, la fièvre jaune, la rougeole et le choléra ;
- Améliorer l'assainissement de l'environnement dans les villes ;
- Améliorer la desserte en eau potable pour la population.

➢ **Mécanisation des enseignements**

En ce qui concerne la mécanisation des enseignants, le programme vise à :

- Poursuivre la mécanisation des enseignants ;
- Poursuivre le programme de renforcement des capacités des enseignants ;
- Promouvoir l'extension de la mutuelle de santé des enseignants en province ;
- Poursuivre le programme d'acquisition et de distribution des manuels scolaires et des guides pédagogiques en faveur des écoles primaires ;
- Poursuivre le programme de construction des écoles dans toutes les provinces ;
- Assurer le respect du calendrier scolaire.

➢ **Volet de la protection sociale**

Pour ce qui est de la protection sociale, la politique du gouvernement est fondée sur le socle de protection sociale et vise à garantir aux couches les plus vulnérables et les plus pauvres de la population une couverture efficace d'ici 2030, en réduisant progressivement leur vulnérabilité face aux risques économiques et sociaux. Le gouvernement s'engage, avec l'appui des partenaires, à mener les actions suivantes :

- L'adoption de la politique nationale de la protection sociale et le lancement de sa mise en œuvre ;
- L'opérationnalisation de la caisse nationale de sécurité sociale des agents publics ;
- L'amélioration de la pension de retraite et de la rente de survie du personnel passif de l'administration publique ;
- La promotion de la couverture sanitaire universelle ;
- La facilitation de l'accès des enfants, garçons et filles, à l'alimentation saine et équilibrée, à l'éducation et aux soins de santé de qualité et de proximité, à travers des cantines scolaires, les transferts monétaires, la gratuité de l'enseignement primaire et la subvention des soins de santé ;
- Le soutien aux personnes en situation difficile, en particulier celles du troisième âge, et la facilitation de leur accès aux services sociaux de base ;
- L'amélioration de coordination et de la gouvernance de la protection sociale.

➢ **Restauration de la sécurité des personnes et de leurs biens**

Sur le plan sécuritaire, l'année 2017 a enregistré plusieurs conflits sur le territoire national. Pour faire face à toutes ces situations, le gouvernement va mettre en œuvre les actions suivantes :

- Renforcer et améliorer la mise en condition des FARDC, de la police nationale ainsi que celle des services de sécurité ;
- Poursuivre la restructuration, la réorganisation et l'équipement de l'armée nationale ;
- Poursuivre les opérations militaires à l'Est du pays ;
- Améliorer les conditions de vie des militaires ;
- Poursuivre les réformes de la police nationale dans le cadre de la Loi de programmation ;
- Sécuriser le processus électoral avant, pendant et après les opérations, en collaboration avec la CENI et la MONUSCO ;
- Améliorer les conditions sociales des policiers, du personnel et des agents des services de sécurité.

La situation actuelle de la RDC

La République démocratique du Congo a enregistré depuis le début de cette décennie un taux de croissance du PIB supérieur à la moyenne enregistrée par le continent. Cette croissance enviable par la plupart des pays européens est le résultat de la bonne performance de l'industrie extractive (principalement le cuivre).

Le cadre macroéconomique a été relativement stable en 2014 avec un taux d'inflation moyen de 3,7 ; un PIB/par habitant faible, mais en croissance de 805 $, et un déficit public relativement stable de 2,6 %. Il est à noter, cependant, que malgré ces efforts, la situation sociale des Congolais reste mitigée avec un Indice de Développement humain (IDH) de 0,414, une espérance de vie de 50 ans, etc.

Les institutions internationales annoncent officiellement la fin du cycle haussier des matières premières. Le déclin du boom des *commodités*, qui pendant plus de 10 ans a été à la base de la croissance des pays producteurs et exportateurs des matières premières, provoquerait une réduction de la croissance et une baisse régulière des recettes du gouvernement. Les effets peuvent être encore plus fatals pour les pays dépendants de l'exportation du pétrole et des autres grandes matières premières (or, cuivre, gaz naturel, etc.), car une telle baisse a un impact sur le solde commercial causant ainsi une détérioration supplémentaire des termes de l'échange.

Le cours des matières premières est en chute libre : quelle est l'activité qui peut porter secours à notre économie pour ne pas retomber sur des sentiers que nous connaissons déjà. Quelle est la vraie vérité qui entoure la signature des contrats miniers qui ont tant fait débat au parlement, mais dont la révision n'a jamais eu lieu. Notre économie est basée d'autant plus sur leurs contributions à notre budget national, le cours minier s'effondre, sommes-nous capables de nous en sortir ? La crise des années 1990 nous guette.

La Banque mondiale a affirmé le 13 avril 2015 que la croissance économique de l'Afrique subsaharienne ralentira cette année à 4 % contre 4,5 % enregistrés l'an passé. La République démocratique du Congo pour sa part est l'un des pays africains qui a enregistré une très belle performance économique en termes de croissance et de stabilité macroéconomique durant ces dernières années.

Néanmoins, le comité exécutif (Troïka stratégique) du gouvernement réuni le 24 août 2015 a annoncé le ralentissement des activités économiques. Pour une croissance prévue de 10,4 % pour cette année, les projections actuelles marquent un ralentissement du taux de croissance de 9,5 % en 2014 à 8,4 %, soit une réduction de 1,1 %. Étant donné que les exportations congolaises sont dominées par les matières premières, cet ajustement des prévisions serait causé par la baisse du cours du cuivre qui est le principal produit exporté par le pays.

Expérience passée

Actuellement, le cours du cuivre est à son plus bas niveau depuis cinq ans et cette situation tendrait à s'aggraver. L'histoire de la RDC est jalonnée par des périodes pro-cycliques entre la conjoncture du marché des matières premières et la performance économique du pays. En effet, l'euphorie des prix des commodités des années 1960-1970, principalement du cuivre au Congo, permit au gouvernement de l'époque de mettre en œuvre une politique dite des grands travaux, mais également plusieurs plans de développement qui étaient à la fois mal planifiés et parfois pas appliqués rigoureusement. Cependant, la rapide détérioration du scénario international, causée par les deux chocs pétroliers (1973 et 1979) et la crise de la dette (1980) des pays en développement, provoqua une élévation de la dette congolaise, ouvrant ainsi l'espace à une période dénommée « des décennies perdues ». Cette période sombre de notre histoire se caractérisa non seulement par une crise économique, mais également par une crise politique et sociale.

Sur le plan politique, la décennie 1990 fut la plus ténébreuse. Tout d'abord, la chute du mur de Berlin représentait la fin de la guerre froide, mais aussi le sursaut des peuples à aspirer à plus de liberté et de démocratie. Dans presque toute l'Afrique, ce début des années 1990 fut appelé la période des conférences nationales. En RDC (à l'époque Zaïre), le peuple est en effervescence et réclame plus de liberté. Le maréchal Mobutu, ne sachant quoi faire, réinstaure le multipartisme. Tout en voulant se maintenir au pouvoir, plusieurs gouvernements se succédèrent sans pour autant pouvoir mettre fin à l'instabilité politique.

Quid des acteurs politiques tenus de se battre pour le respect des prérogatives constitutionnelles dévolues aux provinces ou de leur autonomie financière.

En effet, notre classe politique laissant à désirer, nous ne sommes pas capables de nous mettre autour d'un projet de société et de le piloter afin de le voir aboutir à quelques réalisations. Ce manque de projet est à la base de ce tâtonnement même dans nos visées socioéconomiques, l'acteur politique congolais a toujours brillé par l'improvisation et nous savons aussi où cela nous mène.

De l'incertitude sociale et économique dans laquelle nous naviguions déjà, vient se joindre une incertitude politique : en effet les horizons politiques nous laissent tous inquisiteurs quant à la forme du nouvel échiquier politique. En effet, la fin du deuxième mandat du président laisse la porte ouverte à toutes formes de spéculations, chacun se découvre la capacité de fédérer autour de lui des personnes susceptibles de le conduire à une victoire potentielle.

Est-ce un calcul de plus de semer en nous une confusion quant aux vraies motivations ? La politique est la science par excellence de se rapprocher des personnes avec lesquelles on partage le plus d'intérêts. Il y a nécessité de s'interroger sur le modèle d'homme politique que nous désirons avoir à la tête de nos institutions.

En effet, nous devons nous distinguer dans la gestion de la chose publique, nous inspirer de nos erreurs passées afin d'éviter tout égarement pouvant conduire à des situations catastrophiques qui se répercuteront sur le plan social de notre population. La crise politique pollue l'atmosphère économique et sociale : la crise politique paralyse l'activité normale d'un État, ce qui se répercute sur plusieurs domaines de la vie économique pour ne nous arrêter qu'à ce cas de figure, sachant qu'il y en a d'autres que nous pouvons observer dans les États voisins.

Les ajustements structurels des années 1980 ont été plus nocifs sur les plans économique et social. La réduction des dépenses publiques dans le domaine principalement de l'éducation et la santé, mais aussi des subventions aux entreprises publiques et aux producteurs pour payer le service des intérêts de la dette n'ont pas permis au pays de se remettre sur une nouvelle trajectoire de croissance. Bien au contraire, ceci permit la précarisation de la situation sociale de la grande majorité de la population, créant une misère sans précédent, et ainsi le pays sombra dans une série de pillages (1991 et 1993).

La RDC ne commence qu'à sentir maintenant la conjoncture difficile du marché des matières premières (la baisse des cours du cuivre a commencé en juillet 2014) ; dû au fait que la baisse du cours du cuivre a été plus lente en relation à d'autres produits tels que le minerai de fer, le cacao, platine, etc. Toutefois, si cette tendance persiste, on assisterait à la suspension des différentes activités dans le secteur de l'industrie minière (due aux coûts élevés de production), et au report de plusieurs projets d'investissement. En fin de compte, cette contraction économique provoquerait une pression sociale comme c'est le cas au Brésil.

Une des solutions pour la RDC serait la promotion des investissements bien planifiés et dans les secteurs porteurs de croissance. À défaut d'avoir des ressources suffisantes, l'État congolais devrait mettre en place un mécanisme efficace et coordonné pour attirer non seulement les investissements du portefeuille, mais surtout des investissements directs étrangers productifs.

La RDC ne jouit pas d'une crédibilité excessive aux yeux des investisseurs étrangers. Pourquoi ?

Premièrement, c'est un pays post-conflits où sévissent encore dans la partie Est des groupes armés. Par ceci, nous voulons renchérir l'importance de la paix et la sécurité dans l'ensemble du territoire. Cette paix, en effet, favoriserait le développement local dans le cadre de la décentralisation actuelle. L'inconvénient serait de laisser une telle situation perdurer puisqu'elle engendrait une émergence de quelques provinces et entités territoriales décentralisées (ETD) au détriment des autres, provoquant ainsi un déséquilibre régional ou/et local.

Deuxièmement, le non-respect des contrats dans le secteur minier et autres est une contrainte pour l'attractivité du pays. Le renforcement et la continuité des efforts entrepris par le gouvernement dans la réforme de la justice constitueraient une piste de solution.

Les réformes

La restructuration de l'économie congolaise doit être poursuivie non seulement dans le secteur agricole, mais plus encore dans l'industrie de transformation, car cela permettrait aux entreprises et aux talents nationaux de pouvoir exercer de plus en plus de contrôle sur les différents éléments à valeur ajoutée de la chaîne de production du cuivre, cobalt, etc. Et ainsi favoriser un impact important du secteur minier sur l'économie nationale, car l'exportation d'un produit fini aura certainement plus de retombées que celle des produits qui doivent encore être travaillés pour ensuite parler du produit fini.

La reforme productrice avec la modernisation de l'agriculture, et spécialement la création des parcs agro-industriels, engagée par le gouvernement (non seulement à travers le partenariat public-privé) doit être poursuivie en mettant en place un cadre légal associant d'une part les investisseurs étrangers à s'intéresser au pays, mais aussi aux petits et moyens producteurs agricoles congolais de bénéficier des effets Spillovers. Les externalités positives résulteraient d'un transfert de technologie volontaire de la part des partenaires étrangers. Il est impératif dans ce cas de mettre en place un système de financement spécial et fiable (crédit agricole) dont bénéficieraient les familles et individus qui ont pour vocation l'agriculture.

La stratégie du gouvernement dans ce secteur doit non seulement promouvoir une production locale pour subvenir aux besoins domestiques, mais également stimuler l'exportation des produits agricoles. À cela doivent être associées des reformes dans le secteur financier, éducatif et des infrastructures pour stimuler la productivité de ce secteur.

Selon Chang (2012), pour soutenir un développement à long terme, il faut absolument promouvoir des politiques qui diversifient notre structure productive et exportatrice. En suivant les recommandations faites sur la prouesse des pays de l'Asie de l'Est (tigres asiatiques) par rapport au Brésil, notre gouvernement ne doit pas seulement baser sa stratégie de développement sur le secteur agricole, lequel, par sa nature, est incapable d'absorber l'excès de main-d'œuvre et promouvoir des liaisons étroites avec des secteurs plus dynamiques de l'économie, spécialement le secteur industriel.

Dans ce cas, une réindustrialisation serait très importante pour réduire le taux de chômage et la dépendance du pays en produits manufacturés, et ainsi augmenter le potentiel de développement, car outre le fait que les activités industrielles ont des liens importants avec les autres secteurs économiques, elles sont soumises à des économies statiques et dynamiques d'échelle.

Enfin, nous devons retenir que, vu l'état des lieux de la situation du pays, le gouvernement congolais devrait contrôler ses dépenses, et dans la mesure où le besoin se fait sentir, les orienter plus vers des dépenses en investissement productif. L'État congolais devrait être le premier investisseur afin de booster les secteurs porteurs de croissance.

Quant à l'arsenal juridique dont dispose le pays, nous sommes rassurés de leur clarté. Cependant, là où le bât blesse le plus, c'est au niveau de l'application de ces différentes règles de droit régissant l'activité économique ou de la nation.

BIBLIOGRAPHIE

André Huybrechts, *Transports et structures de développement du Congo. Etude du progrès économique de 1900 à 1970*, Mouston et IRES, 1970.

Albert J.-L. et Saïdj L., *Finances publiques*, 5e édition Dalloz, 2007.

BakandejawaMpungu, *L'informel et le droit économique : les incidences des pratiques commerciales sur le fonctionnement de l'économie*. Voir journées des droits de l'homme sur : « La Déclaration universelle des droits de l'homme et la construction de l'État de droit », UNIKIN, 19-20 février 2002.

Bakandeja WA. G., *Les finances publiques : pour une meilleure gouvernance économique et financière en République démocratique du Congo*, éditions Larcier, 2006.

Banque du Congo, *Rapport sur la politique monétaire au premier semestre 2016.*

Bienvenu-Marie Bakumanya, « Snel : gros risque de rater le marché sud africain », in Journal *Le Potentiel*, n° 4230, 29 janvier 2008.

Bezy F., *Problèmes structurels de l'économie congolaise*, Louvain – Paris, 1957.

Bigaut C., *Finances publiques, droit budgétaire*, éd. Ellipses, Paris, février 1995.

Coquery Vidrovitch C., *Histoire économique du Congo (1880-1968),* Paris, 1970.

Colin I., *De la croissance poussée par les échanges aux échanges poussés par la croissance : réévaluer l'expérience de développement des pays d'Asie de l'Est*, Paris OCDE, 1993.

Ducyk SJ, *Géographie du contemporain et problème de développement*, Ed. St Paul, Kinshasa, 1984.

Dugerger. M., *Institutions financières*, PUF, Paris.

Essai sur l'évolution économique du Congo belge, Bruxelles, Waverbergh, 1923.

Emmanuelle Gillet-Lorenzi Seydou Traoré, *Droit administratif des biens*, 1re édition, éditions du CNFPT, 2007.

Faustin K, « États généraux des mines : une occasion de redéfinir la politique minière de la RDC », Journal *Le Potentiel*, n° 4263, du 8 mars 2008.

Faustin Kuediasala, « Tunis se penche sur les mécanismes de gestion durable du bassin du Congo », Journal *Le Potentiel*, n° 4226, du 24 janvier 2008.

« Instruments de la politique budgétaire », *Revue française de financespubliques*n° 46, 1994.

Jean-Bernard Mattret, *Les finances de l'État. Préparation au concours d'attaché territorial catégorie C filière Administrative*.

Joye J.-F.,« L'adaptation du Contrôle financier aux Exigences de la nouvelle gestion publique » in : *La semaine juridique*. Édition générale, n° 1-2, 2006, 11 janvier.

J.-C. Yawidi, *Procès de la société congolaise*, éd. Mabiki, Bruxelles, 2008.

Jeune Afrique l'intelligent, « Enfin la normalisation des relations avec la communauté financière internationale », n° 2163 du 24 au 30 juin 2002.

Kabuyakalala et Kikassa Mwanalessa, *Stabilisation économique et financière au Zaïre, de 1978 à 1980. Des dévaluations en cascade à la démonétisation*, Kinshasa, Cepas, 1980.

KabuyaKalala et Matta Ponyo Mapon, *L'espace monétaire kasaïen, crise de légitimité et souveraineté monétaire en période d'hyperinflation au Congo (1993-1997)*, Editions L'Harmattan, Paris, 1999.

KabuyaKalala F. et Tshiunza Mniye, « L'économie congolaise à l'horizon 2002-2005 : contraction, fractionnement et enlisement ».

Kimbuuey M, *Le Budget de l'État, Règles et Techniques de Gestion*, ECA-IRES.

KodilaTedika, « La stratégie de réduction de la pauvreté en RDC, où en sommes-nous ? » in *Journal Le Potentiel*, n° 4278, mardi 25 mars 2008.

Leroy M., *Initiation au contrôle de gestion*, Paris, 1988.

Loi n° 86-001 du 7 mars 1986 portant Approbation du premier plan quinquennal 1986-1990 de Développement Economique et Social de la République du Zaïre.

Loi n° 11/011 du 13 juillet 2011 relative aux finances.

Loi de finances n° 14/027 du 31 décembre 2014 pour l'exercice 2015.

La loi n° 83-003 du 23 février 1983 concrétise l'autonomie financière des entités administratives décentralisées à son article 3.

Mabi Mulumba, *La monnaie dans l'économie*, Kinshasa, CERDI, 2001.

Mabi Mulumba, *Les dérivés d'une gestion prédatrice, le cas du Zaïre devenu République démocratique du Congo*, CRP, Kinshasa, 1998.

MutumbaLukusa, *Déséquilibre macroéconomique et ajustement au Zaïre*, 1979 -1987, PUK, 1990.

MubakeMumeme, *Structures économiques, comportements sociaux et formation des prix : essai d'explication de l'inflation. L'expérience zaïroise 1960-1980*, Academia Brylant, Belgique.

Marysse S. et Reyntjens F. (dir.), *L'Afrique des Grands Lacs.*

Mubake Mumeme, « Programmes de redressement des équilibres fondamentaux de l'économie zaïroise : 1976-1977 », *Cahiers Economiques et Sociaux*, I.R.E.S., Kinshasa, vol.XVI, décembre 1978.

Markus K, « Vers un développement intégrant et durable dans la République démocratique du Congo », *Africa Région Working*n° 151 octobre 2000.

Mamadou B K, *Manuel du budget participatif en Afrique francophone*, ONU Habitat - ENDA Tiers Monde.

Martin A.. et Silem A., *Lexique de gestion*, éd. Dalloz, Paris, 2005.

Marine Derkenne, *Au cœur de la vie publique locale : quand les talents grandissent, les collectivités progressent*, éditions wikiterritorial, rubrique, 2013.

MEYER J. *Le contrôle de gestion*, PUF, Paris, 1969.

Michel Liégeois, *La décentralisation en République démocratique du Congo, enjeux et défis*, Groupe de recherche et d'information sur la paix et la sécurité (GRIP), Bruxelles, 2008.

Michael Bruno, « L'inflation freine-t-elle vraiment la croissance ? », *Finances et développement*, septembre 1995.

MOVA SAKANYI H. *Lascience des finances publiques*, éditions SAFARI avec l'aide du gouvernement canadien, 2000.

Munsala Buakasa, « Des milliards USD chinois à la portée de la RDC », Journal *L'Observateur*, n° 2804 du 28 janvier 2008.

Martin Enyimo, « La FEC et le ministère de tutelle se penchent sur la relance du tourisme » in Journal *Le Potentiel*, n° 4245 du 15 février 2008.

OMAN C., *Globalisation et régionalisation : quels enjeux pour les pays en développement*, OCDE, Paris, 1994.

ONUDI (1990 /1991), *Industrie et Développement dans le monde*, Rapport, Genève Bradford.

Paul Luwansangu, « Bilan économique de la RDC 2001-2005 : est-ce la fin de la malédiction ? » Journal *Le Potentiel*, n° 3467, 6 juillet 2005.

Programme national de relance du secteur agricole, Kinshasa le 27 février 1997, p.87.

Tino Madada, « Le Brésil après la Chine » in *Africa News*, Série II, n° 151 du vendredi 25 à dimanche 27 janvier 2008.

Pierre Anglebert, *Décentralisation, incertitude et despotisme de proximité en République démocratique du Congo*, Pomona Collège, Claremont, Californie (USA).

Tiguint B, *Le lien entre le déficit budgétaire et l'accroissement de la dette publique*, thèse, Université Cadi Ayyad, 2008.

TABLE DES MATIÈRES

RÉPUBLIQUE DÉMOCRATIQUE DU CONGO
AUX ÉDITIONS L'HARMATTAN

Dernières parutions

LA LUTTE CONTRE LA NÉOCRIMINALITÉ PROCRÉATIQUE EN RÉPUBLIQUE DÉMOCRATIQUE DU CONGO
Esquisse de politique criminelle en bioéthique
Irénée Mvaka Ngumbu
Préface d'Evariste Likinda
La néocriminalité procréatique se situe dans un ensemble des nouvelles formes de criminalités qui accompagnent ou que génèrent les technosciences. La procréatique permet à l'homme de réaliser son rêve d'être maître de l'homme en intervenant dans les secrets de la genèse de la vie en vue de l'orienter comme il veut. Mais cet homme technoscientifique aura-t-il toujours la maîtrise de sa maîtrise ?
(Coll. Harmattan RDC, 466 p., 45 euros)
ISBN : 978-2-343-15354-4, EAN EBOOK : 9782140099359

LA DÉPRÉCIATION DU FRANC CONGOLAIS (2001-2018)
Effet d'hystérèse
Blaise Sary Ngoy
Ce livre aborde la dépréciation à répétition du franc congolais, caractérisée par l'effet d'hystérèse. Il affirme qu'aucune politique monétaire ou budgétaire ne peut porter des fruits dans le contexte actuel, car la monnaie représente la santé de l'économie. Elle est malade. Tant que celle-ci souffre, la valeur de la monnaie reflète ces maux. L'auteur suggère de soigner le virus qui ronge cette économie. La stabilité de la monnaie ira de soi, dès lors que les réformes structurelles permettent l'équilibre de ses fondamentaux.
(Coll. Études africaines, 240 p., 24,5 euros)
ISBN : 978-2-343-14982-0, EAN EBOOK : 9782140098482

BOMBE "N" : RICHESSES, MYSTÈRES ET OPPORTUNITÉS DU BASSIN DU CONGO
Plaidoyer de Denis Sassou N'Guesso pour la protection de la planète
La vision verte revue et approfondie
Michel Innocent Peya
Cet ouvrage se consacre au bassin du Congo : ses richesses naturelles, ses mystères, les cadres juridiques et institutionnels nationaux, sous-régionaux et internationaux qui le protègent. Sa préservation et sa protection sur la durée sont une action de conscience, de volonté, d'engagement, de détermination, et des sacrifices pour l'intérêt de l'humanité. La nature ne peut se défendre seule, le bassin du Congo trouve parmi ses fils amoureux de la nature un porte-parole dans la personne du président de la République du Congo, Denis Sassou N'Guesso.
(280 p., 28 euros)
ISBN : 978-2-343-15369-8, EAN EBOOK : 9782140095634

AGONIE ET FIN DE LA RÉPUBLIQUE DU CONGO-KINSHASA
Kayamba Tshitshi Ndouba
Préface d'Alain Lubamba wa Lubamba
De la proclamation de l'Indépendance au coup d'Etat militaire de 1965, une crise de régime politique a secoué profondément le Congo-Kinshasa. Cet ouvrage entend en expliciter les soubassements à travers deux anagrammes : l'évolution institutionnelle de séparation des pouvoirs et les dynamiques de relation des différents acteurs de la crise politique congolaise.
(Coll. Études africaines, 292 p., 30 euros)

ISBN : 978-2-343-14052-0, EAN EBOOK : 9782140097676

LES ANNÉES UNAZA (UNIVERSITÉ NATIONALE DU ZAÏRE) (TOME 2)
Contribution à l'histoire de l'Université Africaine
Isidore Ndaywel E Nziem
Sous la direction de - Préface de Bogumil Jewsiewicki
De 1971 à 1981, l'Université congolaise a connu, sous le signe de l'Université nationale du Zaïre, une expérience originale de regroupement en un seul ensemble des trois universités existantes. L'objectif de cette réforme a été le contrôle de ces établissements par un pouvoir qui faisait ses premières armes dans la dictature. Mais elle a aussi hâté l'africanisation du Corps enseignant. Cet ouvrage en deux volumes est un recueil de témoignages de ceux-là mêmes qui ont vécu ce processus, comme étudiants ou professeurs. Complétés par des documents originaux, ces récits restituent l'ensemble de l'histoire de l'Université au Congo.
(Coll. La Région des Grands Lacs Africains, 222 p., 23,5 euros)
ISBN : 978-2-343-13478-9, EAN EBOOK : 9782140097133

LES ANNÉES UNAZA (UNIVERSITÉ NATIONALE DU ZAÏRE) (TOME 1)
Contribution à l'histoire de l'Université Africaine
Isidore Ndaywel E Nziem
Sous la direction de - Préface de Bogumil Jewsiewicki
De 1971 à 1981, l'Université congolaise a connu, sous le signe de l'Université nationale du Zaïre, une expérience originale de regroupement en un seul ensemble des trois universités existantes. L'objectif de cette réforme a été le contrôle de ces établissements par un pouvoir qui faisait ses premières armes dans la dictature. Mais elle a aussi hâté l'africanisation du Corps enseignant. Cet ouvrage en deux volumes est un recueil de témoignages de ceux-là mêmes qui ont vécu ce processus, comme étudiants ou professeurs. Complétés par des documents originaux, ces récits restituent l'ensemble de l'histoire de l'Université au Congo.
(Coll. La Région des Grands Lacs Africains, 272 p., 28 euros)
ISBN : 978-2-343-12831-3, EAN EBOOK : 9782140097126

UNE MASCARADE DE JUSTICE EN RÉPUBLIQUE DÉMOCRATIQUE DU CONGO
Richard Isungu Kakoko
En République démocratique du Congo, la justice n'en a que le nom : les responsables judiciaires, politiques et exécutifs s'y immiscent et interfèrent intempestivement pour influencer, orienter ou dicter les jugements et les arrêts. Dans cet ouvrage, après avoir relevé les maux qui rongent ou gangrènent la justice en République démocratique du Congo, l'auteur esquisse quelques voies ou pistes de solution pour redorer son blason, afin qu'elle revête sa plus belle robe, celle de l'équité et de l'égalité de tous devant la loi.
(Coll. Études africaines, 172 p., 18 euros)
ISBN : 978-2-343-15122-9, EAN EBOOK : 9782140095757

PRÉMONTRÉS ET DOMINICAINS BELGES AU CONGO
Uele, 1898-1924
Richard Dane Lokando
L'éveil missionnaire que vit la Belgique à la fin du XIXe siècle ne laisse pas indifférents les chanoines prémontrés belges. Sur demande du roi Léopold II et du Pape Léon XIII, l'abbaye de Tongerloo s'engage à prendre part à l'oeuvre civilisatrice du roi, en acceptant d'évangéliser le nord-est de l'État indépendant du Congo. Mais l'oeuvre se révèle bientôt plus compliquée que prévue. C'est alors que les Dominicains de la province belge flamande volent à leur secours permettant au catholicisme d'entamer le chemin de son développement dans le bassin de l'Uele.
(Coll. Églises d'Afrique, 196 p., 20,5 euros)
ISBN : 978-2-343-14264-7, EAN EBOOK : 9782140095344

L'EMPLOI DES JEUNES EN RÉPUBLIQUE DÉMOCRATIQUE DU CONGO

Antoine-Roger Bumba Monga Ngoy
Préface de Lye M. Yoka

En RDC, la création d'emplois stagne, les inégalités persistent entre les milieux rural et urbain, le taux de chômage reste très élevé, surtout pour les jeunes. Où se situe la RD Congo en matière de création d'emplois nouveaux et durables ? Lla question de l'interaction entre l'université et la société, entre la formation des cadres et les structures du développement en RDC, doit interpeller le gouvernement afin de garantir la promotion de l'homme, première ressource de toute organisation économique et sociale, moteur du progrès et "espérance de consommation", sans qui la nation ne peut survivre.

(252 p., 26 euros)
ISBN : 978-2-343-14424-5, EAN EBOOK : 9782140094521

LA LUTTE CONTRE LE BLANCHIMENT DE CAPITAUX ET LE FINANCEMENT DU TERRORISME

En droit pénal congolais et en droit pénal comparé

Boniface Kabanda Matanda
Préface de Barnabé Ilunga Tshibangu

Au fil des chapitres l'auteur aborde les moyens de lutte contre le blanchiment de capitaux et le financement du terrorisme. Le premier chapitre est consacré à l'approche comparative de l'organisation des polices administrative et judiciaire. Le deuxième traite du blanchiment de capitaux et le troisième est relatif au financement du terrorisme. Le quatrième chapitre analyse les systèmes de prévention et de détection. Le cinquième et dernier chapitre pose quant à lui la problématique de la lutte y afférente.

(Coll. Harmattan RDC, 540 p., 40 euros)
ISBN : 978-2-343-14514-3, EAN EBOOK : 9782140092206

AUX PORTES DE L'ENFER

Roman

Michel Mumaka Mabaya

Ce roman suit quatre jeunes Congolais de la République démocratique du Congo jetés à la rue, qui fuient la misère et l'injustice sociale de leur pays, pourtant immensément riche, pour émigrer clandestinement en Europe, en passant par la Méditerranée. Après avoir rémunéré grassement les passeurs avec de l'argent volé, ils effectuent un voyage éreintant à travers le Niger et arrivent en Libye où ils sont vendus comme esclaves aux marchands de chair humaine.

(Coll. Harmattan RDC, 154 p., 16,5 euros)
ISBN : 978-2-343-15095-6, EAN EBOOK : 9782140094859

LES DÉRIVES DE L'ETAT POSTCOLONIAL EN RÉPUBLIQUE DÉMOCRATIQUE DU CONGO

Thomas Mawanzi Manzenza

En analysant les structures sociales qui déterminent, par leurs particularités, les pratiques des acteurs politiques, cet ouvrage montre que les crises qui ont secoué la République démocratique du Congo font partie des stratégies politiques auxquelles recourent les autorités dirigeantes pour non seulement prolonger leur règne politique, mais aussi pour affaiblir l'Etat afin de le convertir en un instrument de prédation des ressources nationales.

(Coll. Études africaines, 272 p., 27 euros)
ISBN : 978-2-343-14475-7, EAN EBOOK : 9782140094835

POLITIQUES AGRICOLES DURABLES EN RÉPUBLIQUE DU CONGO

Diagnostic et perspectives

Parisse Akouango

Le développement durable met au centre de la croissance et du développement la relation économique, sociale et environnementale. Et pourtant, les aides publiques au développement octroyées aux pays africains n'arrivent pas, dans leur majorité, aux bénéficiaires et, d'aides en aides, les mêmes erreurs se répètent. La réussite d'un projet agricole, élément décisif d'une politique agricole durable passe par une rigueur dans sa réflexion, sa construction et sa capacité à se remettre en cause.

(Coll. Harmattan Congo-Brazzaville, 126 p., 14,5 euros)

ISBN : 978-2-343-14280-7, EAN EBOOK : 9782140094002

LES BAVIRA DU SUD-KIVU (RDC)

Histoire, culture et renaissance d'un peuple bantou

Augustin Ramazani Bishwende, Di-Kuruba Dieudonné Muhinduka

Les intellectuels Bavira se proposent de s'unir pour réécrire leur histoire et leur culture en vue de protéger leurs mémoires collectives singulières. Ils trouvent judicieux d'élaborer une anthropologie critique, bantoue vira, pour susciter l'espoir et soutenir la renaissance. Ils contribuent ainsi à la transmission intergénérationnelle savante de leur histoire et de leur culture pour dynamiser le développement durable de leur terroir, dans le contexte actuel de la décentralisation dans lequel l'Etat congolais veut s'investir.

(Coll. Études africaines, 316 p., 32,5 euros)

ISBN : 978-2-343-14044-5, EAN EBOOK : 9782140092497

STRATÉGIES REBELLES ET AIDE INTERNATIONALE DANS L'AFRIQUE DES GRANDS LACS

1981-2013

Agathe Plauchut

Préface de Scott Straus - Avant-propos de Jean-Charles Jauffret

Les mouvements d'inspiration rebelles en Afrique (de la rébellion de type maoïste en 1981 en Ouganda à celle du M23 en 2013 en RDC) ont expérimenté de nouvelles tactiques. Les civils de plus en plus pris pour cibles permettent d'obtenir toujours plus de dividendes politiques et économiques de la guerre. Concentration de réfugiés, déplacement forcés des populations, viol comme arme de guerre et recrutement d'enfants, autant de tactiques qui ont permis de mettre en place des filières lucratives de ressources naturelles et l'accession à des postes de pouvoir.

(Coll. Mondes en mouvement, 304 p., 31 euros)

ISBN : 978-2-343-13919-7, EAN EBOOK : 9782140091421

LES PÉCHÉS LITURGIQUES DANS LES CÉLÉBRATIONS EUCHARISTIQUES

Roger Gaise

Préface de mgr Alain de Raemy

Ce livre est un "vade-mecum" pour guider les célébrations eucharistiques selon le rite romain. L'auteur rappelle les requis du magistère, souvent oubliés par la pratique et les habitudes acquises. il rassemble une série de stigmatisations, d'attitudes et de comportements non conformes aux prescrits liturgiques. Ces interpellations ne peuvent laisser insensible aucun acteur liturgique, soucieux de célébrer dignement l'eucharistie.

(Coll. Harmattan RDC, 132 p., 15 euros)

ISBN : 978-2-343-14919-6, EAN EBOOK : 9782140091940

ENTREPRISES PUBLIQUES EN RÉPUBLIQUE DÉMOCRATIQUE DU CONGO

La nécessité d'un cadre de bonne gouvernance axée sur la responsabilisation et la performance

Jacques Kabeya I. Tenda

Gangrénées par la mauvaise gestion, une faible productivité et des services de qualité médiocre, les entreprises publiques en République Démocratique du Congo sont incapables de produire la richesse souhaitée. Pour relever ce défi de la mal gouvernance, l'économiste financier, Jacques Kabeya Ilunga Tenda recommande la mise en place, par le Gouvernement, d'un cadre de bonne gouvernance de responsabilisation et de performance.

(Coll. Études africaines, 216 p., 22 euros)

ISBN : 978-2-343-14993-6, EAN EBOOK : 9782140091964

Structures éditoriales du groupe L'Harmattan

L'Harmattan Italie
Via degli Artisti, 15
10124 Torino
harmattan.italia@gmail.com

L'Harmattan Hongrie
Kossuth l. u. 14-16.
1053 Budapest
harmattan@harmattan.hu

L'Harmattan Sénégal
10 VDN en face Mermoz
BP 45034 Dakar-Fann
senharmattan@gmail.com

L'Harmattan Cameroun
TSINGA/FECAFOOT
BP 11486 Yaoundé
inkoukam@gmail.com

L'Harmattan Burkina Faso
Achille Somé – tengnule@hotmail.fr

L'Harmattan Guinée
Almamya, rue KA 028 OKB Agency
BP 3470 Conakry
harmattanguinee@yahoo.fr

L'Harmattan RDC
185, avenue Nyangwe
Commune de Lingwala – Kinshasa
matangilamusadila@yahoo.fr

L'Harmattan Congo
67, boulevard Denis-Sassou-N'Guesso
BP 2874 Brazzaville
harmattan.congo@yahoo.fr

L'Harmattan Mali
Sirakoro-Meguetana V31
Bamako
syllaka@yahoo.fr

L'Harmattan Togo
Djidjole – Lomé
Maison Amela
face EPP BATOME
ddamela@aol.com

L'Harmattan Côte d'Ivoire
Résidence Karl – Cité des Arts
Abidjan-Cocody
03 BP 1588 Abidjan
espace_harmattan.ci@hotmail.fr

L'Harmattan Algérie
22, rue Moulay-Mohamed
31000 Oran
info2@harmattan-algerie.com

L'Harmattan Maroc
5, rue Ferrane-Kouicha, Talaâ-Elkbira
Chrableyine, Fès-Médine
30000 Fès
harmattan.maroc@gmail.com

Nos librairies en France

Librairie internationale
16, rue des Écoles – 75005 Paris
librairie.internationale@harmattan.fr
01 40 46 79 11
www.librairieharmattan.com

Librairie l'Espace Harmattan
21 bis, rue des Écoles – 75005 Paris
librairie.espace@harmattan.fr
01 43 29 49 42

Lib. sciences humaines & histoire
21, rue des Écoles – 75005 Paris
librairie.sh@harmattan.fr
01 46 34 13 71
www.librairieharmattansh.com

Lib. Méditerranée & Moyen-Orient
7, rue des Carmes – 75005 Paris
librairie.mediterranee@harmattan.fr
01 43 29 71 15

Librairie Le Lucernaire
53, rue Notre-Dame-des-Champs – 75006 Paris
librairie@lucernaire.fr
01 42 22 67 13

www.ingramcontent.com/pod-product-compliance
Lightning Source LLC
LaVergne TN
LVHW011015061026
849535LV00006B/1885
* 9 7 8 2 3 4 3 1 3 7 7 1 1 *